미래와 통하는 책

# 동양북스 외국어 베스트 도서

700만 독자의 선택!

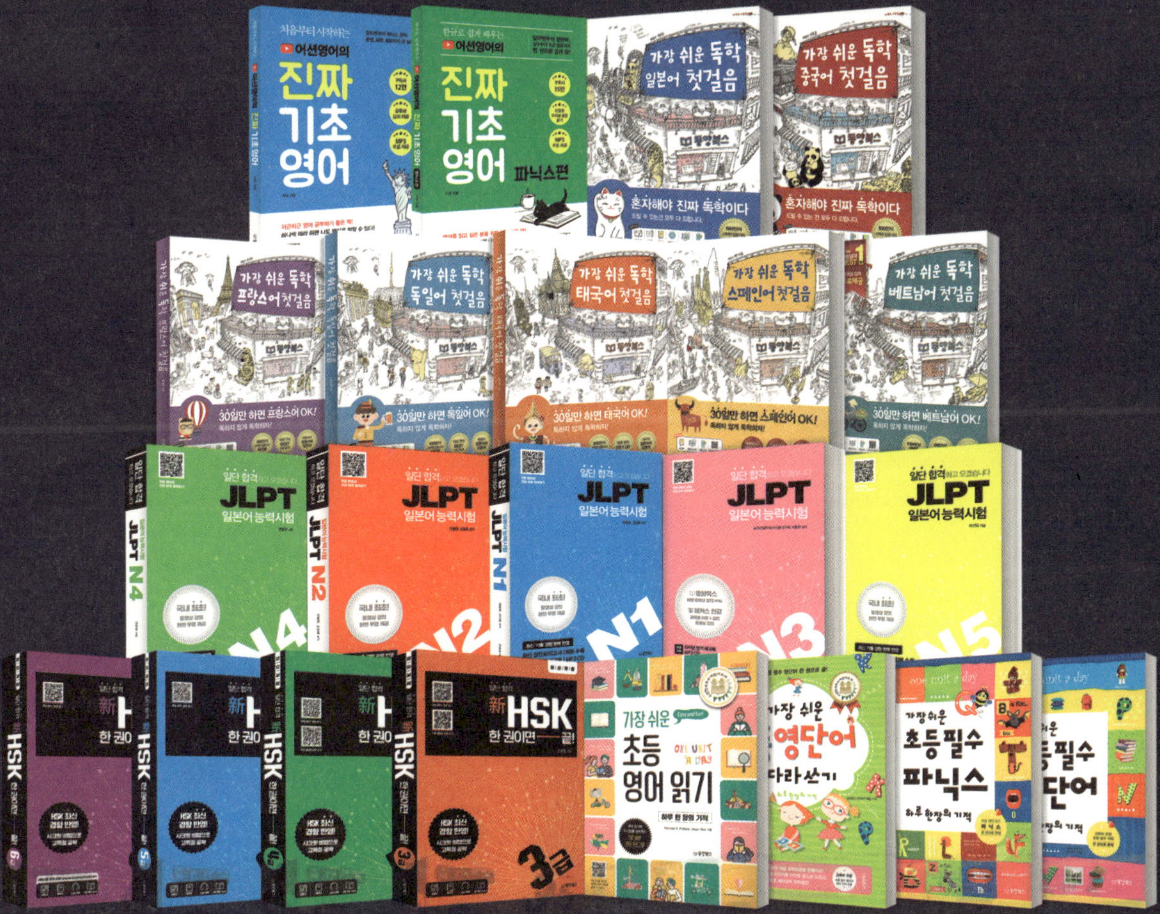

# 새로운 도서, 다양한 자료 동양북스 홈페이지에서 만나보세요!

www.dongyangbooks.com
m.dongyangbooks.com

※ 학습자료 및 MP3 제공 여부는 도서마다 상이하므로 확인 후 이용 바랍니다.

## 홈페이지 도서 자료실에서 학습자료 및 MP3 무료 다운로드

### PC

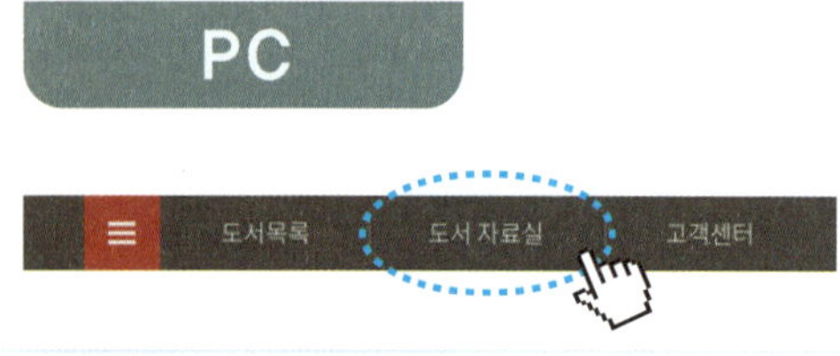


❶ 홈페이지 접속 후 도서 자료실 클릭
❷ 하단 검색 창에 검색어 입력
❸ MP3, 정답과 해설, 부가자료 등 첨부파일 다운로드
* 원하는 자료가 없는 경우 '요청하기' 클릭!

### MOBILE

* 반드시 '인터넷, Safari, Chrome' App을 이용하여 홈페이지에 접속해주세요. (네이버, 다음 App 이용 시 첨부파일의 확장자명이 변경되어 저장되는 오류가 발생할 수 있습니다.)

❶ 홈페이지 접속 후 ☰ 터치

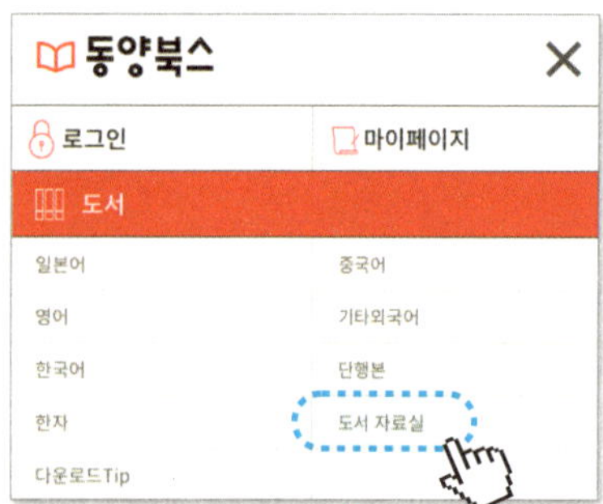


❷ 도서 자료실 터치

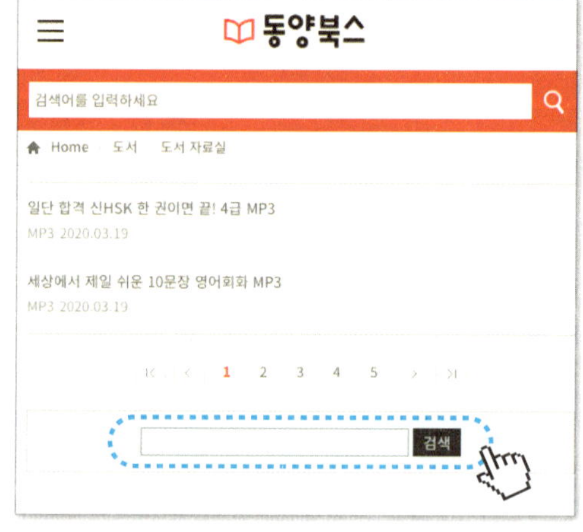


❸ 하단 검색창에 검색어 입력
❹ MP3, 정답과 해설, 부가자료 등 첨부파일 다운로드
* 압축 해제 방법은 '다운로드 Tip' 참고

일본 비즈니스에서는 이렇게 말한다!

메구로 마코토 지음

초판 9쇄 | 2023년 3월 20일

지은이 | 메구로 마코토
번　역 | 정소영
발행인 | 김태웅
편집주간 | 박지호
편　집 | 길혜진, 이선민
디자인 | 남은혜
마케팅 | 나재승
제　작 | 현대순

발행처 | 동양북스
등　록 | 제10-806호(1993년 4월 3일)
주　소 | 서울시 마포구 동교로22길 14 (04030)
구입 문의 | 전화 (02)337-1737　　팩스 (02)334-6624
내용 문의 | 전화 (02)337-1762　　dybooks2@gmail.com

ISBN 978-89-8300-630-1  13730

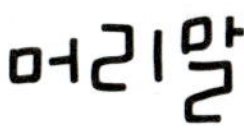

'버전업! 굿모닝 비즈니스 일본어 회화'는 단순히 비즈니스뿐만이 아니라, 정중하고 격식에 맞는 회화의 기본이 되는 학습서입니다. 사실 일본어학교, 그리고 일본대학을 졸업하고 일본기업에 근무한 지 몇 년이나 지난 제자로부터 종종 듣게 되는 말이 "제대로 격식에 맞는 일본어를 구사하고 싶다"는 것이었습니다. 일상회화에서는 아무런 문제도 없는 그들이 이런 문제에 부딪치게 되는 때는, 일본 회사에 취직하고 나서부터인 것 같습니다. 그곳에는 공사가 각기 구분된 까다로운 일본 사회가 있는데, 회사 안이나 거래처에서 경어에 관련된 언어 표현에 문제가 생겨 난관에 직면하고 있는 경우가 잦다고 합니다.

회사 내라도 친한 동료와의 대화라면 친근한 보통 회화체로 괜찮지만, 상사와의 대화나 거래처나 고객과의 대화가 되면 격식을 차린 딱딱한 대화가 되기 때문에 최소한 정중어와 경어의 지식을 익혀두지 않으면 안 됩니다. 이 격식을 차린 경어형라는 것은 일본어학습자에게 있어서 상당히 습득하기 어려운 부분으로, 하루아침에 익히기는 어렵습니다만. 이는 일본인들도 매우 어려워하는 부분이기 때문에, 실제로 신입사원 연수에서 제일 먼저 하는 일이 경어교육이라고 합니다.

'버전업! 굿모닝 비즈니스 일본어 회화'에서는 비즈니스 회화의 기본이 되는 경어ㆍ정중어, 비즈니스용어를 익히게 하기 위해서 각 Unit마다 확인문제를 배치했으니, 충분히 활용해 주시길 바랍니다. 또, 비즈니스맨의 하루 일과 가운데 회사 안이나 거래처에서 부딪치는 여러 가지 상황을 회화로 정리했습니다. 본 교재로 '비즈니스 회화 입문'의 첫 발을 순조롭게 내딛기 바랍니다.

저자 메구로 마코토

## 본문 회화

비즈니스에서 일어날 수 있는 모든 상황을 50과로
집약하였고 상황 표현 한 가지를 회화 1, 2로 세밀하게
나누어 여러 각도에서 비즈니스 표현을 빠짐없이 학습할
수 있도록 구성하였습니다. 하단에는 팁을 정리하여
한층 이해를 도와 비즈니스 입문서로서 완벽한 구성을
갖추었습니다.

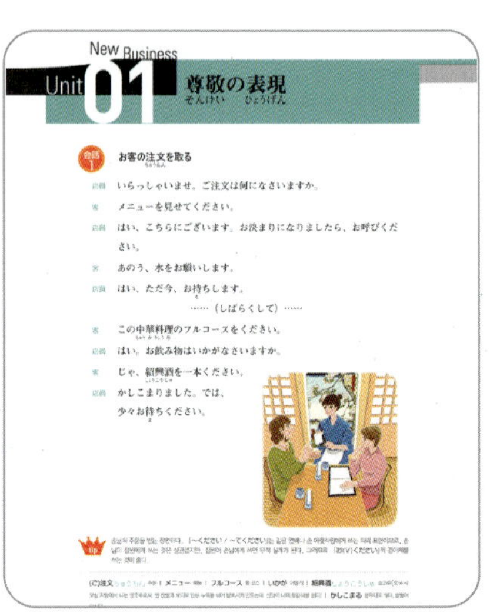

## 본문 후리가나

Unit 회화1 · 2의 후리가나는 글자 위에 붙이는 것이
일반적이나 읽기 연습의 편의를 위해 밑으로 붙였습니다.
시선이 글자를 향하고 있어도 후리가나보다 한자를 먼저
보기 때문에 읽기 연습을 할 때 더 좋은 효과를 볼 수
있습니다.

(MP3로 발음을 확인하세요.)

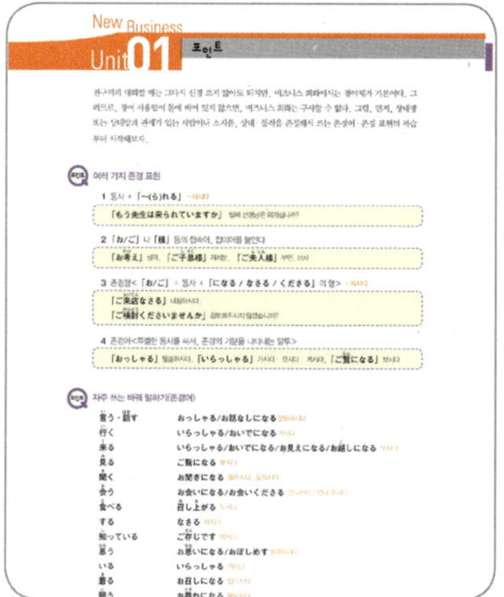

### 포인트

앞에서 익힌 비즈니스 표현을 보충하는 페이지입니다.
소홀하기 쉬운 표현이나 주의해야 할 표현을 한국어와
함께 덧붙여 독학으로 학습하시는 분들께 큰 도움이
됩니다.

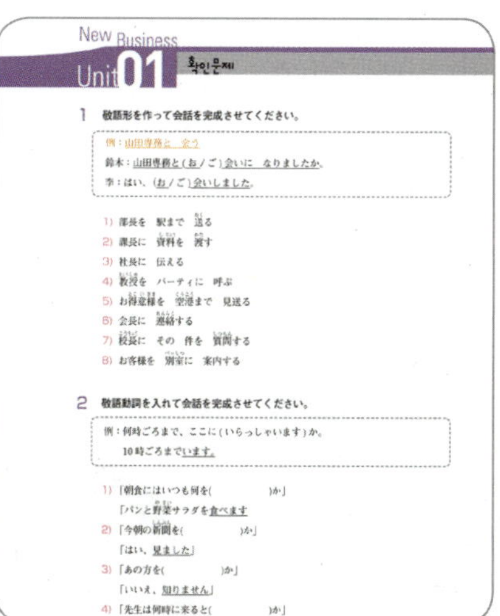

### 확인문제

포인트까지 익힌 비즈니스 표현을 학습자가 직접
자가진단하는 페이지입니다. 여기에서는 가장 유용하게
쓰이는 표현, 그리고 앞에서 배운 비즈니스 표현을 다시
한 번 문제로 풀어보면서 상황에 맞는 완벽한 비즈니스
회화를 익힐 수 있습니다.

MIZUHO

# 1부

## 비즈니스 회화의 기본

# Unit 01　尊敬の表現
そんけい　　ひょうげん

 **会話 1**　お客の注文を取る
きゃく　ちゅうもん　と

店員　いらっしゃいませ。ご注文は何になさいますか。
　　　　　　　　　　　　　　なに

客　　メニューを見せてください。
　　　　　　　　み

店員　はい、こちらにございます。お決まりになりましたら、
　　　　　　　　　　　　　　　　　き

　　　お呼びください。
　　　　よ

客　　あのう、水をお願いします。
　　　　　　　みず　ねが

店員　はい、ただ今、お持ちします。
　　　　　　　　いま　も

　　　　　　　……（しばらくして）……

客　　この中華料理のフルコースをください。
　　　　　ちゅうかりょうり

店員　はい。お飲み物はいかがなさいますか。
　　　　　　の　もの

客　　じゃ、紹興酒を一本ください。
　　　　　しょうこうしゅ　いっぽん

店員　かしこまりました。では、

　　　少々お待ちください。
　　　しょうしょう　ま

손님의 주문을 받는 장면이다. 「~ください / ~てください」는 같은 연배나 손아랫사람에게 쓰는 의뢰 표현이므로, 손님이 점원에게 쓰는 것은 상관없지만, 점원이 손님에게 쓰면 무척 실례가 된다.

---

(ご)注文ちゅうもん 주문 I メニュー 메뉴 I フルコース 풀 코스 I いかが 어떻게 I 紹興酒しょうこうしゅ 쇼코슈(중국 사오싱 지방에서 나는 양조주로써 찐 찹쌀과 보리로 만든 누룩을 섞어 발효시켜 만드는데 신맛이 나며 황갈색을 띤다) I かしこまる 분부대로 하다, 받들어 모시다

 **会話 2** 上司に来客を知らせる
じょうし　らいきゃく　し

孫　　部長、お客様がお見えです。
　　　ぶちょう　きゃくさま　み

部長　どちら様。

孫　　田中商事の後藤様とおっしゃっていました。
　　　たなかしょうじ　ごとう

部長　あっ、そう。それで、今、後藤様はどちらにいらっしゃる。
　　　　　　　　　　　　　いま

孫　　応接室でお待ちです。
　　　おうせつしつ　ま

部長　わかった。すぐ行く。
　　　　　　　　　　い

 상사에게 손님이 왔음을 알리는 장면이다.「お見えになっています → お見えです / お待ちになっています → お待ちです」와 같이 말할 수 있다.

**お見みえです** 오십니다 (**来る**의 존경어) ｜ **おっしゃる** 말씀하시다 (**言いう**의 존경어) ｜ **いらっしゃる** 오시다・가시다・계시다 (**来る・行く・いる**의 존경어) ｜ **お待まちです** 기다리십니다

친구끼리 대화할 때는 그다지 신경 쓰지 않아도 되지만 비즈니스 회화에서는 경어형이 기본이다. 그러므로 경어 사용법이 몸에 배어있지 않으면, 비즈니스 회화는 구사할 수 없다. 그럼, 먼저 상대방 또는 상대방과 관계가 있는 사람이나 소지품, 상태·동작을 존칭해서 쓰는 존경어·존경 표현의 복습부터 시작해보자.

 **여러 가지 존경 표현**

**1** 동사 + 「～(ら)れる」 ~하시다

> 「もう先生は来られていますか」 벌써 선생님은 와계십니까?

**2** 「お/ご」 나 「様」 등의 접속어, 접미어를 붙인다

> 「お考え」 생각　「ご子息様」 자제분　「ご夫人様」 부인, 여사

**3** 존경형<「お/ご」 + 동사 + 「になる / なさる / くださる」 의형> ~하시다

> 「ご来店なさる」 가게에 오시다.
> 「ご検討くださいませんか」 검토해주지 않겠습니까?

**4** 존경어<특별한 동사를 써서, 존경의 기분을 나타내는 말투>

> 「おっしゃる」 말씀하시다 「いらっしゃる」 가시다·오시다·계시다 「ご覧になる」 보시다

 **자주 쓰는 바꿔 말하기(존경)**

| | | |
|---|---|---|
| 言う・話す | おっしゃる/お話しになる | 말씀하시다 |
| 行く | いらっしゃる/おいでになる | 가시다 |
| 来る | いらっしゃる/おいでになる/お見えになる/お越しになる | 오시다 |
| 見る | ご覧になる | 보시다 |
| 聞く | お聞きになる | 물으시다, 들으시다 |
| 会う | お会いになる/お会いくださる | 만나시다 / 만나 주시다 |
| 食べる | 召し上がる | 드시다 |
| する | なさる | 하시다 |
| 知っている | ご存じです | 아시다 |
| 思う | お思いになる/おぼしめす | 생각하시다 |
| いる | いらっしゃる | 계시다 |
| 着る | お召しになる | 입으시다 |
| 問う | お尋ねになる | 물으시다 |

**1**  다음 밑줄 친 동사를 경어형으로 바꿔 문장을 완성하세요.

> 例：山田専務と<u>会う</u>
>
> 山田専務と <u>お会いになりましたか</u>。

1) 部長を駅まで<u>送る</u>
2) 課長に資料を<u>渡す</u>
3) 社長に<u>伝える</u>
4) 教授をパーティに<u>呼ぶ</u>
5) お得意様を空港まで<u>見送る</u>
6) 会長に<u>連絡する</u>
7) 校長にその件を<u>質問する</u>
8) お客様を別室に<u>案内する</u>

**2**  다음 밑줄 친 동사를 존경어로 바꿔 대화를 완성하세요.

> 例  何時ごろまで、ここに(<u>いらっしゃいます</u>)か。
>
> 10時ごろまで<u>います</u>。

1) 「朝食にはいつも何を(　　　　　　)か」

  「パンと野菜サラダを<u>食べます</u>」

2) 「今朝の新聞を(　　　　　　)か」

  「はい、<u>見ました</u>」

3) 「あの方を(　　　　　　)か」

  「いいえ、<u>知りません</u>」

4) 「先生は何時に来ると(　　　　　　)か」

  「9時までに来ると<u>言いました</u>」

5) 「何に(　　　　　　)か」

  「コーヒーに<u>します</u>」

# Unit 02 謙譲の表現
けんじょう　ひょうげん

 **会話 1**　はじめまして

孫　　はじめまして。私は木村商事の孫と申します。
　　　きむらしょうじ　ソン　もう
　　　　　……（名刺を渡す）……
　　　　　めいし　わた

田中　頂戴いたします。私、当社営業部の田中と申します。
　　　ちょうだい　　　　　　とうしゃえいぎょうぶ　たなか
　　　　　……（名刺を渡す）……

孫　　頂戴いたします。失礼ですが、お名前は何とお読みすれば
　　　　　　　　しつれい　　　　　なまえ　なん　よ
　　　よろしいのでしょうか。

田中　「としお」と読みます。

孫　　「たなかとしお」様ですね。今後とも、どうぞよろしく
　　　　　　　　　　さま　　　こんご
　　　お願いいたします。
　　　ねが

田中　こちらこそ、どうぞよろしくお願いいたします。

 초면 인사에서는 명함을 받을 때 「頂戴いたします 잘 받겠습니다」라고 한다. 만약, 명함이 없을 때는 「申し訳ございません。あいにく名刺を切らしておりまして… 죄송합니다. 마침 명함이 다 떨어져서…」 라고 한다는 것을 기억하자.

---

**申もうす** 말하다(言う의 겸양어) | **頂戴ちょうだいする** 받다, 얻다, 먹다, 마시다의 겸양어 | **よろしい** 좋다, 괜찮다(いい의 공손한 표현)

 ## 上司を取引先に紹介する
じょうし　とりひきさき　しょうかい

田中　　　李さん、紹介します。こちらが当社の営業部長の佐藤です。
　　　　　イ　　　　　　　　　　　　　とうしゃ　えいぎょうぶちょう　さとう

佐藤部長　はじめまして。佐藤と申します。
　　　　　　　　　　　　　　　　もう

　　　　　　　　　……（名刺を渡す）……
　　　　　　　　　　　　めいし　わた

李　　　　頂戴いたします。木村商事の李と申します。どうぞよろしくお願い
　　　　　ちょうだい　　　　きむらしょうじ　　　　　　　　　　　　　　　ねが

　　　　　します。

　　　　　　　　　……（名刺を渡す）……

佐藤部長　頂戴いたします。それで本日はどのようなご用件でしょうか。
　　　　　　　　　　　　　　　　ほんじつ　　　　　　ようけん

李　　　　はい。この度、御社の担当となりましたので、ご挨拶に伺いました。
　　　　　　　　　たび　おんしゃ　たんとう　　　　　　　　　　あいさつ　うかが

佐藤部長　そうですか。木村商事様とのお取引に関しましては、ここにいる
　　　　　　　　　　　　　　　　　　　　　　とりひき　かん

　　　　　田中が担当いたしますので、行き届かない点も多々あるかと存じ
　　　　　　　たんとう　　　　　　　　　　　ゆ　とど　　　てん　た た　　　　ぞん

　　　　　ますが、よろしくおつきあいのほど、お願いいたします。

거래처 사람에게 상사를 소개하는 장면이다. 이런 경우, 먼저 나와 가까운 사람이나 자사 사람(佐藤部長)을 거래처 사람(李)에게 소개하는 것이 철칙이다. 그 경우, 자기 회사 사람은 상사나 사장이라도 직명이나 「さん」은 붙이지 않고, 「佐藤」라고 이름만을 부른다. 또, 일본어에서는 거래처 사람에게는 자신보다 나이나 직위가 아랫사람이라고 하더라도 '존경어'를 사용하는 것이 비즈니스 회화의 기본이다. 또한 부장이 말한 「行き届かない点も多々あるかと存じますが 소홀한 점도 많이 있겠지만」는 이런 경우의 상투적인 표현이니까 외우자.

---

**当社**とうしゃ 당사, 저희 회사 | **御社**おんしゃ 귀사 | **取引**とりひき 거래 | **行**ゆき**届**とどく (주의가) 두루 미치다, 자상하게 마음 쓰다

자신 또는 자신과 관계가 있는 사람이나 소지품, 상태·동작을 낮춰서 말하는 것이 겸양 표현인데, 비즈니스 회화에서 가장 어려운 것이 이 겸양 표현이라고들 한다. 그것은 일반적으로 '자신(나)를 낮춘다'는 것이 겸양 표현인데, 고객·거래처와의 대화에서는 자사 사람의 이름을 말할 때, 사장이라고 해도 「木村はただ今席を外しております 기무라 씨는 지금 자리에 없습니다」 와 같이 경칭을 붙이지 않고 부르는 등, 익숙해지지 않으면 어려운 것이 일본어의 겸양 표현이기 때문이다.

## 여러 가지 겸양 표현

**1** 겸양형 < 「お / ご」 + 동사 , 명사 + 「する / いたす」의 형>

> ご案内する 안내해드리다　お知らせする 알려드리다

**2**　동사 + 「いただく / させていただく」

> 書かせていただく 쓰다
> この本を渡たしていただきたいのですが… 이 책을 건네주셨으면 좋겠는데요…

**3**　겸양어 <특별한 동사를 써서 겸양의 기분을 나타낸다.>

> 拝見します 봅니다　まいります 갑니다, 옵니다

## 자주 사용하는 바꿔 말하기(겸양)

| | |
|---|---|
| 言う · 話す | 申す / 申し上げる 말씀드리다 |
| 行く · 来る | 参る / 伺う / あがる 가다, 오다 |
| 見る | 拝見する 보다 |
| 見せる | お目にかける / お見せする 보여드리다 |
| 聞く | 伺う / 拝聴する 여쭙다 |
| 会う | お目にかかる / お会いする 만나뵙다 |
| 食べる | いただく 먹다 |
| する | いたす 하다 |
| 知っている | 存じ上げている 알다 |
| いる | おる 있다 |
| 尋ねる · 訪ねる | 伺う 방문하다 |
| 問う | 伺う / お伺いする 여쭙다 |
| 借りる | 拝借する / お借りする 빌리다 |

**1**  다음 밑줄 친 동사를 겸양형으로 바꿔 대화를 완성하세요.

> 例：タクシーを<u>呼ぶ</u>
>
> A：タクシーをお呼びいたしましょうか。
>
> B：はい、お願いします。

1  傘を貸す
2  駅まで送る
3  荷物を持つ
4  手伝う
5  住所を教える
6  私から木村さんに電話する
7  もう一度、説明する
8  私が山田専務に連絡する
9  この町を案内する

**2**  다음 밑줄 친 동사를 존경어와 겸양어로 바꿔 대화를 완성하세요.

> 例：今夜のパーティに<u>来る</u>。
>
> A：今夜のパーティに<u>いらっしゃいますか</u>。　（尊敬語）
>
> B：はい、<u>まいります</u>。　（謙譲語）

1  先生のお宅に行く
2  ビールを飲む
3  明日は会社にいる
4  刺身を食べる
5  A画伯の絵を見た
6  木村社長を知っている
7  そのことを教授に言った
8  テニスをする

# 上司や取引先の呼び方
### じょうし　とりひきさき　よ　かた

**会話1** 上司の呼び方

孫　係長、企画書ができあがりましたので、持ってまいりました。
　　（かかりちょう　きかくしょ　　　　　　　　　　　　　も）

係長　うん、見せてくれ。
　　　　　（み）

　　　　　　　……（目を通して）……
　　　　　　　　　（め　とお）

係長　ご苦労さん。なかなかよくできているね。ただ、この箇所は見てすぐ
　　　（くろう）　　　　　　　　　　　　　　　　　　　（かしょ　み）
　　　わかるように、グラフにしておいた方がいいんじゃないか。
　　　　　　　　　　　　　　　　　　　（ほう）

孫　はい、かしこまりました。そのようにいたします。

係長　それから、これを渡辺課長にもお見せして、ご意見を伺った方がい
　　　　　　　　　（わたなべかちょう）　　　　　　（いけん　うかが　ほう）
　　　いと思うよ。
　　　　（おも）

孫　はい、そういたします。

일반적으로 남자의 상사는 부하에게 정중체는 쓰지 않는다. 「これを渡辺課長にもお見せして、ご意見を伺った方が
いいと思うよ 이것을 와타나베 과장님께도 보여드리고 의견을 여쭤 보는게 좋을 거야」의 주어는 「あなた(孫○○)が」 다.
사내 회화에서 쓰는 경어표현에 주의하자.

---

～てまいる ～해 오다(まいる는 来る의 겸양어) | ご苦労くろうさん 수고했어 | かしこまりました ～ました의 꼴로 명령을 받들어
모시겠습니다 | (ご)意見いけんを伺うかがう 의견을 여쭙다(伺う는 聞く의 겸양어)

 会話2

## 取引先の呼び方
とりひきさき　よ　かた

李　こちらの製品 DYPC は、小社が数年にわたる研究の末に開発した
ものでありまして、性能、燃費のどれをとりましても、他の追随を
許さぬものと自負しております。

取引先　ええ、当社といたしましても、かねてから貴社の製品 DYPC には強
い関心を持っておりまして、ぜひ販売させていただきたいと思って
おりました。

李　それはもう、願ってもないことでございます。

 tip　自身の会社は「弊社 / 当社 / 小社」の겸양어를 쓰고, 상대방 회사는「御社 / 貴社」와 같이 존경어를 쓴다. 또한 비즈니스 회화에서는「～にとって」는「～にとりまして」,「～として」는「～といたしまして」와 같이 정중하게 말하는 경우가 많으므로 익숙해지도록 하자.

---

**小社 しょうしゃ** 폐사, 자기회사의 겸양어 | **～にわたる** ～에 걸치다(기간) | **～末 すえに** ~한 끝에 | **他 た の追随 ついずい を許 ゆ るさぬ** 타의 추종을 불허하다 | **自負 じふ する** 자부하다 | **～といたしましても** ~로서도, ~로서도의 정중한 표현 | **かねてから** 전부터, 진작부터 | **願 ねが ってもない** 더 바랄 나위가 없다

 **동료를 부르는 호칭**

동료나 후배에 대해서는 「△△さん・△△くん」이 보통이지만 남녀 상관없이 쓸 수 있는 「△△さん」이 가장 무난하다.

 **상사를 부르는 호칭**

상사에 대해서는 아래의 표와 같이 일반적으로 직책을 부르지만 회사에 따라서는 「○○さん」으로 부르도록 하는 곳이 있다. 또한 「○○課長・○○部長」는 상대방에게 직접 말을 거는 경우에는 「課長・部長」로 충분하다.

| 상사와 1대 1의 경우 | 課長(部長・社長)/과장(부장・사장) |
| 다른 부서의 상사도 동석하고 있는 경우 | ○○課長(部長・社長)/○○과장님(부장님・사장님) |
| 상사를 알고 있는 거래처를 부르는 호칭 | ○○<성, 이름만을 부름> |
| 상사의 직책을 거래처에 알려주고 싶은 경우 | ○○課長(部長・社長/○○과장님(부장님・사장님) |
| 상사의 가족을 부르는 호칭 | 課長(部長・社長)の○○/과장님(부장님・사장님)○○ |

 ■ **거래처를 부르는 호칭**

「貴社」「弊社」문장에서 쓰이는 경우가 많고 비즈니스 회화에서는 상대 기업을 부르는 경우에는 「御社」나 「そちらさま」라는 말이 일반적이다. 또 자신의 회사의 경우에는 「わたくしども」또는 「当社」라고 부르는 경우가 많다.

> 상대방 회사  →  御社/貴社/(회사명)様/そちらさま 귀사
>
> 우리 회사  →  弊社/当社/わたくしども 폐사, 당사, 저희(들)

 ■ **고객・상대(인명)를 부르는 호칭**

가게에 와준 손님에게는 「お客様」가 가장 많이 쓰인다. 그 외에 「奥さま・ご主人さま・お嬢さま」등도 쓰인다. 또 이름에는 「さま」를 붙여서 「木村さま、さきほど奥さまからお電話がございまして、……기무라님, 조금 전에 사모님으로부터 전화가 와서」와 같이 쓴다.

> お客様/(이름)様 : 손님/(이름)님
>
> ○○社長/○○部の△△部長(課長・係長)/○○課の△△さん : ○○사장님/○○부 △△부장님(과장님・계장님)/○○과 △△ 씨

**1**　다음 문장의 밑줄 친 부분을 비즈니스 회화에 어울리는 표현으로 바꿔주세요.

1　<u>奥</u>さんにもよろしく<u>伝えてください</u>。

　→ ____________________________________________。

2　あなたもくれぐれも<u>体に気をつけてください</u>。

　→ ____________________________________________。

3　わたしも先生に<u>会える</u>日を<u>楽しみにしています</u>。

　→ ____________________________________________。

4　<u>幸子さんの結婚式</u>には、家族そろって<u>行きたいと思います</u>。

　→ ____________________________________________。

5　<u>わたしたち</u>が<u>役に立てる</u>ことがあったら、何でも<u>言ってください</u>。

　→ ____________________________________________。


**2**　다음 문장의 밑줄 친 부분을 비즈니스 회화에 어울리는 표현으로 바꿔주세요.

1　<u>この会社の社長をしている吉田と言います</u>。

　→ ____________________________________。

2　<u>おかげで、わたしたちの店も開店十周年を迎える</u>ことができました。

　→ ____________________________________________。

3　<u>そちらで大地震があったと聞いて、あなたの会社はどうかと心配しています</u>。

　→ ____________________________________________。

4　<u>わたしたちの会社としては、もっとサービスの向上に努力していくつもりです</u>。

　→ ____________________________________________。

5　とても言いにくいこと<u>ですが</u>、……の理由で、<u>あなたの会社に納入している商品
（○○○○）の価格を500円値上げさせてもらいたく思います</u>。

　→ ____________________________________________

　____________________________________________。

# Unit 04 丁寧表現
ていねいひょうげん

**会話 1** 昇進を祝う
しょうしん いわ

李　この度の社長ご就任、誠におめでとうございます。
　　たび　しゃちょう しゅうにん まこと

武田　ありがとうございます。果たして、若輩の私などに社長の任が務ま
　　　　　　　　　　　　　　　　は　　　じゃくはい　　　　　　　　　にん　つと
　　りますかどうか、心配いたしております。
　　　　　　　　　　しんぱい

李　いえいえ、あなた様の若いエネルギーと情熱に加え、斬新な企画力が
　　　　　　　　さま　わか　　　　　　　じょうねつ　くわ　ざんしん　き かくりょく
　　成長の原動力となってまいりましょう。私どもも貴社の一層のご
　　せいちょう　げんどうりょく　　　　　　　　　　　　　き しゃ　いっそう
　　発展をお祈りしております。なにとぞ、今後ともよろしくおつき合いの
　　はってん　いの　　　　　　　　　　　　こんご　　　　　　　　　　あ
　　ほど、お願い申し上げます。
　　　　ねが　もう

武田　ありがとうございます。こちらこそ、よろしくお引き立てのほど、
　　　　　　　　　　　　　　　　　　　　　　　ひ　た
　　お願い申し上げます。

ビジネス 会話では 男女 모두「わたくし」라는 단어를 쓰는 것이 기본이지만, 이「わたくし」도「わたし(私)」의 정중어다.

この度たび 이번에(今度의 정중어) | 果はたして 과연 | 任にんが務つとまる 임무를 감당하다 | 情熱じょうねつ 정열 | ご就任し
ゅうにん 취임 | 企画力きかくりょく 기획력 | 若輩じゃくはい 젊은이, 풋내기 | 一層いっそう 한층 | エネルギー 에너지 | 〜の
ほど、お願ねがいいたします 〜하도록 부탁드리겠습니다 | 斬新ざんしん 참신 | 成長せいちょうの原動力げんどうりょく 성
장의 원동력 | なにとぞ 부디, 아무쪼록 | お引ひき立たて 특별히 돌봐줌

 **会話2** 面会を求める
めんかい　もと

李　恐れ入りますが、人事部の吉田様にお会いしたいのですが…。
　　おそ　い　　　　　じんじぶ　よしだ　　　あ

受付　失礼ですが、どちら様でしょうか。
　　　しつれい

李　申し遅れました。私は木村商事の李と申します。
　　もう おく　　　　　　　　きむら

受付　あいにく吉田は席を外しておりますが、何かお急ぎのご用でしょうか。
　　　　　　　　せき はず　　　　　　　　　　　なに いそ　　よう

李　はい、至急ご相談したいことがございまして、お伺いしたのです
　　　　しきゅう そうだん　　　　　　　　　　　　　　　　うかが
が、…。

 명사에 「お」나「ご」를 붙인 형태는 정중체의 대표적인 예다. 「お」는 일본 고유의 말,「ご」는 한자를 붙여서 쓰는 것이 원칙이지만 「お＋한자」의 경우도 몇 가지 있으니까 정리해 두자. 이들은 생활 회화에서 자주 쓰는 말로 일본인 중에서는 외래어라는 의식이 없어진 말이라고 할 수 있다.

＜「お＋한자」＞

お電話 전화・お料理 요리・お食事 식사・お時間 시간・お勉強 공부・お写真 사진・お医者さん 의사선생님・お元気 건강・お約束 약속・お掃除 청소・お知恵 지혜・お弁当 도시락・お菓子 과자・お荷物 짐……

---

どちら様さま 누구(誰의 정중어) | 申もうし遅おくれる 좀 더 일찍 말씀드리지 못하다(言い遅れる의 정중어) | あいにく 공교롭게도, 마침 | 席せきを外はずす 자리를 비우다 | お急いそぎのご用よう 급용, 급한 용무 | 至急しきゅう 지급, 급히

 여기에서는 비즈니스 회화에서 자주 쓰는 필수 정중 표현을 익히자.

| (보통어) |  | (정중어) |
|---|---|---|
| わたし | → | わたくし 저 |
| さっき | → | さきほど 좀 전, 아까 |
| これから | → | これより 지금부터 |
| 今 | → | ただ今 지금 |
| 今日 | → | 本日 오늘 |
| この間 | → | 先日 지난번 |
| 今度 / 今回 | → | この度 이번 |
| どう | → | いかが 어떻게 |
| いくら | → | いかほど 얼마나, 어느 정도 |
| ほんとうに | → | 誠に 정말로, 대단히 |
| すぐ | → | 早速 / 早急に / 至急 즉시, 당장 |
| ある | → | ございます 있습니다. |
| です | → | でございます ～입니다. |
| すみません | → | 申しわけございません / 失礼いたしました 죄송합니다. |
| そうです | → | さようでございます 그렇습니다. |
| いいです | → | けっこうです 괜찮습니다. |
| いいですか | → | よろしいでしょうか 됐습니까? 괜찮습니까? |
| どうですか | → | いかがでございましょうか 어떠십니까? |
| できません | → | いたしかねます 할 수 없습니다. |
| わかりました | → | かしこまりました 알겠습니다. |
| いません | → | 席を外しております 없습니다. |
| お久しぶりです | → | ご無沙汰しております 오랜만입니다. |
| お元気ですが | → | お変わりありませんか 건강하십니까? |
| 何ですか | → | どのようなご用件でしょうか 무슨 일이십니까? |
| 来てください | → | ご足労願えませんでしょうか 왕림해 주실 수 없을까요? |
| 伝えます | → | 申し伝えます 전하겠습니다. |

**1**　다음 문장의 밑줄 친 부분을 비즈니스 회화에 알맞은 표현으로 바꿔주세요.

1　「これで<u>いいですか</u>。」「ええ、<u>いいです</u>」

→ ＿＿＿＿＿＿＿＿＿＿＿＿＿＿＿＿＿＿＿＿＿＿＿＿＿＿＿。

2　<u>病気</u>で<u>入院中</u>と<u>聞いて</u>、<u>驚いて</u>います。

→ ＿＿＿＿＿＿＿＿＿＿＿＿＿＿＿＿＿＿＿＿＿＿＿＿＿＿＿。

3　<u>今度</u>、こちらに<u>転勤して</u><u>きた</u>李と<u>言います</u>。<u>どうぞよろしく</u>。

→ ＿＿＿＿＿＿＿＿＿＿＿＿＿＿＿＿＿＿＿＿＿＿＿＿＿＿＿。

4　「<u>この</u>スーツは<u>どうですか</u>。」　「とても<u>似合っている</u>と<u>思います</u>。」

→ ＿＿＿＿＿＿＿＿＿＿＿＿＿＿＿＿＿＿＿＿＿＿＿＿＿＿＿。

5　さっきA社の<u>吉田さん</u>から<u>電話</u>が<u>ありました</u>。

→ ＿＿＿＿＿＿＿＿＿＿＿＿＿＿＿＿＿＿＿＿＿＿＿＿＿＿＿。

6　<u>近いうちに</u>、そちらの<u>会社</u>に<u>挨拶</u>に<u>行きます</u>。

→ ＿＿＿＿＿＿＿＿＿＿＿＿＿＿＿＿＿＿＿＿＿＿＿＿＿＿＿。

7　<u>おひさしぶりです</u>。みなさん、<u>お元気ですか</u>。

→ ＿＿＿＿＿＿＿＿＿＿＿＿＿＿＿＿＿＿＿＿＿＿＿＿＿＿＿。

**2**　다음 문장을 비즈니스 회화에 알맞은 표현으로 바꿔주세요.

1　僕たちの結婚に際しては、心のこもった祝いの品をくれて、ほんとうにありがとう。

→ ＿＿＿＿＿＿＿＿＿＿＿＿＿＿＿＿＿＿＿＿＿＿＿＿＿＿＿。

2　今回の件では、取引先のみなさんに大変な迷惑をかけ、ほんとうにすみませんでした。今後こんなことが発生しないよう、万全を期するつもりです。

→ ＿＿＿＿＿＿＿＿＿＿＿＿＿＿＿＿＿＿＿＿＿＿＿＿＿＿＿。

＿＿＿＿＿＿＿＿＿＿＿＿＿＿＿＿＿＿＿＿＿＿＿＿＿＿＿。

# Unit 05 敬語の誤用
けい ご　　ご よう

 会話1　上司のお宅への電話
じょう し　　 たく　　 でん わ

李　　もしもし、吉田部長のお宅<u>でいらっしゃいます</u>( →です )か。
　　　よし だ ぶ ちょう　 たく

部長妻　はい。

李　　<u>部長さん</u>( →部長 )は<u>おられます</u>( →いらっしゃいます )か。

部長妻　あのう、失礼ですが、どちらさまでしょうか。
　　　　　しつれい

李　　あ、<u>ごめんなさい</u>( →申し訳ございません )。営業部の李と<u>言いま</u>
　　　　　　　　　　　 もう　 わけ　　　　　　　　えいぎょう ぶ　 イ　 い
　　　<u>す</u>( →申します )。

部長妻　李様<u>でございます</u>(→でいらっしゃいます)ね。少々お待ちくださ
　　　　 さま　　　　　　　　　　　　　　　　しょうしょう 　ま
　　　い。すぐ<u>お呼びしてまいります</u>(→呼んでまいります)。
　　　　　　　 よ

~でいらっしゃる ~십니다 (~です의 존경표현) | ~でございます ~입니다(~です의 정중어)

 **会話2** レストランで

店員　ご注文の品は、これでお揃いになりました(→揃いました)でしょ
　　　　うか。

客　　ええ。あのう、このごま油は何に使うんですか。

店員　はい。この(→こちらの)料理にゴマ油を少し加えますと、とても
　　　　おいしくいただけます(→召し上がれます)。

客　　あ、そう。それから残った料理は持ち帰れますか。

店員　はい、お持ち帰りできます(→お持ち帰りになれます)お客様、灰
　　　　皿の方は(→灰皿は)お使いになられます(→お使いになります)か。

客　　いいえ、けっこうです。

 **tip** 레스토랑에서 자주 듣는 말이지만, 정중하게 말하려고 한 나머지 오용이 일어났다고 생각할 수 있다. 예를 들면 대상이 「料理」이므로 경어(お~になる)를 쓸 필요는 없다. 「お~できる」는 겸양형이기 때문에 「お~になる / お~になれる」로 하지 않으면 안 된다. 또한 「お使いなられます」는 이중 경어라고 하는 경어의 오용이다.

---

揃そろう 갖추어지다, 빠짐없이 모이다, 일치하다 | ごま油あぶら 참기름

## 비즈니스 회화 중에서도 흔히 있는 경어의 오용에 대해서 알아보자.

 **이중경어의 오용**

「木村部長さま」과 같은 말은 이중경어라고 하고 직위 그 자체가 경칭이므로 그 위에 「さま」를 붙이는 것은 잘못된 것이다. 그 이외에도 자주 나타나는 이중경어로 경어동사에 「〜(ら)れる」를 붙이는 말이 있다. 아래의 예는 「ご覧になる」라는 존경어에 「られる」가 붙어 있는 이중경어이다. 이 경우 「〜(ら)れる」를 붙이는 것이라면 「見られる」만으로 충분하다.

| | |
|---|---|
| ✕ ご覧になられましたか | → ご覧になりましたか／見られましたか 보셨습니까? |
| ✕ おっしゃられました | → おっしゃいました 말씀하셨습니다. |
| ✕ お越しになられました | → お越しになりました 오셨습니다, 가셨습니다. |
| ✕ お召し上がりになられました | → 召し上がりました 드셨습니다. |
| ✕ お戻りになられますか | → お戻りになりますか 돌아오십니까? |

아마 이와 같은 오용이 생기는 것은 경어를 사용하지 않으면 안 된다고 생각한 나머지 지나치게 정중한 표현을 써버리기 때문일 것이다. 이 외에도 「きれいなお花でいらっしゃいますね 아름다운 꽃이시군요」와 같은 표현이 있는데 물건에는 필요 없다.

 **상대에게 관계없는 자신의 행위에 「お・ご」는 불필요하다.**

상대에게 관계없는 자신의 행위에 「お」나 「ご」는 기본적으로 붙이지 않는다. 예를 들면 「私は明日お休みします 저는 내일 쉬겠습니다」는 오용으로 「私は明日休みます」가 맞다. 단, 자신의 행위라도 상대에게 관계되는 「お礼(する) 인사하다」「ご連絡(する) 연락하다」「ご報告(する) 보고하다」 등은 「お」나 「ご」를 붙여서 말한다. 또 여기에서는 「お(ご)〜する」의 형태가 없는 동사를 실어 둔다.

<「お(ご)〜する」의 형태가 없는 동사>

자동사 : 歩く・終わる・遊ぶ・急ぐ・起きる・帰る・困る・死ぬ・立つ・着く・できる・
出る・通る・並ぶ・慣れる・なる・残る・始まる・走る・わかる・覚える…
타동사 : 買う・使う・脱ぐ・始める・忘れる…

**1**　다음 문장을 바른 비즈니스 표현으로 고쳐주세요.

1　お召し上がりになる　　　　　→ ______________________。

2　吉田社長様。　　　　　　　　→ ______________________。

3　お客様がおいでになられました　→ ______________________。

4　……とおっしゃっております　→ ______________________。

5　すぐお迎えに行きます　　　　→ ______________________。

6　先生、ご苦労様でした　　　　→ ______________________。

7　社長はもうお帰りになられました　→ ______________________。

8　お世話様です　　　　　　　　→ ______________________。


**2**　다음 문장을 바른 비즈니스 표현으로 고쳐주세요.

1　＜取引先の人に＞

あなたの申したことは当然だと、我が社の木村社長がおっしゃっていました。

→ ______________________。

2　＜社員が課長に対して＞

課長もコーヒーをお飲みになりたいですか。

→ ______________________。

3　＜上司に家族のことを話す＞

部長、お母さんが部長さんによろしくと言っていました。

→ ______________________。

4　＜部長から社長への伝言を部下が伝える＞

社長、吉田部長が新しい企画のことで相談に行きたいとおっしゃっていました。

→ ______________________。

5　＜店の人がお客に＞

本日はご来店いただきまして、ありがとうございます。

→ ______________________。

# 2부

## 회사 안에서의 회화편

# Unit 06　挨拶 (1)
あいさつ

 **会話1**　おはようございます

### おはようございます

| | |
|---|---|
| 李 | 部長、おはようございます。 |
| | ぶちょう |
| 部長 | おはよう。 |
| 李 | 江川さん、おはよう。 |
| | えがわ |
| 江川 | おはよう。 |

### お先に失礼します
さき　　しつれい

| | |
|---|---|
| 李 | 部長、お先に失礼します。 |
| 部長 | ご苦労さま。 |
| | くろう |
| 李 | じゃ、みんな、お先に。 |
| 同僚たち | お疲れさま。 |
| | つか |

 **tip**　아침과 퇴근할 때의 인사인데 인사는 반드시 아랫사람이 먼저 한다. 윗사람이 먼저 인사를 하지 않도록, 만나면 바로 인사를 하는 습관을 몸에 익히자. 퇴근할 때는 「お先に失礼します 먼저 실례하겠습니다」가 기본이다. 단, 동료나 후배에게는 짧게 「お先に」라고 해도 된다. 또, 「お疲れさま 수고하셨습니다」는 상대가 상사나 동료나 관계없이 사용하지만, 「ご苦労様 수고했어」는 상사가 부하에게 쓰는 말이므로 주의하도록 하자.

---

**お先**さきに失礼しつれいします 먼저 실례하겠습니다 ｜ **ご苦労**くろうさま 수고했어 ｜ **お疲**つかれさま 수고하셨습니다 ｜ **同僚** どうりょう 동료

 **会話2** 残業している同僚への一言
ざんぎょう　　　　　どうりょう　　　ひとこと

李　孫さん、何か手伝えることはある
　　ソン　　なに　てつだ

孫　ううん、一人で大丈夫よ。もう少しで終わるから。
　　　　ひとり　だいじょうぶ　　　　　すこ　　お

李　そう。じゃ、僕はお先に失礼するけど、あまり無理をしないようにね。
　　　　　　ぼく　さき　しつれい　　　　　　　　むり

孫　うん、ありがとう。

李　じゃ、お先に。
　　　　さき

孫　じゃ、また明日。
　　　　　あした

동료보다 빨리 돌아갈 때는 「何か手伝えることはありますか 뭔가 도울 수 있는 일이 있습니까?」 라고 말을 건다. 특히 상사는 야근하고 있는 부하에게 「あまり無理をしないように 너무 무리하지 않도록」 라든지 「大変そうだね。がんばって 힘들어 보이는군. 분발하게」 등의 격려의 말을 잊지 않도록 하자. 이러한 말 한 마디로 직장 분위기가 무척 부드러워진다.

無理むりをする 무리를 하다

상사·선배뿐만이 아니라 동료나 후배에게도 인사는 필요하다. 인사는 커뮤니케이션의 윤활유라고 하지만 인사는 '윗사람'이나 '거래처'이기 때문에 하는 것이 아니라 자연스럽게 동료나 후배에게도 구별하지 않고 평소에 하는 것으로 몸에 배야 한다.

 ## 인사의 기본 룰과 포인트

인사는 '상대보다 먼저'가 기본이다. 상대가 말을 걸어오는 것을 기다리는 것이 아니라 스스로 말을 거는 것이 중요하다. 인사가 주는 영향은 매우 크고 다른 회사 쪽에 제대로 된 인사를 못하면 '그쪽 사원은 인사하나 제대로 못한다'고 생각되어 당신 자신이나 나아가서는 직장의 평판까지도 해를 끼치게 될지 모른다.

제대로 인사하는 세 가지 포인트

> 1. 밝고 힘차게 인사한다.
> 2. 상대의 눈을 보고 웃는 얼굴로 인사
> 3. 머리를 살짝 숙이는 것도 잊지 않는다.

## 비즈니스의 기본적인 인사말

| | |
|---|---|
| おはようございます | 안녕하십니까?(하루를 상쾌하게 시작하자) |
| ありがとうございます | 감사합니다(감사를 전하자) |
| 申し訳ございません | 죄송합니다(실패는 솔직하게 인정하자) |
| 行ってらっしゃい | 다녀오십시요(기분 좋게 보내자) |
| お帰りなさい | 이제 돌아오십니까?(따뜻하게 맞이하자) |
| 行ってまいります | 다녀오겠습니다(외출을 알리자) |
| ただいま戻りました | 다녀왔습니다(무사히 돌아온 것을 전하자) |
| 今、お手すきですか | 지금 시간 있습니까?(자기가 먼저 용건을 꺼낼 때에 사용하자) |
| 失礼いたします | 실례합니다(상대의 동작을 중단시킬 때 사용하자) |
| お疲れさまでした | 수고하셨습니다(상대의 노고를 치하하자) |
| お先に失礼します | 먼저 실례하겠습니다(퇴근할 때 잊지 말고 말하자) |

**1**　비즈니스 회화 인사말을 써보세요.

1　朝のあいさつ　　　　　　　　　　　（　　　　　　　　　　　　　　　　　）
2　出先から帰社したとき　　　　　　（　　　　　　　　　　　　　　　　　）
3　先に退社するとき　　　　　　　　（　　　　　　　　　　　　　　　　　）
4　同僚が外出するとき　　　　　　　（　　　　　　　　　　　　　　　　　）
5　同僚が出先から帰社したとき　　　（　　　　　　　　　　　　　　　　　）
6　ノックして部屋に入るとき　　　　（　　　　　　　　　　　　　　　　　）


**2**　비즈니스 회화에 맞는 정중어로 바꿔주세요.

1　すみませんが　　　　　　　　　　（　　　　　　　　　　　　　　　　　）
2　どうですか　　　　　　　　　　　（　　　　　　　　　　　　　　　　　）
3　できません　　　　　　　　　　　（　　　　　　　　　　　　　　　　　）
4　〜していただく　　　　　　　　　（　　　　　　　　　　　　　　　　　）
5　いません　　　　　　　　　　　　（　　　　　　　　　　　　　　　　　）
6　なんですか　　　　　　　　　　　（　　　　　　　　　　　　　　　　　）
7　来てください　　　　　　　　　　（　　　　　　　　　　　　　　　　　）
8　聞いています　　　　　　　　　　（　　　　　　　　　　　　　　　　　）
9　伝えます　　　　　　　　　　　　（　　　　　　　　　　　　　　　　　）
10　〜そうです(伝聞)　　　　　　　　（　　　　　　　　　　　　　　　　　）


**3**　다음은 퇴근할 때의 인사입니다. (　)에 비즈니스 회화에 어울리는 어구를 넣어 대화를 완성하세요.

係長：課長、（1　　　　　　　　　　　）が、今日は娘の誕生日なので、（2
　　　　　　） いただきます。

課長：そうだったね。（3　　　　　　　　　）さま。

係長：孫さん、私はお先に失礼するけど、あまり(4　　　　　　　　　)ね。

孫　：はい、係長。もう少しで終わりますので。（5　　　　　　　　）でした。

# Unit 07 挨拶 (2)
あいさつ

 会話1　朝礼でのスピーチ
ちょうれい

みなさん、おはようございます。今日は先日読みました本の一節について、
お話ししてみたいと思います。
　私が感銘を受けたのは、「人生はお金を残して三流、仕事を残して二流、
人を残して一流」という言葉でした。
　考えてみますと、仮に巨億の財産を残したとしても、その人の名は残
らず、尊敬されるとは限りません。それどころか、遺産をめぐる争いに
もなりかねません。しかし、当社は建築会社であり、後世に残るような
建物を残すことができます。しかし、形のあるものはいつか必ず壊れ、
消えていきます。こうしたことを考えますと、人を残してこそその思い
や技術は子々孫々に受け継がれていきますし、新たな創造を生み出す力
になるのではないでしょうか。

　私は「人を残して一流」という著者の言葉を考えながら、果たして私
は人を残せるような人間になれるだろうか、そんなことを思いました。
　以上です。今日も一日がんばりましょう。

조례에서의 스피치다. 일본에서는 업무 개시 시각이 되면 대부분의 회사에서 조례라고 하는 업무연락이나 업무개시 스피치가 이루어지고 있다. 사원이 순서대로 3분 정도의 '아침스피치'를 하는 곳도 있다.

---

感銘かんめいを受うける 감명을 받다 ┃ 仮かりに〜としても 가령 ~라고 해도 ┃ 〜とは限かぎらない 꼭 ~라고는 할 수 없다 ┃
それどころか 그렇기는커녕 ┃ 〜をめぐる ~을 둘러싸다 ┃ 後世こうせいに残のこる 후세에 남다 ┃ 子々孫々ししそんそん
자자손손 ┃ 受うけ継つぐ 계승하다, 이어받다 ┃ 創造そうぞうを生うみ出だす 창조를 만들어 내다 ┃ 果はたして 과연

 会話2

## 外出時の挨拶
がいしゅつ じ　あいさつ

孫　課長、見積書の件で、渋谷商事まで行ってまいります。
　　かちょう　みつもりしょ　けん　　しぶやしょうじ　　　い

課長　行ってらっしゃい。

孫　何か先方に伝えることはございますか。
　　なに　せんぽう　つた

課長　特にないけど、もし、渋谷商事との交渉が難航するようだったら、
　　　とく　　　　　　　　　　　　　　　　こうしょう　なんこう

　　　一度会社に電話を入れてください。
　　　いちどかいしゃ　でんわ　い

孫　わかりました。

……( 外出先から戻る )……
がいしゅつさき　もど

孫　課長、ただ今、戻りました。
　　　　　　いま

課長　お帰りなさい。それで、渋谷商事との話、どうでしたか。
　　　かえ　　　　　　　　　　　　　　　はなし

「いってきます」 와 「いってらっしゃい」 는 회사에서 외출할 때 인사로도 쓰인다. 또 행선지에서 돌아온 동료 · 부하를 맞이할 때에는 「お帰りなさい」 또는 「お疲れさま」 가 쓰인다.

---

見積書みつもりしょ 견적서 | ～の件けん ~의 건 | 先方せんぽう 상대방 | 交渉こうしょう 교섭 | 難航なんこうする 난항하다

 **조례**

대부분의 일본회사에서는 '조례'가 행해진다. 조례에는 일을 시작하는 마음의 준비를 하게 하고, 중요 사항을 전달하는 등의 목적 이외에 사원끼리의 의사소통을 도모하고 팀워크를 높이는 큰 의미가 있다. 보통은 관리직이 부하에게 그 날의 업무연락 등을 하지만 회사에 따라서는 사기를 높이기 위해서 그날 의 업무연락 후에 사원이 윤번제로 3분 정도의 '아침스피치'를 하는 곳도 있다.

 **사내 매너의 기본 7가지**

❶ 늦어도 업무 개시 5분 전에는 자리에 있을 것.

업무 개시 시각이 9시라는 것은 입사 시간이 아니라 9시에는 바로 일을 할 수 있는 상태라는 것.

❷ 인사는 제대로 한다.

인사가 제대로 되지 않으면 사회인 실격자로 간주된다.

❸ 약속 시간은 반드시 지킨다.

고객과의 약속은 10분 전에 약속 장소에 있도록 한다.

❹ 공사 혼동은 하지 않는다.

사생활에서는 대학선배·후배관계라도 후배 쪽이 먼저 승진해서 상사가 되어 있는 경우, 회사 내에서는 상사에 대해서 경어를 사용하지 않으면 안 된다. 반말은 금물이다.

❺ 책상 위는 항상 정리 정돈해 둔다.

책상 위를 보면 효율적으로 일을 하고 있는지 아닌지를 일목요연하게 알 수 있다.

❻ 마음대로 외출하지 않는다.

근무시간 중에 말하지 않고 자리를 뜨면 그 사이에 본인에게 전화가 걸려왔을 때 전화를 건 거래 처·고객에게도 폐를 끼치게 되어 버린다. 그러므로 잠깐 자리를 비울 때라도 옆 사람에게 행선 지와 돌아오는 시간을 말해 두는 것이 비즈니스맨으로서 최소한의 매너다.

❼ 노크를 하고 나서 입실한다.

## 1　다음 단어를 비즈니스 회화의 정중어로 바꿔주세요.

| | |
|---|---|
| 1　きのう　（　　　　　） | 2　あした　（　　　　　） |
| 3　あさって　（　　　　　） | 4　去年　（　　　　　） |
| 5　おととし　（　　　　　） | 6　今　（　　　　　） |
| 7　さっき　（　　　　　） | 8　これから　（　　　　　） |
| 9　この間　（　　　　　） | 10　今度　（　　　　　） |

## 2　바른 접객용어로 바꿔주세요.

1　いらっしゃい。　　　　　　　（　　　　　　　　　　　　　）

2　ご注文は何ですか。　　　　　（　　　　　　　　　　　　　）

3　お待ちどうさま。　　　　　　（　　　　　　　　　　　　　）

4　わかりました。　　　　　　　（　　　　　　　　　　　　　）

5　100円のおつりです。　　　　（　　　　　　　　　　　　　）

6　また来てください。　　　　　（　　　　　　　　　　　　　）

## 3　（　　）에 비즈니스 회화에 어울리는 어구를 넣고 대화를 완성하세요.

外出時の会話

李：孫さん、見積書の件で渋谷商事まで行って来るので、よろしくね。

孫：帰りは何時ごろになりそう。

李：お昼前には戻れると思う。

孫：わかったわ。（1　　　　　　　　　　）。

李：じゃ、（2　　　　　　　　　　）。

　　……（外出先から戻って）……

李：（3　　　　　　　　　　）。

孫：（4　　　　　　　　　　）。

李：僕がいない間に、何か変わったことがあった。

孫：ううん。特にないわ。

# Unit 08 相づち・ねぎらい
あい

**会話 1** 相づちを打つ
う

部長　このところ、株価の下落が止まらないね。
　　　かぶか　げらく　と

課長　ええ、そうですね。

部長　うちの会社、大丈夫かなぁ
　　　かいしゃ　だいじょうぶ

課長　と、おっしゃいますと。

部長　うちの会社、資産運用で株式投資をしているんだよ。
　　　しさんうんよう　かぶしきとうし

課長　なるほど。そうだったんですか。

部長　大きな損失を出さなければいいのだが、…。
　　　おお　そんしつ　だ

課長　ええ、心配ですね。
　　　しんぱい

「と、おっしゃいますと 그렇게 말씀하시면?」 나 「それからどうなさいました 그리고 어떻게 하셨습니까?」 등의 반
문하는 말은 당신이 상사(상대)의 말에 흥미를 가지고 있다는 것을 나타내는 아주 좋은 맞장구 표현이다. 능숙하게 사용하자.

---

**株価 かぶかの下落 げらく** 주가 하락 ｜ **～と、おっしゃいますと** 그렇게 말씀하시면 ｜ **資産運用 しさんうんよう** 자산운용 ｜
**株式投資 かぶしきとうし** 주식 투자 ｜ **なるほど** 과연, 아무렴, 그렇고 말고

 **部下をねぎらう一言**
ぶか　　　　　　　　　ひとこと

……( 励ます )……
　　　はげ

部長　みんなご苦労さま。朝からがんばってるね。
　　　　　　くろう　　　あさ

李　　部長、おはようございます。
　　　ぶちょう

部長　年末商戦まで、気を抜かないでがんばろう。
　　　ねんまつしょうせん　　き　ぬ

李　　わかりました。


……( ねぎらい )……

課長　なかなかよくできているわね。

　　　ここまでやるのは大変だったでしょう。
　　　　　　　　　　　たいへん

孫　　ありがとうございます。

課長　あともう少しだから、この調子でがんばって。
　　　　　　　すこ　　　　　　　ちょうし

孫　　はい。

여기에서는 상사가 부하에게 격려하는 표현들을 정리했다. 사내의 커뮤니케이션에서 중요한 것 중 하나가 이 격려나 위로의 말이다. 상사는 가능한 한 자주 일의 현장을 둘러보고 이런 표현을 부하에게 하는 편이 좋다. 신뢰 받고 있는 상사라고 하는 것은 이런 '배려'가 있는 사람이다.

---

**励**はげ**ます** 격려하다 | **年末商戦**ねんまつしょうせん 연말상전, 연말에 상업상 경쟁 | **気**き**を抜**ぬ**く** 긴장을 늦추다 | **この調子**
ちょうし 이상태

##  맞장구

일본인과의 회화에서 중요한 것은 '맞장구'로 대화의 윤활유라고 할 수 있다.

**<동의를 나타낸다>**  **<이야기를 재촉한다>**

**なるほど** 과연  **と、おっしゃいますと……** 그렇게 말씀하시면

**そうですね** 그렇군요  **それからどうなさいました。** 그리고 어떻게 하셨습니까?

**お察しします** (동정)미루어 짐작하겠습니다

**젊은이의 '맞장구' 표현**

1. 긍정 : **うん** 응  **あぁー** 아  **そうそう** 맞아맞아  **へぇー** 그렇구나
2. 의문 : **なんで？** 왜?  **いつ？** 언제?  **だれが？** 누가?  **どこが？** 어디가?
3. 확인 : **ほんとに？** 정말?  **マジで？** 정말로?
4. 부정 : **うそだぁ** 거짓말  **それはないよ** 그것은 아냐  **ありえない** 있을 수 없어
   **信じられな〜い** 믿을 수 없어
5. 감탄 : **へぇー！** 헤, 허 참, 저런  **なるほど！** 과연  **うそー！** 거짓말
   **スゲェじゃん** 대단하네

##  상사와 부하의 커뮤니케이션

커뮤니케이션이란, '보고'의 수·발신이라는 관점에서 말하는 경우가 많지만, 실제 커뮤니케이션에서는 '정'의 교류가 무척 중요하고 서로 상대를 받아들이는 관계가 성립되어 있지 않으면, 커뮤니케이션은 성립되지 않는다. 여기에서는 상사가 부하를 위로할 때에 사용하는 표현을 정리했는데, 아무렇지도 않은 위로의 말 한 마디가 서로의 신뢰관계를 만들어 의사소통을 순조롭게 한다.

**<부하를 위로하는 말>**

**ご苦労さま。** 수고했어.

**お疲れさま。** 수고하셨습니다.

**やってるね。** 잘 하고 있군.

**がんばってるね。** 분발하고 있군.(열심히 하는군)

**なかなかよくできているね。** 상당히 잘하고 있군.

**よ〜し、よくやった！** 좋아, 잘 했어!

**もう一息だ。がんばっていこう。** 이제 조금만 더 하면 돼. 분발하자고.

**1** 다음 접객용어 중에서 잘못된 것을 고치세요.

1 (グループできたお客に)グラスの方はいくつお持ちしますか。

2 (お客から代金1000円を受け取って)1000円からお預かりします。

3 (お客に)お箸は一膳でよろしかったでしょうか。

4 (お客を待たせる必要があるとき)少々お待ちいただく形になりますが、
よろしいですか。

**2** 이것은 JR동일본의 접객 6대 표어입니다만 바르게 연결 하세요.

1 (明るい心で)　　　・　　　・a　ありがとうございます

2 (素直な心で)　　　・　　　・b　どうぞ

3 (積極的な姿勢で)　・　　　・c　申し訳ございません

4 (反省の態度で)　　・　　　・d　はい

5 (謙虚な心で)　　　・　　　・e　お待たせしました

6 (感謝の心で)　　　・　　　・f　いらっしゃいませ

**3** 밑줄 친 부분을 비즈니스 대화에 어울리는 표현으로 바꿔주세요.

課長：ええ、なんですか。

部長：実は、弊社の新製品のことだが、他社から同類の商品が近く販売される
そうだ。そこで、販売を急く必要があると思うんだ。なんとか来週には
店頭に出せるように、準備を間に合わせてもらえないだろうか。

課長：ええ、わかりました。じゃ、すぐに準備に取りかかります。

部長：うん、そうしてくれ。先手必勝だからね。

1 (　　　　　　　　　　　　　) 2 (　　　　　　　　　　　　　)

3 (　　　　　　　　　　　　　) 4 (　　　　　　　　　　　　　)

5 (　　　　　　　　　　　　　)

# Unit 09 指示・依頼する (1)
しじ　いらい

会話1 部下 に指示する
ぶか

課長　孫さん、忙しいところを申し訳ないんだけど、…。
　　　ソン　　いそが　　　　　　　もう　わけ

孫　　はい、何でしょうか。
　　　　　なん

課長　会議の資料を、大至急、20部作ってもらえない。
　　　かいぎ　しりょう　だいしきゅう　　　ぶっく

孫　　はい、かしこまりました。それで、何時までにお届けすればよろしい
　　　　　　　　　　　　　　　　　　　なんじ　　　　とど
　　　でしょうか。

課長　2時までにお願いできる？
　　　　　　　ねが

孫　　はい、承知しました。会議の資料を２０部、２時までに作成いた
　　　　　しょうち　　　　　　　　　　　　　　　　　　　　さくせい
　　　します。

　　　　　　　　　……( 作業が完了して )……
　　　　　　　　　　　　さぎょう　かんりょう

孫　　会議の資料ができ上がりましたので、お持ちしました。
　　　　　　　　　　　　　　あ　　　　　　　　　も
　　　これでよろしいでしょうか。

課長　ありがとう。これでけっこうよ。急がせて悪かったわね。
　　　　　　　　　　　　　　　　　　いそ　　　わる

孫　　いいえ、どういたしまして。

부하에게 일을 부탁하는 장면이다. 급한 용무를 부탁할 때 한 마디 「忙しいところを申し訳ないんだけど、… 바쁜 중에 미안한데」라고 하자. 대답은 그저 「かしこまりました 알겠습니다」 만으로는 상사도 불안해지니까 반드시 의뢰를 받은 내용과 일의 기한을 복창한다. 이것이 지시를 받을 때의 기본이다.

---

**かしこまりました** (～りました의 꼴로) 명령을 받들어 모시겠습니다, 알겠습니다 | **承知**しょうちしました 알겠습니다(승낙, 용서)

## 先輩に依頼する
せんぱい　　いらい

李　先輩、ちょっとお願いがあるんですが、…。
　　　　　　　　　　ねが

先輩　うん、何。
　　　　　　なに

李　このコピー、課長から頼まれたんですが、取引先まで 出かけなければな
　　　　　　　かちょう　たの　　　　　　　とりひきさき　　で
　らない急な用事が入ったんです。それで申し訳ないんですが、私の代
　　　　きゅう ようじ　はい　　　　　　　　もう わけ　　　　　　　　　　か
　わりにコピーしていただくわけにはいかないでしょうか。

先輩　うん、いいよ。で、何時までに。
　　　　　　　　　　　　なんじ

李　課長からは、20 部を 2 時までにと言われています。
　　　　　　　　　　ぶ　　　　　　　い

先輩　うん、わかった。20 部を 2 時までにだね。やっとくよ。

李　ありがとうございます。では、よろしくお願いいたします。

선배에게 일을 부탁하는 장면이다. 친한 동료나 후배에게 뭔가를 부탁하는 경우라면 「悪いけど、～してくれない 미안한데 ～해주지 않을래」 로 충분하다. 그러나 선배에게는 경어를 사용하지 않으면 안 된다. 위 글에서 「～ていただくわけにはいかないでしょうか ～해주실 수는 없을까요?」는 「～ていただけませんか ～해주지 않겠습니까?」 보다도 정중한 부탁 표현이 된다.

---

代かわりに 대신에 ｜ ～わけにはいかないでしょうか ~할 수는 없을까요?

 **지시 · 의뢰의 방법**

상사가 부하에게 하는 지시라고 해도「～しろ」「～しなさい」등의 명령 표현을 쓰는 경우는 없다.「～してください」라는 말도 표현에 따라서 명령하는 말투가 되므로 거의 쓰지 않는다. 가장 일반적으로는 부하의 인격을 존중해서「申し訳ないんだけど、ちょっと手を貸してもらえない 미안하지만 좀 거들어 줄 수 있어?」라든지「忙しいところを申し訳ないんだけど 바쁜 중에 미안하지만」등의 완충하는 말을 하고, 그리고 나서「～てくれない / ～てもらえない」「～してほしいんだけど / ～してもらいたいんだけど」로 용건을 전한다.

<의뢰하기>

忙しいところを申し訳なんだけど、…。 바쁜 중에 미안하지만…….
これ、大至急お願いしたいんだけど、…。 이거 급하게 부탁하고 싶은데…….
申し訳ないけど、ちょっと手を貸してもらえる 미안하지만 좀 거들어 줄 수 있어?
手が空いてからでいいんだけど、……。 틈이 생기고 나서라도 괜찮은데…….

<의뢰받기>

かしこまりました。 잘 알겠습니다.
承知しました。 알겠습니다.

### ■ 지시를 받는 방법 네 가지

 비즈니스맨에게 수첩은 필수품. 상사의 지시를 받을 때는 수첩에 반드시 메모를 하도록 한다. 다음은 지시를 받는 방법 네 가지다.

1   지시는 마지막까지 막지 말고 듣고 나서 질문은 나중에 한다.

2   지시를 받을 때는 메모를 하고, 5W1H (WHAT · WHY · WHEN · WHERE · WHO · HOW)를 확실하게 파악한다.

3   할 수 없을 것 같은 지시에 대해서는 상황을 설명하고 우선 순위 등 판단을 구한다.

4   마지막으로 지시의 요점을 복창하고 확인한다. 특히 숫자나 고유명사는 정확하게.

**1**　예와 같이 의뢰 표현을 완성하세요.

> 例　伝<ruby>伝<rt>つた</rt></ruby>える　　→　伝えてもらえない。
>
> 　　　　　　　→　伝えていただけませんか。
>
> 　　　　　　　→　お伝え<ruby>願<rt>ねが</rt></ruby>えませんか。
>
> 　<ruby>説明<rt>せつめい</rt></ruby>する　→　説明してもらえない。
>
> 　　　　　　　→　説明していただけませんか。
>
> 　　　　　　　→　ご説明願えませんか。

1　<ruby>知<rt>し</rt></ruby>らせる　→

2　<ruby>答<rt>こた</rt></ruby>える　→

3　<ruby>話<rt>はな</rt></ruby>す　→

4　<ruby>送<rt>おく</rt></ruby>る　→

5　<ruby>教<rt>おし</rt></ruby>える　→

6　<ruby>連絡<rt>れんらく</rt></ruby>する　→

7　<ruby>電話<rt>でんわ</rt></ruby>する　→

8　<ruby>指導<rt>しどう</rt></ruby>する　→

**2**　(1～3)에 비즈니스 회화로 어울리는 어구를 넣고 ( ○○→　　)에는 알맞은 표현으로 바꿔 대화를 완성하세요.

課長：<ruby>孫<rt>ソン</rt></ruby>さん、(1　　　　　　　　　　)<ruby>申<rt>もう</rt></ruby>し<ruby>訳<rt>わけ</rt></ruby>ないんだけど、ちょっと<ruby>手<rt>て</rt></ruby>を<ruby>貸<rt>か</rt></ruby>して(もらう→　　　　　　)

孫　：はい、(2　　　　　　　　)か。

課長：この<ruby>書類<rt>しょるい</rt></ruby>を<ruby>二部<rt>にぶ</rt></ruby>コピーして、<ruby>部長<rt>ぶちょう</rt></ruby>のところに<ruby>届<rt>とど</rt></ruby>けて(くれる→　　　　　)

孫　：<ruby>課長<rt>かちょう</rt></ruby>、(<ruby>急<rt>いそ</rt></ruby>ぐ→　　　　　　　)でしょうか。

課長：ええ、<ruby>大至急<rt>だいしきゅう</rt></ruby>お<ruby>願<rt>ねが</rt></ruby>い。

孫　：はい、(3　　　　　　　　)。

　　　では、できあがりましたら、すぐに(<ruby>届<rt>とど</rt></ruby>ける→　　　　　)します。

課長：じゃ、よろしく。

# Unit 10 指示・依頼する (2)
しじ　いらい

**会話 1** 困難な仕事を指示する
こんなん　しごと　しじ

課長　李さん、実はあなたにお願いしたいことがあるんだけど。
イ　　じつ　　　　ねが

李　　はい、何でしょうか。
なん

課長　今度の新商品の販売企画の責任者を、ぜひあなたにやってもらい
こんど　しんしょうひん　はんばいきかく　せきにんしゃ
たいと思っているんだけど、どう
おも

李　　そんな大役、私に務まるでしょうか。
たいやく　　つと

課長　あなたを見込んで私が頼むのよ。私もできるだけ協力するし、何が
みこ　　　たの　　　　　　　　　　　きょうりょく　　なに
あっても私が責任をとるから。
せきにん

李　　そこまでおっしゃっていただけるのなら、難しいとは思いますが、
むずか　　　おも
私なりに全力を尽くします。
ぜんりょく　つ

課長　じゃ、よろしく頼むわね。じゃ、企画書ができたら、持ってきて。
たの　　　　　　きかくしょ　　　　　　　も

李　　かしこまりました。

부하에게 어려운 부탁을 하게 되었을 때, 지시하는 쪽은「何があっても私が責任を取る 무슨 일이 있어도 내가 책임을 진다」라고 안심하고 일을 할 수 있는 환경을 만들어 주는 것이 중요하다. 의뢰받는 쪽도「そのような大役が私に務まるでしょうか 그렇게 중요한 역할을 제가 처리할 수 있을까요?」라는 실패를 염두한 예방차원의 말을 해 두고「難しいとは思いますが、私なりに全力をつくします 힘들지만 제 나름대로 전력을 다하겠습니다」라고 답하는 것이 현명하다.

---

**販売企画**はんばいきかく 판매기획 | **務**つとまる 임무를 맡다 | **私**わたし**なりに** 제 나름대로 | **大役**たいやく 큰 역할 | **見込み**こむ 믿다, 신뢰하다 | **全力**ぜんりょく**を尽**つくす 최선을 다하다

 **会話2** 上司に身元保証人を依頼する
じょうし　みもとほしょうにん　いらい

孫　課長、本日は折り入ってお願いがあるんですが。
かちょう　ほんじつ　お　い　　ねが

課長　「折り入って」とは大げさね。何。
おお　　　なに

孫　実は、私の弟が京都大学を卒業して、東京の大先株式会社に
じつ　　おとうと　きょうと　だいがく　そつぎょう　　とうきょう　たいさきかぶしきかいしゃ

入社することになったんですが、…。
にゅうしゃ

課長　それはおめでとう。

孫　ありがとうございます。ところが、身元保証人が必要で、その条件が
みもとほしょうにん　ひつよう　　じょうけん

東京在住の日本人と限られているため、困っております。それで、
とうきょうざいじゅう　にほんじん　かぎ　　こま

厚かましいお願いで恐縮なのですが、課長に弟の身元保証人になって
あつ　　　ねが　　きょうしゅく

いただけないかと思いまして。こんなことをお願いできるのは、課長
おも

しかいなくて。

課長　わかったわ。私でよければ、喜んで。
よろこ

 **tip** 상사에게 개인적인 부탁을 하기. 「折り入って 긴히」라는 한 마디에, 일본인은 용건의 중대사를 알 수 있다. 또한 「こん なことお願いできるのは○○さんしかいなくて 이런 부탁을 드릴 수 있는 것은 ○○ 씨밖에 없어서」처럼 상대의 자존 심을 부추기는 것은 필살의 문구이므로, 외워 두면 손해는 보지 않는다.

---

**折おり入いって** 특별히, 긴히 ｜ **身元保証人みもとほしょうにん** 보증인 ｜ **大おおげさ** 허풍, 과장됨 ｜ **厚あつかましい** 얼굴이 두껍다, 뻔뻔하다 ｜ **お願ねがい** 부탁

## 곤란이 따르는 일의 지시와 의뢰받는 법

회사에서 부하가 어려운 일을 의뢰할 때는 「私もできるだけ協力するから 나도 가능한 한 협력할 테니까」 처럼 한 마디 덧붙여서 상대를 안심시키거나 용기를 주거나 할 필요가 있다.

곤란한 일을 의뢰받는다는 것은 출세의 기회도 되지만 실패할 수도 있다. 때문에 받는 쪽도 「難しいと思いますが、어렵지만은,」이라고 실패할 수도 있다고 먼저 말해 두거나 「もし……と言う条件がクリアされているのでしたら 만약 … 라는 조건이 명백하게 되어 있다면」 등의 조건을 제시하는 것도 좋은 방법이다.

 ### 곤란한 일을 지시할 때

> 私が責任取るから、思い切ってやってみてごらん。 내가 책임질 테니까, 마음껏 도전해봐라.
>
> 私もできるだけ協力するから、… 。　나도 할 수 있는 한 협력할 테니까 ……
>
> 君(あなた/○○さん)だったら、絶対にやれる。 너(당신 / 00 씨) 라면 꼭 할 수 있어.
>
> 君(あなた/○○さん)を見込んで頼むんだけど 너(당신 / 00 씨) 을 믿고 부탁한 거야.

 ### 곤란한 일을 의뢰받기

> 私にできることでしたら、喜んでやらせていただきます。 제가 할 수 있는 것이라면 기꺼이 하겠습니다.
>
> 難しいとは思いますが、できる限りのことはやってみます。
>
> 어려울 것이라고는 생각됩니다만, 할 수 있는 한 최선을 다하겠습니다.

 ### 의뢰할 때 하는 서두

お手数ですが、…　(〜ていただけないでしょうか / 〜をお願いできないでしょうか)

귀찮지만, … …+ (〜해주시지 않겠습니까? / 부탁 드려도 되겠습니까?)

> ご迷惑でなければ、… 폐가 되지 않는 다면, … (同上)
>
> 恐れ入りますが、… 송구합니다만, … (同上)
>
> お手を煩わせて恐縮ですが、… 번거롭게 해서 죄송합니다만, … (同上)
>
> 実は折り入ってお願い (ご相談) があるのですが、… 실은 긴히 부탁(상담)이 있습니다만 … (同上)
>
> 厚かましいお願いで恐縮なのですが、 뻔뻔스러운 부탁을 드려 죄송합니다만, (同上)
>
> 無理を承知の上で、お願いに上がったのですが、… 안 된다는 것을 알면서도, 부탁드리려 왔습니다만,
>
> … (同上)

**1**　다음과 같은 의뢰를 할 때에 쓰는 표현은 어느 것입니까? 알맞게 연결하세요.

1　急な用件を頼むとき　・　　・ a　ちょっと手を貸してもらえる？

2　短時間ですむ用件を頼むとき　・　　・ b　責任は私が取るから

3　適任と思う人に頼むとき　・　　・ c　手が空いたときでいいんだけど

4　困難を伴う仕事を頼むとき　・　　・ d　これ、大至急お願いしたいんだけど

5　忙しそうな部下に頼むとき　・　　・ e　山田さんだから、お願いするんだけど

6　急いでいない用件を頼むとき　・　　・ f　忙しいところを申し訳ないんだが

**2**　다음과 같은 의뢰를 받을 때 쓰는 표현은 어느 것입니까? 알맞게 연결하세요.

1　困難なことを受け入れるとき　・　　・ a　××の仕事が入っているのですが

2　他の用件と重なっているとき　・　　・ b　…の問題が解決されているのでしたら

3　時間的に難しいとき　・　　・ c　今すぐは無理なのですが、

4　引き受ける条件があるとき　・　　・ d　難しいとは思いますが、私なりに

**3**　(○○→ 　)곳을 알맞은 표현으로 바꿔 안내장을 완성하세요.

井上明さん慰労会のご案内

　(今度→ 　　　)、営業部の井上さんが、平成20年 5月 25日で満 60歳を(迎えて→ 　　　

)、(定年退職します→ 　　　　)。 井上さんは、昭和53年に我が社に(入社して→ 　　　

)以来、30年という長期にわたり、営業の第一線で並々ならぬご尽力を賜りました。

　つきましては、井上さんへの感謝と慰労、そして今後の更なるご活躍を祈念する

ささやかな会を(企画しました→ 　　　　)ので、ぜひ(出席してください→ 　　　　)。

日程等は下記のとおりとなって(います→ 　　　　)。参加者は別添用紙に氏名を記入

し、5月 20日(水)までに幹事まで(戻してください→ 　　　　)。 なお、業務の都

合で、後日出席できなくなった場合は、幹事まで(連絡してくれます→ 　　　　)よ

う、(願います→ 　　　　)申し上げます。

# Unit 11 指示・依頼を断る
しじ　いらい　ことわ

## 会話1　上司からの指示を断る
じょうし

**部長**　来月、アメリカの JCT 社の社長がお見えになる。
らいげつ　　　　　　　　　　　しゃ　しゃちょう　　み
そこで君に東京での接待役を引き受けてもらいたいと思っている
きみ　とうきょう　せったいやく　ひ　う　　　　　　　　　おも
んだが。どうかな。

**李**　ご指名いただいたことはとてもうれしいのですが、そのような
しめい
大任は私には荷が重すぎます。もっと適任の人を捜していただけ
たいにん　　　に　おも　　　　　　てきにん　ひと　さが
ないでしょうか。

**部長**　君は英語も堪能だし、課長からも接待役には君が最適だと推薦を
えいご　たんのう　　かちょう　　せったいやく　　きみ　さいてき　すいせん
受けたのだが、…。

**李**　ありがとうございます。しかし、部長や会社にご迷惑をかけること
ぶちょう　かいしゃ
になってはいけませんから、この
件はやはりご辞退させてください。
けん　　　　　じたい
誠に申し訳ございません。
まこと　もう　わけ

상사의 지시를 거절하는 장면이다. 상사로부터 자신이 없는 업무를 지시 받았을 때에 「できないことは引き受けない 할
수 없는 일은 받지 않는다」 라는 것이 비즈니스맨의 철칙이고 확실히 거절한 쪽이 나중에 문제가 생기지 않는다. 이때 어떻게
말하고 거절할 것인지에 대한 표현이다.

---

**お見みえになる** 오시다 ｜ **接待役せったいやく** 접대역 ｜ **指名しめいする** 지명하다 ｜ **大任たいにん**　대임, 큰 임무 ｜ **荷にが
重おもい** 짐이 무겁다 ｜ **適任てきにん** 적임 ｜ **堪能たんのう** 능란함, 충분히 만족함 ｜ **推薦すいせんを受うける** 추천을 받다 ｜
**辞退じたいする** 사퇴하다 ｜ **〜(さ)せてください** ~하게 해 주세요

## 同僚・先輩からの依頼を断る
どうりょう　せんぱい　　　　　　いらい　ことわ

孫　　悪いんだけど、このコピーやってくれない。
　　　わる

……( 依頼者が同僚・後輩のとき )……
　　　いらいしゃ　どうりょう　こうはい

同僚　ごめん。今、急ぎの仕事を抱えているんだ。誰かほかの人に頼んで
　　　　　　いま　いそ　　しごと　かか　　　　　　だれ　　　　　ひと　たの
　　　くれない。

孫　　わかった。じゃ、そうする。

……( 依頼者が先輩のとき )……
　　　　　せんぱい

後輩　ごめんなさい。今、急ぎの仕事を抱えているので、誰かほかの人に
　　　頼んでくださいませんか。

孫　　わかった。じゃ、そうする。

사내에서 동료들 사이에서 주고 받는 회화다. 상대가 친한 동료나 후배라면 「悪いんだけど、〜てくれない」가 일반적인 의뢰 방법이다. 거절할 때도 「ごめん。……んだ(남)/の(여)」로 충분하다. 단, 후배에게 의뢰할 때나 선배로부터의 의뢰를 거절할 때는 경어를 쓰자.

---

**急**いそ**ぎの仕事**しごと 급한 일 ∣ **抱**かか**える** 안다, 떠안다

가장 어려운 것이 지시나 의뢰를 거절하는 법이다. '예스'나 '노'가 확실한 언어권 쪽은 솔직하게 「駄目です / できません 안됩니다 / 못합니다」와 같이 확실히 의사를 표시하는 일이 많은 것 같다. 하지만 이 표현은 일본인에게는 놀랄 만큼 심한 거절로 받아들여진다. 그래서 일본인은 먼저 「申し訳ありませんが、 죄송합니다만~」, 동료나 후배라면 「悪いけど、 미안하지만 ~」 등의 사과를 하고, 그리고 나서 거절하지 않으면 안 되는 사정을 말한다. 그리고 「駄目です / できません」이라는 말의 사용을 극력 피하고 그 다음은 배려해 주는 말을 한다. 「断りの言葉を使わずに断る 거절의 표현을 하지 않고 거절한다」 는 것이 일본어의 특징으로 「察しの文化 배려의 문화」라고 하는 것이지만 이 '거절하는 법'을 실패하면 인간관계를 한 순간에 무너뜨려버릴 우려가 있기 때문에 반드시 익히도록 하자.

 **비즈니스 회화에서 자주 사용하는 거절표현**

お話は誠に光栄なのですが、あいにく母が病気療養中(理由)でして、…。

말씀은 대단히 영광입니다만, 마침 어머니가 병으로 요양 중(이유)이라서…….

身にあまるお話ですが、私にはそのような大任を勤める自信がなく、…。

분에 넘치는 말씀입니다만, 저로서는 그런 대임을 맡을 자신이 없어서…….

会社にご迷惑をかけることになってはいけませんから、…。

회사에 폐를 끼치게 되어서는 안되니까…….

私には荷が重すぎますし、部長のご期待に添える自信がございません。

저에게는 짐이 너무 무겁고 부장님의 기대에 부응할 수 있는 자신이 없습니다.

私はまだまだ未熟者ですし、皆さんの足手まといになっては申し訳ありませんから。

저는 아직 미숙하고 여러분의 방해가 되면 면목없으니까.

 **일반적인 거절의 표현**

申し訳ございませんが、……ので 죄송합니다만, ~므로,

すみませんが、……ので 미안합니다만, ~므로

悪いけど、……んで 미안한데, ~해서.

申し訳ございませんが、ちょっと 죄송합니다만, 좀.

すみませんが、ちょっと 미안합니다만, 좀.

**1**　다음과 같은 거절을 할 때 쓰는 표현은 어느 것입니까? 알맞게 연결하세요.

1　上司からの誘いを断るとき　・　・a　ただいま取り込んでおりまして

2　贈り物を丁寧に断るとき　・　・b　お役に立ちたいのはやまやまですが

3　忙しくて応対できないとき　・　・c　少し検討させてください

4　一旦、その件を保留するとき　・　・d　お気持ちだけ頂戴いたします

5　次回の可能性を残して断るとき　・　・e　ぜひお供させていただきたいのですが

6　力不足を理由に断るとき　・　・f　今回は見送らせてください

**2**　다음 문장을 알맞은 비즈니스 표현으로 바꾸세요.

1　本当に残念ですが、できません。　→

2　事情はわかりますが、…。　→

3　あいにく手持ちのお金がなくて　→

4　このような贈答品は受け取れません　→

**3**　(1〜6)안에 알맞은 어구를 골라 회화를 완성하세요.

(実は/折り入って/無理は言えません/残念です/光栄の至りだ/申し訳ないが)

課長：部長、今日は(1　　　　　　　)お願いがあるんですが。

部長：君からの頼みとは珍しいね。それで、何。

課長：(2　　　　　　　)、今秋 11月、私どもの長男が結婚することになりまして、そ

れで部長にご媒酌人をお願いできないかと思いまして。

部長：それは(3　　　　　　)が、先週、アメリカに出張の内示を受けていて、来月初

旬に現地に赴任することになったんだ。それで、11月は一時帰国も無理だと思

う。(4　　　　　　)、そういうわけで、ご媒酌の大任は果たせそうもない。

課長：そうですか。(5　　　　　　)が、そういう事情では(6　　　　　　)。

# Unit 12 報告する (1)
ほうこく

 **会話1** 上司への業務報告
じょうし　ぎょうむ

**李**　課長、お忙しいところを申し訳ございません。
かちょう　いそが　　　　　　もう　わけ

**課長**　何のこと。
なん

**李**　DYPC の販売状況についてご報告に上がったのですが、今、お時間
はんばいじょうきょう　　　　　　　　　あ　　　　　　　　いま　じかん
よろしいですか。

**課長**　うん、いいよ。

**李**　本年四月に発売しました DYPC の販売状況についてですが、本年
ほんねん し がつ　はつばい
9月から10月にかけて実施しました調査結果、東京の都市部での
じっし　　　　　ちょうさ けっか　とうきょう　と し ぶ
シェアーは80％と順調な伸びを示していますが、地方部では50％と
じゅんちょう　の　しめ　　　　　　　　ち ほう ぶ
低迷していることが判明しました。
ていめい　　　　　　はんめい

**課長**　李さんは、この結果についてどのように考えてるの？
イ　　　　けっか　　　　　　　　　　かんが

**李**　商品の宣伝が地方にはまだ行き渡っていないことに原因があると
しょうひん せんでん ち ほう　　ゆ わた　　　　　　　　　げんいん
思います。地方の販売代理店とも協力し、年末に向けて地方部に的を
おも　　　　　　　だい り てん　きょうりょく ねんまつ む　ち ほう ぶ まと
絞ったキャンペーンを行う必要があるのではないかと存じます。
しぼ　　　　　　　　おこな ひつよう　　　　　　　　　　ぞん

 **tip** 상사에게 업무보고를 하는 장면이다. 보고에서 중요한 것은 사실과 의견을 엄격하게 구별하는 것이다. 보고는 간결하게 먼저 결론을, 다음으로 원인, 경과의 순서로 말한다. 또한 「今、お時間よろしいでしょうか 지금 시간 괜찮으십니까?」의 한마디를 잊지 않도록.

---

**販売状況**はんばいじょうきょう 판매상황 | **シェアー** 점유율 | **順調**じゅんちょう 순조 | **低迷**ていめい**する** 나쁜 상태에서 헤어나지 못함 | **行**ゆ**き渡**わた**る** 빠짐없이 고루 미치다, 널리 미치다 | **的**まと**を絞**しぼ**る** 핵심 목표를 짜내다 | **キャンペーン** 캠페인

## 社内文書（業務報告書）例
しゃないぶんしょ　ぎょうむほうこくしょ　れい

□□販売状況について
はんばいじょうきょう

本年四月に発売した□□の販売状況について、各支店、代理店にお
ほんねんしがつ　はつばい　　　　　　　　　　　　　　　　かくしてん　だいりてん
いてデーターを集計した結果は下記の通りでしたので、報告します。
　　　　　　しゅうけい　けっか　かき　とお　　　　　　　　ほうこく

記

1　調査期間　　　平成 20 年　9 月〜10 月
　　ちょうさきかん　へいせい

2　販売実績　　　×××××円（×××ケース）
　　　じっせき

3　概　　況　　　都市部でのシェアーは80％と順調な伸びを示して
　　がい　きょう　　としぶ

　　　　　　　　　いるが、地方部では 50％と伸び率が低い。
　　　　　　　　　　　　ちほうぶ　　　　　　　　　　の　りつ　ひく

4　所　　感　　　地方部への商品の宣伝が浸透していないことが原因
　　しょ　かん　　　　　　　しょうひん　せんでん　しんとう　　　　　　　　げんいん

　　　　　　　　　と思われる。年末に向けて、地方の販売代理店とも
　　　　　　　　　　おも　　　ねんまつ　む

　　　　　　　　　協力し、地方部の的を絞ったキャンペーンを行う必
　　　　　　　　　きょうりょく　　　　まと　しぼ　　　　　　　　　おこな　ひつ

　　　　　　　　　要があると思われる。
　　　　　　　　　よう　　　　おも

5　添付資料　　　有　・　無
　　てんぷしりょう　う　　　む

以　上

사내문서에는 '업무보고'에 대응한 '업무보고서'가 실려져 있다. 회사에 따라서는 통지서·지시서, 출장보고서, 기획서, 의사록 등 일의 대소에 관계없이 문서로 보고하는 것을 의무화하는 경우가 있다.

비즈니스용어에 「報·連·相 보고·연락·상담」이라는 말이 있다. 회사라는 조직에서는 상사가 의사 결정이나 판단의 재료로 하기 위해서라도 부하로부터의 '보고'는 무척 중요하다. 또 비즈니스 세계에서는 「悪いニュースほど早く伝える 나쁜 뉴스일수록 빨리 보고한다」라는 철칙이 있다. 예를 들면 일이 늦어질 것 같을 때, 기한 직전이 되어서 「できません 못 하겠습니다」하고 보고하는 것은 회사로서도 대처할 방법이 없기 때문이다.

 ## 보고가 필요한 경우

1  지시 받은 일이 끝났을 때
2  3일 이상 걸릴 것 같은 일의 진행 상황의 중간보고
3  일의 진행방법에 변경이 필요할 때
4  회사에 있어서 중요하다고 생각되는 새로운 정보를 입수했을 때
5  일에 관한 새로운 개선 방법을 발견했을 때
6  업무상의 실수를 했을 때

## 구두보고와 보고서의 포인트

비즈니스에서의 '구두로 보고'는 간결하게, 먼저 결론부터 말한다. 이어서 원인, 경과의 순서로 말하는데 사실과 의견('생각했다' '느꼈다') 을 혼동하지 않도록 전해야 한다. 또한 상사로부터 의견을 요구받았을 때 「私の意見といたしましては 제 의견으로서는」로 서두에 말하도록 한다. 이때 「私は……ように思います 저는 ……과 같이 생각합니다」와 같이 개인 의견이라는 것을 확실히 말한다.

1  결론(＝사실)
2  경과/원인(＝사실)
3  소감(＝당신의 의견·제안)

보고서는 일체의 쓸데없는 것을 생략하고 간결하게 정리한다. 길어질 것 같으면 모두(冒頭)에 요약을 기재하고 다음에 일시·장소나 내용 등을 '기(記)'로서 조목별로 기재한다. 도표나 그래프 등도 첨부해서 한 번 보고 이해할 수 있게 작성하도록 명심하자. 마지막에 소감으로서 의견, 제안 등을 첨부하는 것으로 보고서가 끝난다.

**1** 다음 문장을 어울리는 비즈니스 회화로 바꾸세요.

1 わかりましたか。

→

2 もしわからない点があったら、質問してください。

→

3 詳しくはあとでレポートで報告します。

→

4 以上で私の説明は終わりますが、何か質問はありますか。

→

**2** 안에 적당한 어구를 넣어 대화를 완성하세요.

---

上司に業務報告をする

李　：課長、(1　　　　　　　　　　)ところを申し訳ございません。

課長：はい、何ですか。

李　：××の販売状況についてご報告に(2　　　　　　　　)ました。

　　　今、(3　　　　　　　　)よろしいですか。

課長：まもなく東京商事の山下さまがお見えになるので、報告書にして提出してお
　　　いてもらえますか。詳しい報告は後で聞きます。

李　：はい、(4　　　　　　　　)。

---

上司へ報告書を提出する

孫　：課長、今、(5　　　　　　　　)よろしいでしょうか。

課長：はい、何ですか。

孫　：××の販売状況に関しての報告書ができあがりましたので、持って

　　　(6　　　　　　　　)。(7　　　　　　　　)いただけませんか。

課長：はい。じゃ、午前中に目を通しておきます。

孫　：よろしく(8　　　　　　　　)いたします。

---

## 사내 문서를 쓰는 법

 **사내 문서의 종류**

1 명령·지시 기능을 갖는 것
命令書、指示書、通達、計画書、企画書、稟議書 (명령서, 지시서, 통달, 계획서, 기획서, 품의서)

2 보고기능을 갖는 것
出張報告書、調査報告書、業務報告書、業務日誌 (출장보고서, 조사보고서, 업무보고서, 업무일지)

3 연락기능을 갖는 것
お知らせ、業務連絡書、依頼書、照会書、回答書 (통지, 업무연락서, 의뢰서, 조회서, 회답서)

4 기록적인 기능을 갖는 것
명령서나 보고서 등 대부분의 사내 문서가 기록적인 역활도 하고 있다. 이 외에 「休暇·有給届け 휴가·유급제」나 「遅刻·早退届け 지각·조퇴계」 등 신청과 신고 문서가 있다.

 **사내 문서 쓰는 법**

사내 문서는 받는 사람은 모두 회사 사람이므로, 계절 인사, 「拝啓」「敬具」, 상대의 안부 등은 필요없다. 또, 경어는 필요하지 않고, 쓸데없는 형용사도 필요없다. 예를 들면, 통달, 지시서 등의 불특정자에게 보내는 문서는 '~이다'를 쓴다. 기재하는 것은 사실로, '있는 그대로' '객관적' '솔직하게' '단순하게'가 키포인트다. 조건이 큰 경우와 보고내용이 복잡한 경우에는 그림과 그래프를 사용한다.

다음은, 일반적인 사내문서 쓰는 방법이다. 먼저, 사내 문서의 기본적인 룰은 다음과 같다.

1 의례적인 것 이외는 가로 쓰기로 한다.

2 한 문서 한 건으로 해서, 용지도 가능한 1장으로 정리하도록 한다.

3 작성일, 또는 발언 날짜를 정확하게. 종류별로 문서의 일련번호를 쓴다.

4 수신자명에 대해서는, 기본적으로는 「営業部長〇〇〇〇様」과 같이 직책과 성명을 쓴다. 부과(部課) 앞으로 보내는 경우는 「御中」라고 한다.

5 발신인은 소속과 성명을 쓰고, 말미에 도장을 찍는다.

6 본문에 대해서는, 「〇〇の件についての報告 〇〇건에대한 보고」 등, 내용을 한 눈에 알 수 있도록 제목을 붙인다. 전문·말문의 의례적인 인사는 필요없음. 결론부터 먼저 서술하고, 내용을 간결하게 조목별로 쓴다. 문장의 결말은 「以上 이상」으로 한다. 결론·내용부(記)는 원칙으로서 「~である ~이다」체로 한다.

7 개인적인 의견·감상을 쓸 때는 「所感」으로서 삽입한다.

8 반드시 복사를 해 둔다.

○○発　××号

　　　　　××××年　××月　××日

○○部長　　　様

　　　　　○○課　○○○○　印
　　　　　件　　　名

・・・・・・・・・・・・・主文・・・・・・・・・・・・・

　　　　　　記

1.×××××:・・・・・・・・・・・・・・・

2.×××××:・・・・・・・・・・・・・・・

3.×××××:・・・・・・・・・・・・・・・

4.×××××:・・・・・・・・・・・・・・・

5.添付資料（有・無）

　　　　　　以上

# Unit 13 報告する (2)
ほうこく

 出張報告書
しゅっちょう　　しょ

出張報告書

1　目　　　的　　新商品 DYPC の販売促進のため
もく　てき　　しんしょうひん　　　　　　　はんばいそくしん

2　期　　　間　　平成 20 年 11 月 2 日から平成 20 年 11 月 5 日
き　　かん　　へいせい

3　出張先　　　静岡県静岡市
さき　　じずおかけん　　し

　　　　　　　　（*訪問先は、別紙添付資料一覧表のとおり）
ほうもんさき　　べっしてんぷ　しりょういちらんひょう

4　内　　　容　　1）同市は人口 20 万人、サラリーマン世帯が 60％を
ない　よう　　どうし　じんこう　まんにん　　　　　　　　せ たい

　　　　　　　　占める。
し

　　　　　　　　2）同市は中央部の流行に敏感なことで知られている。
ちゅうおうぶ　りゅうこう　びんかん　　　し

　　　　　　　　3）宣伝媒体のシェアは、新聞 30％、テレビ 40％、雑誌
せんでんばいたい　　　　　　　　しんぶん　　　　　　　　　　　ざっし

　　　　　　　　20％、その他 10％である。
ほか

　　　　　　　　4）販売代理店を通して実施した顧客アンケートの結果、
はんばいだいりてん　とお　じっし　こきゃく　　　　　　けっか

　　　　　　　　本年四月発売の P3 について、同市における知名度は、
ほんねん し がつはつばい　　　　　　　　　　　　　　　　ちめいど

　　　　　　　　30％に達していないことが判明した。
たっ　　　　　　　　　　はんめい

5　所　　　感　　同市を含む地方都市への宣伝に関しては、従来のテレビ
しょ　かん　　ふく　　　　　　　せんでん　かん　　じゅうらい

　　　　　　　　コマーシャルだけでなく、地元新聞や雑誌、チラシなどに
じ もとしんぶん

　　　　　　　　よる広告をもっと重視すべきと考える。
こうこく　　　　　じゅうし　　　かんが

6　添付資料　　二部

以　　上

サラリーマン 샐러리맨 | 世帯 せたい 세대 | 流行 りゅうこう に敏感 びんかん 유행에 민감 | 宣伝媒体 せんでんばいたい 선전
매체 | ～を通 とおして ~을 통해서 | 顧客 こきゃく アンケート 고객 앙케이트 | テレビコマーシャル 텔레비전 커머셜, 텔레비전 광고 |
地元 じもと ㋴ 지방, 근거지 | チラシ 전단지

 **上司への出張報告**

李　　ただ今、静岡県静岡市への出張から戻りました。

　　　課長、今、お時間よろしいでしょうか。

課長　うん、いいよ。早速、状況を報告して。

李　　はい。こちらに出張報告書ができ上がっております。

　　　まず、ご一読ください。

　　　　　　　　　　……( 報告書を読んで )……

課長　なるほど、あまり状況はよくないね。

李　　はい。結論から先に申しまして、当社の製品P3の商品名、価格や

　　　性能の優位性など、静岡市の消費者への浸透度は、他社製品と比べ

　　　ましても低く、いまだ30％にも達しておりません。

<회화1>은 상사에게 출장보고를 하는 장면이다. '보고는 결론부터', 이것은 구두보고의 기본 원칙이다. 이때 「結論から 先に述べますと 結論から先に言っ先ず申しあげますと」 등의 서두의 말이 자주 쓰인다. 또 보고 내용이 복잡하게 걸쳐진 경우는 그에 따른 자료 등을 별지에 정리해 두고 「こちらに出張報告書ができあがっておりますので、まず、ごー 読くださ い。이쪽에 출장보고서가 완성되어 있으니까, 먼저 한 번 읽어 보세요.」 하고 일독을 하게 하고 나서 구두로 보조 설명하는 편이 효율적이다.

---

**出張**しゅっちょう 출장ㅣ**状況**じょうきょう 상황ㅣ**性能**せいのう 성능ㅣ**優位性**ゆういせい 우위성ㅣ**浸透度**しんとうど 침투도

 **출장보고서**

출장보고서를 쓸 때 유의해야 할 점은 다음과 같다.

1. 긴 문장으로 쓰지 말고 조목별로 짧게 기재한다.

2. 매상, 이익, 업적 예측 등, 관리직에 필요한 정보를 망라해서 쓴다.

3. 앞으로의 경영전략에 필수적인 정보를 선택적으로 기재한다.

4. 자신이 입수한 중요한 정보는 부내ㆍ사내에서 전원이 공유할 수 있도록 기재한다.

 **의사록**

회사에서는 공식회의가 끝나면 반드시 의사록을 남긴다. 다음이 그 예다. 최소한의 필요한 항목은 때와 장소, 의제, 출석자, 의사, 결정이지만, 회사의 의사록은 국회 의사록처럼 발언을 하나하나 기재하는 것이 아니라, 결론을 간결하게 정리해 기재한다.

### 販売宣伝議事録

1. 日　　時　　○月○日（○曜日）午後○時～午後○時

2. 場　　所　　本社会議室

3. 議　　題　　新製品□□の宣伝計画について

4. 出席者　　○○○○営業本部長（議長）
　　　　　　　○○○○営業課長
　　　　　　　○○○○販売部長
　　　　　　　○○○○財務部長

5. 議　　事　　新年度の主力製品として大々的に売り出すための効果的な宣伝計画について、営業部の方針説明、財務部の状況説明、販売部の要請を中心に総合的に検討した。

6. 決　　定　　1）スケジュールについては合意
　　　　　　　2）宣伝媒体の比率はテレビ5（全国）、新聞4（全国紙3、地方紙1）、ラジオ・雑誌2の割合とする。
　　　　　　　3）予算案は保留。次回、社長室、経営企画委員会のスタッフ同席の下で、再度検討する。

　　　　　　　　　　　　　　　　　　　　　　　　　　　　　以上

# Unit 13　확인문제

**1**　다음 문장을 알맞은 비즈니스 표현으로 바꿔보세요.

1　もう知っていると思いますが、…。

　→　。

2　個人的な話ですみませんが、…。

　→

3　結論から先に言うと、…。

　→

4　わからない点があったら、質問してください。

　→

**2**　다음 (○○→　)안에 알맞은 비즈니스 표현으로 바꿔 대화를 완성하세요.

### 会議での報告

李　：静岡県の静岡市へ(出張した→　　　　　　)が、先ずその件に関しまして、

(報告する→　　　　)ていただきます。もし、不明な点が(あったら→　　　　)

、遠慮なく(指摘する→　　　　　)ください。

さて、(今度→　　　　　)出張しました愛知県名古屋市では、

……中略……

この点に関しましては、わかりにくいかと思いますので、グラフを用いて

(説明する→　　　　　)と、……中略……

以上で私の報告と提案を(終わる→　　　　)ていただきますが、何かご質問

は(ある→　　　　)か。

孫　：はい。質問があります。

李　：どうぞ。

孫　：静岡市の宣伝媒体のシェアについてですが、テレビ局毎の視聴率の比率につ

いては、調査が終わっていますか。

李　：はい。しかし、まだ最終集約が(終わっていない→　　　　　)ので、詳しくは

次回の会議で(報告する→　　　　　)ていただきます。

# Unit 14　連絡する
れんらく

**会話1**　病気で会社を休む（電話連絡）
びょうき　かいしゃ　やす　　でんわ れんらく

孫　課長、申しわけありません。昨夜から急に熱が出まして。風邪だと
　　かちょう　もう　　　　　　　　　　さくや　　きゅう ねつ　で　　　　　かぜ

　　思うのですが、今日一日、休ませていただけないでしょうか。
　　おも　　　　　　きょう いちにち　やす

課長　わかった。インフルエンザが流行しているようだから、くれぐれも
　　　　　　　　　　　　　　　　　　りゅうこう

　　　体に気をつけてね。
　　　からだ　き

孫　ありがとうございます。それから、私の机の上に昨日作成した進進
　　　　　　　　　　　　　　　　　　　つくえ うえ　さくじつさくせい　　しんしん

　　社宛ての見積書が置いてありますが、本日中にお届けすることに
　　あ　みつもりしょ　お　　　　　　　　ほんじつちゅう　とど

　　なっています。それで申し訳ないのですが、…。
　　　　　　　　　　　　もう　わけ

課長　わかりました。見積書は李さんに頼んで、届けておいてもらうから、
　　　　　　　　　　　　　　イ　　たの　　　とど

　　　安心して今日はゆっくり休んでね。
　　　あんしん

병으로 회사를 쉬겠다고 연락을 하는 장면이다. 회사를 쉬거나 지각을 할 경우 회사에서는 일의 조정·인계를 할 필요가 있으므로 몸의 컨디션이 안 좋다는 것을 알아차린 시점에서 바로 연락하자. 메일로 연락하는 것은 전달이 늦고, 시의 적절한 정보가 전달되지 않는 경우도 있으므로 전화로 연락하는 쪽이 적합하다.

---

**インフルエンザ** 인플루엔자, 독감 ｜ **くれぐれも** 부디, 아무쪼록 ｜ **〜宛あて** 사람·단체 등을 나타내는 명사에 접속되어 ~앞

 **会話2** 　**外出時の連絡**
がいしゅつじ　れんらく

李　　進進社へ見積書を届けに行ってまいります。2時までには戻ります。
　　しんしん　みつもりしょ　とど　　い　　　　　　　　　　　　もど

課長　はい。行ってらっしゃい。
　　　　い

　　　　　　……（午後1時半ごろ、会社の同僚に電話）……
　　　　　　ごご　じはん　　かいしゃ　どうりょう　でんわ

李　　もしもし、吉井さん。道路が渋滞していて、帰りが遅れそうなので、
　　　　よしい　　どうろ　じゅうたい　　　かえ　おく

　　　課長に伝えておいてくれない。それから、もしお得意先から僕に何
　　　かちょう　つた　　　　　　　　　　　　　　とくいさき　　ぼく　なに

　　　か連絡があったら、事情を説明しておいて。
　　　　　　　　　じじょう　せつめい

吉井　わかった。それで、何時ごろになりそう。
　　　　　　　　なんじ

李　　2時半には戻れると思う。
　　　はん　もど　　おも

吉井　じゃ、課長にもそう伝えておく。

 **tip**　외출에서 귀사가 늦어지는 것을 동료에게 연락하는 전화다. 「マイナス情報こそ早く連絡する 마이너스정보야말로 빨리 연락한다」「顧客に迷惑をかけない 고객에게 폐를 끼치지 않는다」는 것이 '연락'의 철칙. 이 대화에서도 상사에게 연락하는 것 외에 거래처에 폐를 끼쳐서는 안되므로 무슨 일이 있을 때는 사정을 설명해 주도록 직장 동료에게 부탁하고 있다.

---

**渋滞じゅうたいする** 일이 걸림이 많아 진행이 더딤, 정체 | **お得意先とくいさき** 단골거래처

 **구두연락의 방법**

관리직부터 사원까지 활기에 찬 직장을 만들기 위해서 빠트릴 수 없는 것이 「報告・連絡・相談 보고・연락・상담」인데, 「管理職を殺すのに刃物は要らぬ。報・連・相を絶てばよい 관리직을 죽이는 데에 칼은 필요없다. 보고・연락・상담을 끊으면 된다」라는 말이 있듯이 「報・連・相」이 순조롭지 않으면 정보의 흐름이 정체되고 실수가 많아지고 능률은 떨어진다. 그 '보고・연락・상담' 의 중요한 기둥의 하나가 '연락'이다. 비즈니스의 '연락'의 기본은 '결론부터 말한다'는 것과 '간결명료' 할 것의 두 가지 점이다. 자주 있는 상황을 하나하나 설명하고 마지막으로 「だから、こうなってしまったんです そりゃから、こうなってしまったんです 그러니까 이렇게 되버렸어요」로 연락하는 경우인데 듣는 상대방이 즉석에서 상황을 판단할 수 없는 보고는 시간낭비고 상대에 대해서도 불친절하다. 능숙하게 연락을 하고 싶다면 필요한 정보만을 간결하게 정리해서 먼저 결론을 전달하자. 그렇게 하면 상대방도 알고 싶은 것만을 질문할 것이다.

 **통지서**

일방적이 되기 쉬운 것이 통지서인데 내용은 정중하게 목적・일시・장소 등 사실 기재가 빠지지 않도록 주의하자.

事務所における省エネ徹底のお願い（通知文）

毎年、夏期はクーラーの使用のため、電力消費量が増大しています。本格的な夏を迎え、今一度、以下の省エネ対策の徹底をはかり、更なるご協力をお願いします。

記

1. 冷房の設定温度は、28度とする。
2. 使用していない場所の電気を消す。
3. 外出や長時間デスクを離れる場合、パソコンの電源を落とす。
4. 退社時のプリンタ、ＰＣ、換気扇、エアコン等の切り忘れをなくす。
5. 昼休みは、可能な限り消灯する。

以上

**1** 출근 길 전철 사고로 지각을 하게 된 사정을 회사 사람에게 연락하는 대화입니다. 밑줄에 알맞은 어구를 넣어 완성하세요.

上司に電話連絡

上司　：おはようございます。進進社です。

社員　：もしもし、私は 1＿＿＿＿＿＿＿ですが。

上司　：ああ、2＿＿＿＿＿＿＿。どうしたか？

社員　：実は 3＿＿＿＿＿＿＿がありまして、出勤が 4＿＿＿＿＿＿＿ので、

　　　　ご連絡しました。

上司　：わかりました。それで会社に着くのは、5＿＿＿＿＿＿＿か。

社員　：たぶん9時半ごろには着けると思います。

上司　：じゃ、もし遅くなるようでしたら、また 6＿＿＿＿＿＿＿ちょうだい。

**2** 다음 통지문을 읽고 과장의 구두 연락을 완성하세요.

口頭連絡

課長：みなさん、ちょっと聞いてください。1＿＿＿＿＿＿＿を開きます。議題は

　　　2＿＿＿＿＿＿＿です。当日、3＿＿＿＿＿＿＿は資料を揃えて、全員集まっ

　　　てください。なお、都合で 4＿＿＿＿＿＿＿人は、必ず 5＿＿＿＿＿＿＿よ

　　　うにしてください。

月例営業会議開催の件（通知文）

下記のとおり開催しますので、担当者は全員ご出席ください。

記

1.　日　　時　　平成20年10月12日　13：00より15：00
2.　場　　所　　第1会議室
3.　議　　題　　新製品の年末キャンペーンについて


なお、出席できない場合は理由書を提出すること。

以上

# Unit 15 相談する
そうだん

 **会話 1**　上司に指示を仰ぐ
じょうし　しじ　あお

李　　退社間際に申し訳ございません。4, 5分お時間いただけないでしょうか。
　　たいしゃまぎわ　もう　わけ　　　　　　　　　　ふん　じかん

課長　うん、何。
　　　なに

李　　ただ今、お客様からファックスでこのような苦情が寄せられまして、
　　　　いま　きゃくさま　　　　　　　　　　　　くじょう　よ

　　　どうしたものかと思いまして…。
　　　　　　　　　　おも

課長　ちょっと、見せて。
　　　　　　　み

　　　　　　　　　……( 読みながら )……
　　　　　　　　　　　よ

　　　至急、調査した方がいいわね。
　　　しきゅう　ちょうさ　　ほう

李　　はい。ところが、あいにく担当者の孫さんが外出中で連絡が取れないん
　　　　　　　　　　　　たんとうしゃ　ソン　　　がいしゅつちゅう　れんらく　と

　　　です。どうすればよろしいでしょうか。

課長　とりあえず、お客様に「一両日中に調査の上、お返事を差し上げる」と
　　　　　　　　　　　　いちりょうじつちゅう　　　　うえ　へんじ　さ　あ

　　　連絡しておいて。

李　　はい、早速、そのようにいたします。
　　　　さっそく

손님의 불만에 대해서 어떻게 대응하면 좋을지 상사에게 의논한 장면이다. 먼저 상대의 형편이 어떻게 되는지를 묻고 용건에 들어가도록 한다. 대화에 있는 「どうしたものかと思いまして 어떻게 해야 할까 해서」「どうすればよろしいでしょうか 어떻게 하면 좋을까요?」는 업무상의 상담을 꺼낼 때 쓰는 상투적인 표현이다.

---

仰 **あおぐ** 우러러보다, 청하다 | 間際 **まぎわ** 어떤 일이 행해지려는 직전 | 苦情 **くじょう** を寄せる 불만을 보내다 | **あいにく** 공교롭게도, 마침 | **とりあえず** 일단

 上司の判断を仰ぐ

係長　課長、10分ほど、お時間よろしいでしょうか。

課長　いいよ。

係長　実はA社から、このような共同プロジェクトの提案がなされたの
　　　ですが、…。それで、課長のご意見をお聞かせ願いたいと思いまして。

課長　ちょっと、見せて。

　　　　　　　　……( 読みながら )……

　　　ふんふん、いい話じゃないの。

係長　はい、私もそう思ったのですが、あちらには上司と相談した上で、
　　　改めてお返事すると答えておきました。

거래처로부터의 제안에 대해서 상사의 판단을 요청하는 장면이다. 중요한 안건에 대해서는 독단으로 결정하지 말고 반드시 상사와 의논한 다음에 일을 진행시키도록 한다. 회화 중에 있는 「(課長)のご意見をお聞かせ願いたいと思いまして (과장님)의 의견을 들려주셨으면 해서」 는 상사의 판단을 요청할 때 쓰는 상투적인 표현이다.

判断はんだん 판단 | 共同きょうどうプロジェクト 공동프로젝트 | ～上うえで ~한 다음에 | 改あらためて 다시, 새롭게, 새삼스럽게

일을 진행하는 과정에서 고민거리는 반드시 발생한다. 직장에서의 인간관계, 일에 대한 자신감 상실, 성희롱 등, 그럴 때는 혼자서 괴로워하지 말고 선배·상사·동료에게 의논하면 해결의 실마리가 보이게 될 것이다. 상담을 할 때는 상대가 바쁘지 않은 타이밍을 가늠하는 것이 바람직하다.

 ## 서론

업무상 상담이든 개인적인 상담이든 상대의 형편을 물은 다음에 상담을 꺼낸다. 그러므로 서두의 말을 잊지 않도록 하자. 특히 바쁜 상대에게 상담할 때는 「〇〇分ほど、お時間をいただけますか 〇〇분 정도 시간 내주실 수 있으십니까?」하고 사전에 어느 정도 시간이 걸릴 것인가를 전하는 것이 좋다.

| | |
|---|---|
| 〇〇分ほど、お時間いただけますか | ××분 정도 시간 좀 내 주실 수 있습니까? |
| 退社間際に申し訳ないのですが、…。 | 퇴근하시려는데 죄송합니다만, ……. |
| お仕事中を申し訳ないのですが、…。 | 업무 중이신데 죄송합니다만, ……. |
| 今、お時間よろしいでしょうか。 | 지금 시간 괜찮으세요? |

 ## 상담 내용의 전달 방법

용건을 꺼낼 때는 「実は……실은」라고 하고 본론으로 들어가는 것이 기본이다. 특히 「実は折り入ってご相談したいことがあるんですが 실은 긴히 의논드리고 싶은 일이 있는데요」는 중대한 용건의 상담에 사용된다. 「折り入って 긴히」를 사용하는 것은 개인적인 일이라면 거액의 빚이나 융자의 의뢰, 빚의 연대보증인의 의뢰 등 부담이나 위험이 뒤따르는 사항임을 암시해 준다. 그것이 회사일이라면 꽤 심각한 사태라는 것을 상대에게 알리는 것이 된다. 또한 「もっと早くご相談すべきだったのですが 좀더 빨리 의논드렸어야 했는데」라는 표현은 자기 혼자의 힘으로는 이제 해결할 수 없음을 전달하는 표현으로 경과를 자세히 설명하여 상사의 지시를 받아야 할 필요에 직면했음을 나타낸다.

| | |
|---|---|
| 実は～のですが、どうすればいいでしょうか。 | 실은 ～입니다만, 어떻게 하면 좋을까요? |
| 実は～のですが、課長のご意見をお聞かせ願いたいと思いまして。 | 실은 ～입니다만, 과장님의 의견을 들려주셨으면 해서. |
| 実は部長に折り入って相談したいことがあるんですが、…。 | 실은 부장님께 긴히 의논 드리고 싶은 일이 있는데요. |
| 実は相談にのっていただきたいことがございまして、…。 | 실은 의논해 주셨으면 하는 일이 있어서. |
| もっと早くご相談申し上げるべきだったのですが、…。 | 좀 더 빨리 의논 드려야 했습니다만. |
| 部長、個人的な相談事があるんですが、今晩お時間いただけないでしょうか。 | 부장님, 개인적으로 의논할 일이 있는데요, 오늘밤 시간 좀 내 주실 수 없을까요? |

**1**　다음과 같은 상담을 할 때 어떤 표현을 쓸까요? 알맞게 연결하세요.

1　重大な相談があるとき　　　　　・　・a　他に相談できる方もございませんので

2　時機を失した相談をするとき　・　・b　折り入ってご相談があるのですが

3　その人にしか相談できないとき・　・c　相談したいことがあるのですが

4　上司に助力・助言を求めるとき・　・d　実は個人的な相談事があるのですが

5　内密な相談があるとき　　　　・　・e　もっと早くご相談するべきだったのですが


**2**　알맞은 어구를 골라(1～5)안에 넣어 대화를 완성하세요.

(君らしくない/仕方がない/失敗はある/相談に乗っていただきたい/個人的な)

李　　：先輩に(1　　　　　　　　)ことがあるんですが、…。

先輩：いいけど、何。

李　　：(2　　　　　　　　)ことなので、社内ではちょっと、…。

先輩：わかった。じゃ、仕事が終わってからどこかへ行こう。

　　　　　　　　……（二人飲み屋で）……

李　　：この前、あんな大きなミスをしちゃって、みんなにあわせる顔がありません。

先輩：済んだことは(3　　　　　　)じゃないか。

李　　：でも、すっかり自信をなくしてしまいました。会社を辞めようかと思って。

先輩：おいおい、いつも前向きな(4　　　　　　)よ。次にがんばればいいじゃ

　　　　ないか。

李　　：それはそうなんですが、でも、…。

先輩：誰にでも(5　　　　　　)。とにかく今日は嫌なことは忘れて飲もう。

# New Business

## Unit 16　上司に進言する
じょうし　しんげん

会話1　疑問提示型，対案提示型
ぎもんていじけい　たいあん

<疑問提示型>

部長　この商品は採算がとれそうもないし、今期限りで製造を中止したら
しょうひん　さいさん　こんきかぎ　せいぞう　ちゅうし
どうかと思うんだが、どうだろうか。
おも

課長　ええ、でも、それはちょっと…。

李　部長、私もそれはどうかと思います。売れ行きも少しずつ伸び始めて
ぶちょう　う　ゆ　すこ　の　はじ
いるところですから、もう少し様子を見たらいかがでしょうか。
ようす　み

<対案提示型>

部長　今回の企画の責任者には若手を起用しようと思うんだが、李君は
こんかい　きかく　せきにんしゃ　わかて　きよう　イくん
どうだろうか。

課長　お言葉を返すようですが、李君には、まだ荷が重いかと思います。
ことば　かえ　に　おも

部長　じゃ、誰が適任だと言うんだい。
だれ　てきにん　い

課長　ここは、例えば木村さんのようなベテランの女性社員にしたらいかが
たと　きむら　じょせいしゃいん
でしょうか。



상사의 의견에 대해서 의문을 제시하거나 대안을 제시하는 방법이다. 일본은 합의를 중시하는 사회로써 겉으로 드러나는 대립은 피하고 「根回し, 事前調整 사전 공작, 사전 교섭」으로 사태를 해결하려고 하는 경향이 강하다. 즉 아직 서로 논쟁을 통한 결론을 도출하는 습관이 기업 문화로서 충분히 정착되어 있지 않은 것이다. 그러기 때문에 일본인 상대에게 자신의 의견을 말하거나 뭔가 제안할 때는 설령 상사가 잘못된 판단을 하고 있었다고 해도 직접 대놓고 부정하는 듯한 발언은 삼가고 「相手に悟らせる 상대에게 깨닫게 한다」는 것이 가장 좋은 방법이다. 어느 쪽이 옳은지를 논쟁하는 것이 아니라 「どちらが得か、どちらが有効か 어느 쪽이 득인지, 어느쪽이 유효한지」를 설득하는 편이 효과적이다.

---

**採算さいさんがとれる** 채산이 맞다 | **今期限こんきかぎりで** 이번 분기를 끝으로, 마지막으로 | **売うれ行ゆき** 매출, 팔림새 | **若手わかて** 한창 나이의 젊은이 | **起用きようする** 기용하다 | **荷にが重おもい** 짐이 무겁다 | **ベテラン** 베테랑

## 慎重論型
しんちょうろん

部長 ……ということで、渋谷社との取り引きについては、この際、やめよう
　　　しぶやしゃ　　と　ひ　　　　　　　　　　さい
　　　と思っているのだが、どうだろうか。
　　　　おも

課長 部長、失礼とは存じますが、敢えて直言させていただきます。
　　　　　しつれい　　　ぞん　　　あ　ちょくげん

部長 うん、どうぞ。

課長 部長のご意見もわかりますが、しかし、渋谷社は今後、わが社に
　　　　　いけん　　　　　　　　　　　　　　　こんご
　　　とっても重要なパートナーになる可能性を秘めております。その
　　　　　ちゅうよう　　　　　　　　　　かのうせい　ひ
　　　将来性を考えた場合、私はこの問題については、もう少し慎重に検
　　　しょうらいせい　かんが　ばあい　　　　　　　　　　　　　　　　けん
　　　討した方がいいのではないかと思います。
　　　とう　　ほう

신중론에 대한 표현을 정리한 것인데, 먼저 「失礼とは存じますが 실례라고는 생각합니다만」라고 상사에게 경의를 표하고 나서 자신의 생각을 말하는 것이 일본식 직언 방법이다.

---

取とり引ひき 거래 | この際さい 이때 | 敢あえて 감히, 굳이 | 直言ちょくげんする 직언하다 | パートナー 파트너 | 可能性かのうせいを秘ひめる 가능성을 간직하다 | 将来性しょうらいせい 장래성 | 慎重しんちょうに検討けんとうする 신중하게 검토하다

찬성일 때는 「賛成です 찬성입니다」「異存はありません 이의는 없습니다」 등으로 맞장구를 치면 되지만, 문제는 이의를 제기할 때이다. 일본인은 반대 의견을 말할 때도 전면부정을 하지 않고 상대의 의견을 일단은 인정한 후에 「しかし、～そのらな ～」부터 자신의 의견을 말하기 시작한다. 그리고 의견을 말할 때도 「～たらいかがでしょうか ～하는게 어떨까요?」(제안)라든지 「～方がいいのではないでしょうか ～하는 편이 좋지 않을까요?」 (완곡한 권고)라든지 「～という案もどうでしょうか ～라는 안도 어떨까요?」(대안)과 같이 다른 견해도 있다는 것을 시사하는 듯한 표현이 많아진다.

 **이의를 주창할 때의 서론**

| | |
|---|---|
| でも、それは少し…（ではないでしょうか） | 하지만, 그것은 조금 ～(이 아닐까요?) |
| 確かにそういう見方もありますが、しかし～ | 분명히 그런 견해도 있습니다만, 그러나 ～ |
| そう言えないこともないですが、しかし～ | 그렇게 말할 수 없는 것도 아닙니다만, 그러나 ～ |
| おっしゃることはわかりますが、しかし～ | 말씀하시는 것은 알겠습니다만, 그러나 ～ |

 **그것은 어떨까 생각합니다 <의문>**

失礼とは存じますが、敢えて直言させていただきます。 <직언>

실례라고 생각합니다만, 감히 직언 드리겠습니다.

お言葉ですが、もう一度考え直していただけないでしょうか。 <재고>

말씀 드리지만 다시 한 번 재고해 주실 수 없을까요?

お言葉を返すようですが、～<불복・반대>말대꾸하는 것 같습니다만 ～

 **의견을 말한다**

| | |
|---|---|
| 全くおっしゃるとおりです。 | 정말 말씀하신 그대로입니다. |
| ～の(ご)意見に同感(／賛成)です。 | ～의 의견에 동감(찬성)입니다. |
| 異存はありません。 | 이의는 없습니다. |
| ～ではないかと思います。 | ～가 아닐까 생각합니다. |
| ～たらいかがでしょうか。 | ～하는 것이 어떨까요? |
| ～方がいいのではないでしょうか。 | ～하는 편이 좋지 않을까요? |
| ～という案もいかがでしょうか。 | ～라는 안도 어떨까요? |
| ～の(ご)意見には賛成(／承服)しかねます。 | ～의 의견에는 찬성(승복)하기 어렵습니다. |
| ～には納得(／承服)いたしかねます | ～에는 납득(승복)하기 어렵습니다. |

**1**　다음과 같은 상황에서는 어떤 표현을 쓸까요? 알맞게 연결하세요.

1　相手の意見にはっきり反対するとき　・　・a　確かにそういう見方もありますが

2　相手の意見に少し疑問があるとき　・　・b　そう言えないこともないですが

3　相手の意見に過不足があるとき　・　・c　お言葉を返すようですが

4　別の観点があることを表すとき　・　・d　でも、それは少し……すぎではないかと

**2**　다음과 같은 상황에서는 어떤 표현을 쓸까요? 알맞게 연결하세요.

1　はっきり賛成するとき　・　・a　承服いたしかねます

2　はっきり反対するとき　・　・b　敢えて直言させていただきます

3　再考を促したいとき　・　・c　もう一度考え直していただけませんか

4　はっきり自分の意見を述べるとき　・　・d　〜たらいかがでしょうか

5　提案するとき　・　・e　異存はありません

**3**　알맞은 어구를 골라 (1〜4)안에 넣어 대화를 완성하세요.

(お言葉を返す | 承服いたしかねます | 考え直していただく | 承知しております)

課長：部長、A社との取引中止に関して、もう一度(1　　　　　　　)わけにはいかな

いでしょうか。

部長：君の意見は会議でも伝えたが、役員会の決定なので、僕一人の判断で変えるわ

けにはいかないんだよ。

課長：その点は十分(2　　　　　　　)が、拙速な判断は禁物かと存じます。

部長：もはや会社決定となっている。今さら変更は無理だよ。

課長：(3　　　　　　　)ようですが、担当者として、このような信義にも反するよ

うな決定には(4　　　　　　)。

部長(男)：今さら、そんな無茶なことを言うもんじゃないよ。

# 会議で発言する
### かいぎ　はつげん

**会話1** **課内のミーティング**
### かない

課長　この企画案でいくかどうか、そろそろ結論を出さなければなり
　　　きかくあん　　　　　　　　　　　　　　けつろん　だ
　　　ませんね。

李　　このままでは議論は平行線ですし、多数決を取りませんか。
　　　　　　　　ぎろん　へいこうせん　　たすうけつ　と

孫　　李さんの意見に反対というわけではありませんが、私はまだ議論が
　　　イ　　いけん　はんたい
　　　不十分だと思います。
　　　ふじゅうぶん　おも

同僚　私も多数決はどうかと思います。課としてのコンセンサスが不十分な
　　　　　　　　　　　　　　　　　　か
　　　ところで多数決で決めても、後がうまくいかなくなる恐れがあります。
　　　　　　　　　き　　　　あと　　　　　　　　　おそ

課長　それもそうですね。では、明日もう一日、この件で話し合いましょう。
　　　　　　　　　　　　あした　いちにち　けん　はな　あ
　　　この案に不十分なところがあれば、明日までに対案を考えてきて
　　　　あん　　　　　　　　　　　　　　　たいあん　かんが
　　　ください。それでいいですか。

全員　はい、結構です。
　　　　　けっこう

---

**平行線**へいこうせん 평행선 | **多数決**たすうけつ**を取**とる 다수결을 취하다 | **コンセンサス** 여론, 의견 일치 | **うまくいく** 잘되어가다 | **〜恐**おそ**れがある** 〜할 우려가 있다

 **会話2** **営業会議で発言する**
えいぎょうかいぎ　　はつげん

司会　ただ今の部長のご提案について、ご意見はございませんか。
　　　　　　　　　ぶちょう　　　　ていあん　　　　　　　　　　いけん

課長　私は部長のご提案に異存はございません。
　　　　　　　　　　　　　　　い ぞん

司会　他のご意見の方はございませんか。
　　　ほか　　　　　　　　かた

竹井課長　部長のご提案については私も基本的に賛成なのですが、二、三検討
たけい かちょう　　　　　　　　　　　き ほんてき　さんせい　　　　　　　　　　　　けんとう

　　　した方がいいと思う点がございます。その一つは、販売目標に関し
　　　　　ほう　　　　おも　てん　　　　　　　　　　　　はんばいもくひょう　　かん

　　　てですが、少し控えめすぎるのではないでしょうか。二つ目は販売
　　　　　　　　　　ひか

　　　促進策に関してですが、もっと新規顧客獲得のための方策を検討すべき
　　　そくしんさく　　　　　　　　　　　しんき こきゃくかくとく　　　　　ほうさく

　　　ではないでしょうか。

部長　……（挙手して）……　発言、よろしいでしょうか。
　　　　　　きょしゅ　　　　　　　　　はつげん

司会　はい、どうぞ。

部長　竹井課長、もう少し具体的に話してもらえませんか。
　　　たけい かちょう　　　すこ　ぐたいてき　はな

 사회자가 의사 진행을 시키는 방법과 찬성의견, 반대 의견을 말하는 방법에 주의하자.

---

**異存**いぞん 반대 의사, 이의 | **控**ひかえめ 조심스러움, 소극적임 | **販売促進策**はんばいそくしんさく 판매촉진책 | **新規顧客獲得**しんきこきゃくかくとく 신규 고객 획득 | **方策**ほうさく 방책

비즈니스 회화에서의 최대 테마라고 하면 전략적인 영업 계획을 만들어 달성까지의 과정을 정하는 것이다. 여기에서는 회의장에서 자주 사용되는 표현을 들었다.

 **의사 진행(사회)**

お忙しいところをお集まりいただきありがとうございます。 바쁘신 중에 모여주셔서 감사합니다.

では、これより○○会議を始めさせていただきます。 그럼, 지금부터 ○○회의를 시작하겠습니다.

ご静粛に。 정숙하세요.

時間がありませんので、ご意見は手短にお願いします。

시간이 없으므로 의견은 간단하게 부탁 드리겠습니다.

○○について、賛成の方は挙手を願います。続いて反対の方の挙手を願います。

○○에 대해서 찬성하시는 분은 손을 들어주십시오. 이어서 반대하신 분은 손을 들어주십시오.

本日は○○の件について、次のような内容が決定されました。

오늘은 ○○의 건에 대해서 다음과 같은 내용이 결정되었습니다.

本日の会議はこれで終了します。皆様、お忙しい中、ありがとうございました。

오늘의 회의는 이것으로 마치겠습니다. 여러분 바쁘신 중에 감사했습니다.

 **의견 말하기**

議長、発言してもよろしいでしょうか。～以上が私の意見です。

의장님, 발언해도 될까요? ～이상이 제 의견입니다.

 **질문하기**

先ほど、○○部長のおっしゃった△△△△につきまして、二、三確認させていただきたい点がございます。一つは～

조금 전에 ○○부장님이 말씀하신 △△△△에 대해서 두 세 가지 확인하고 싶은 점이 있습니다. 하나는 ～

現段階でお話しできる範囲で答えさせていただきます。

현단계에서 말씀드릴 수 있는 범위에서 대답하겠습니다.

 **동의하기**

私は○○さんの意見に賛成します。 저는 ○○ 씨의 의견에 찬성합니다.

異存はございません。 이의는 없습니다.

 **반대하기**

△△さんのご意見にも同感できる点は多いのですが、しかし…

△△ 씨의 의견에도 동감할 수 있는 점은 많습니다만, 그러나 ～

基本的には賛成ですが、一、二検討した方がいいと思う点がございます。

기본적으로는 찬성입니다만, 한 두가지 검토하는 편이 좋다고 생각하는 점이 있습니다.

○○さんのご意見にも一理あると思いますが、全社的な立場で考えますと…

○○ 씨의 의견에도 일리가 있다고 생각합니다만, 전사적인 입장에서 생각하면 ～

○○さんのご意見について、反論させていただきます。 ○○ 씨의 의견에 대해서 반론하겠습니다.

**1**　다음과 같은 경우에 쓰는 표현을 맞게 연결하세요.

1　話を元に戻したい時　　　　　　　　　・　・a　どなたかご意見はございませんか

2　発言時間を短くしてもらいたい時　・　・b　他のご意見はございませんか

3　全体に意見を求める時　　　　　　　・　・c　手短にお願いします

4　会議の流れを変えたい時　　　　　　・　・d　木村さんのおっしゃることは、

　　　　　　　　　　　　　　　　　　　　　　　……ということでしょうか

5　指名して意見を求める時　　　　　　・　・e　木村さんは、これについてどうお考

　　　　　　　　　　　　　　　　　　　　　　　えですか

6　内容を確認したい時　　　　　　　　・　・f　話が横道にそれてしまったようなので

**2**　(1～4)에는 알맞은 어구를 골라 넣고 (○○→　　)에는 비즈니스 회화에 어울리는 표현
으로 바꿔 사회 인사를 완성하세요.

（なお｜引き続いて｜お忙しい中｜まず）

（1　　　　　）、多数（参加してくれて→　　　　　　　）（ほんとうに→　　　　　　　）
ありがとうございます。（今から→　　　　　　）「○○業種別部会長懇談会」を始
めさせていただきます。私は本日司会を務めさせていただく総務委員長の（遠藤です
→　　　　　　）。よろしくお願いいたします。

（2　　　　　）本日の議事進行について、司会より若干説明いたしたいと思います。
最初に△△商工会議所会頭（と→　　　　　　）ご来賓の□□議員に（挨拶してもら
います→　　　　　　）。

（3　　　　　）、第一部として本日のメインテーマでございます、世界経済2008年
下期の回顧と2009年上期の展望について、各部会長から発表していただきます。時
間的にはお一人10分程度を（予定しています→　　　　　　）が、部会長の皆様の
お顔を（見る→　　　　　　）と、皆様、雄弁な（人たち→　　　　　　）ばかりなので、
7, 8分を目途にしていただいて、ちょうどいいのではないかと思います。

（4　　　　　）、各部会長の発表後、メインテーマに関する自由討議を行います。

## 기획 제안서 쓰는 방법

비즈니스에서 신규프로젝트 등을 시작하려고 할 때, 모처럼 훌륭한 아이디어가 떠올라도, 그것을 제대로 형태를 갖추어서, 능숙하게 그 내용을 전달하지 못하면 실행까지는 이르지 못한다. 이런 때 필요한 것이 기획제안서이다. 실제 기획제안서는 몇 페이지나 되는 것이 보통이지만, 여기에서는 가장 간단한 예를 들어둔다. 또한, 기획제안서에 필요한 것은 다음과 같은 7가지 요소이다.

1 배경 · 경위
2 현재상태의 과제
3 과제개선 가능성
4 목표
5 목표달성을 위한 행동계획
6 경제성
7 그 외에 주는 영향
8 필요로 하는 기간 · 비용의 견적

当社ホームページ開発　企画案
[「誰でもかける企画書の書き方」より]

1. 背景
ホームページは消費者がレジャー情報を収集するための重要な媒体に成長してきており、レジャー施設にはなくてはならない宣伝媒体として魅力あるホームページの開発が急務である。

2. 目的
当社の認知率と話題性を向上させ、来場を促進させる。

3. 開発基本コンセプト
1) アクセスの多いサイトにする。
2) 見やすく、必要情報がすぐに手に入るサイトにする。
3) 楽しく話題性のあるサイトにする。
4) ホームページを通して、マーケティング情報を集める。

5. 開発戦略

1) アクセスの多いサイトにするための方策
- 絶えず新鮮な情報を提供する。
- 関連情報とリンクを張り、様々なサイトからのアクセスを図る。
- いろいろな検索エンジンに登録する。

2) 見やすく、必要情報がすぐに手に入るサイトにする方策
- 機能性を重視し、あまり重たい画像は使用しない。
- 見やすい文字、背景、画像デザインにする。
- トップページで必要最低情報が手に入るように構成する。またトップページからすぐに必要情報にアクセスできるページ構成にする。

3) 楽しくて話題性のあるサイトにする
- イベント情報などについて頻繁に情報を更新する。
- レジャーランド周辺情報など、来場者に役立つ情報を入れる。
- ホームページ上でのイベントを実施する。

4) マーケティング情報を収集のための方策。
- 懸賞アンケートを行い情報を収集する。
- アクセスログの定期的解析を行う。

5. サイト内容の構成
添付図参照

6. 開発スケジュール
発注より約1ヶ月

7. 費用
50万円

ディベート

ー［Ｎ＆Ｓラーニング］企業内研修教育プログラムに基づくー

会議の場ではレジュメや資料が配布され、それに基づいて議論しますから、論理的に相手を説得する言い方をする必要があります。そのためにはディベートが最良の練習方法なのですが、ここでは、［「Ｎ＆Ｓラーニング」企業内研修教育プログラム］に基づいて、ポイントのみ載せておきます。ディベートは、一種の議論のシュミレーション訓練です。それは、以下のように定義できます。

1 ある一つのテーマ（論題）について
2 肯定と否定の二つの立場に分かれて
3 一定のルールに従って
4 根拠ある議論を戦わせ
5 最後に審判による判定がある。

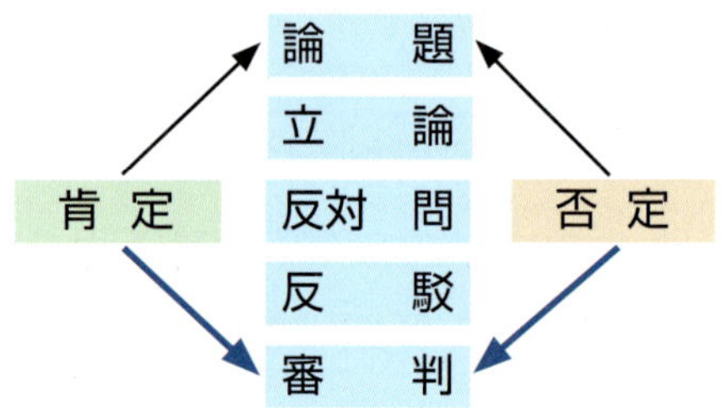


国を超えた国際ビジネスの世界にあっては、ディベートの技術はとても重要なコミュニケーションスキルであり、あらゆるビジネスシーンに必要な技術と言えるかもしれません。例えば、商談・交渉・折衝、グループ内でのミーティング・会議、企画の提案・検討など、ビジネスシーンでは、常になんらかの議論が行われています。

しかし、会社で行われる議論とは、「合意を得るためのコミュニケーション」です。勝ち負けではありません。ですから、冷静に相手を説得する力が問われるのですが、適切な議論をするためには、議論構築能力（論理的思考力・情報収集・分析力、等々）やプレゼンテーション能力、傾聴能力、論理的理解力が必要です。

さて、ビジネスの場での議論は基本的には「政策決定論題」となりますが、会議での議論に先立って、以下のような視点から、自他のプランのメリット・デメリットを客観的に分析しておくと、発言も論理的になり、説得力も増すことでしょう。

以下、参考までに情報収集・分析の視点を書いておきますので、参考にしてください。

ここでいう二つの立場というのは、

◆ 肯定側：プランを支持して、政策の提案をする側
◆ 否定側：プランの不支持、肯定の提案の検討する側

です。論じるには相手側の主張も予想して反論を組み立てなければなりませんから、自ずと、客観的で多角的な視点を持つことにもなります。

# 分析・情報収集の視点

<table>
<tr><td>

プラン（提案）に肯定側

[1] 現状をどう見るか

　1　現状の具体的な弊害。

　2　問題の原因が現状の内にある。

　3　プランが原因を取り除き、問題を解決する。


[2] プランをどう見るか

　1　プランの具体的説明。

　2　プランから、どのようなメリットが生じるか。

　3　生じるメリットの大きさ。


[3] 目標は達成できるか

　1　今は目標に到達していない。

　2　否定側の方法では、目標に到達しない。

　3　このプランによってのみ、目標に到達する
　　　ことが可能である。

</td><td>

プラン（提案）に否定側

[1] 現状をどう見るか

　1　現状を変える必要はない。

　2　肯定側のプランでは問題は解決しない。

　3　他の方法でも問題は解決できる。


[2] プランをどう見るか

　1　肯定側のプランでは、デメリットが大きい（メ
　　　リットを上まわる）。

　2　他の方法をとれば、デメリットは発生しない。


[3] 目標は達成できるか

　1　肯定側のプランでは、目標に達しない。

　2　肯定側のプランでは、デメリットが大きい（メ
　　　リットを上まわる）。

　3　他の方法で目標達成は可能である。

</td></tr>
</table>

# 謝罪する
しゃざい

 **会話1** 遅刻を詫びる（1）
ちこく わ

係長　今日もまた遅刻か、いったいどういうつもりなんだ！
きょう　　　　　ちこく

李　申し訳ございませんでした。
もう　わけ
　事故があって、ＪＲが遅れましたもので…。
じ こ

係長　言い訳は見苦しい。そんなにしょっちゅうＪＲで事故があるわけが
い　わけ　みぐる
　ないだろう。


遅刻を詫びる（2）

課長　このごろ遅刻が多いようだけど、体の調子でも悪いの。
おお　　　　　　　　からだ ちょうし　　わる

李　申し訳ございません。以後気をつけます。
い ご き

課長　遅刻なんてつまらないことで、あなたの
　評価を落とすのはもったいないから、
ひょうか　お
　気をつけてね。

 **tip** (1)의 상황처럼 지각도 반복되면 변명은 통하지 않는다. 또한 「すみません」은 제대로 사죄할 때는 적절치 못하다. (2)의 상사의 표현에는 배울 점이 많다. 덮어놓고 야단치는 것이 아니라 상대의 입장에 서서 충고하고 있다. 이렇게 말하는 편이 오히려 아프게 느껴질지도 모른다.

---

いったい 도대체 | **言い訳**わけ 변명 | **しょっちゅう** 자주 | **もったいない** 아깝다, 과분하다 | **〜もので** 〜하므로(이유, 변명) | **見苦**みぐる**しい** 꼴사납다 | **評価**ひょうか**を落**おと**す** 평가를 떨어뜨리다

## 不始末を詫びる
（ふ し まつ わ）

課長　私の監督不行き届きで、会社に多大な損害を与えてしまいまして、
（かんとくふゆ とど　　かいしゃ　ただい　そんがい）

誠に申し訳ございませんでした。
（まこと　もう　わけ）

部長　部下の不始末であれ、君も責任を免れることはできないよ。
（ぶか　ふしまつ　　　　せきにん　まぬか）

課長　はい、申し訳ございませんでした。今後は気を引き締めて、二度と
（こんご　き ひ し　　にど）

このようなことがないようにいたします。

部長　とにかく本人には始末書を書いて提出するように伝えてくれ。
（ほんにん　しまつしょ　か　　ていしゅつ　　　　つた）

なお、彼の処分については追って連絡する。
（かれ　しょぶん　　　　お）

課長　部長にもご迷惑をおかけして、申し訳ございませんでした。
（ぶ ちょう　　めいわく）

직속상사가 부하의 잘못을 사과하는 장면이다. 이 대화에서처럼 규정위반이라든지 자신의 실수로 회사의 신용을 손상시키는 사태를 초래했다거나, 사고를 일으켰다거나, 회사에 커다란 손해를 주었을 때, 상사로부터 지시를 받고 「始末書 시말서」를 쓰지 않으면 안 되는 경우가 있다.

---

**監督不行**かんとくふゆ**き届**とど**き** 감독이 미치지 못함, 감독소홀 | **多大**ただい**な損害**そんがい 다대한 손해 | **不始末**ふしまつ 실수 | **免**まぬか**れる** 책임을 면하다 | **気**き**を引**ひき**締**し**める** 마음을 다 잡다 | **始末書**しまつしょ 시말서 | **追**お**って** 추후에

# Unit 18 포인트

자신의 실수로 회사에 폐를 끼쳤을 때는 상사에게 솔직하게 사과하는 편이 좋은 인상을 준다. 이때 비즈니스에서는 「申し訳ございません」이 가장 적절하다. 또한 사과할 때는 자세를 바르게 하고 서툰 변명은 오히려 「火に油を注ぐ 타오르는 불에 기름을 붓는다」결과를 낳기 때문에 몸을 낮춰서 사과하는 것이 최선이다.

 **사죄하기**

(誠に)申し訳ございません。

(대단히) 죄송합니다

この度の件に関しましては、お詫びのしようがございません。

이번 건에 관해서는 사과드릴 방법조차 없습니다

私の不注意で会社にご迷惑をおかけしてしまって、弁解の余地もございません。

제 부주의로 회사에 폐를 끼쳐드려서 변명의 여지도 없습니다

気がつきませんで、誠に失礼いたしました。

알아차리지 못해서 대단히 실례했습니다

 **반성하기**

二度とこのような間違いはいたしません。

두 번 다시 이런 실수는 하지 않겠습니다

この度の失敗に関しましては、肝に銘じます。

이번 실패에 관해서는 명심하겠습니다

今後は気を引き締め、二度とこのような不始末を繰り返さないよういたします。

앞으로는 마음을 다잡고 두 번 다시 이런 실수를 반복하지 않도록 하겠습니다

### 사과할 때 「から」는 금구

사과할 때에 「~から를 사용해서는 안 된다. 예를 들면 지각해서 사과할 때 「JRで事故があったから遅れました JR에서 사고가 있었기 때문에 늦었습니다」라고 하면 「悪いのはJRで私の責任ではない 나쁜 것은 JR이지 내 책임이 아니다」 와 같은 의미가 된다. 「~から」는 이유를 강조하기 위해 사과할 때 사용하면 자신의 책임은 없다는 어감을 낳는다. 그러므로 「~ので」나 「~もので」를 사용하자. 또한 「~もので」는 「~ので、しかたなく ~므로 어쩔 수 없이」로 불가항력이었다는 것을 전달하는 일이 많으므로 객관적인 「~ので」에 비해서 미안해하는 기분이 많이 나타난다.

## 시말서 쓰는 방법과 예

훈고, 계고 등 처분의 일환으로서 행해지는 일이 많다. 시말서를 쓸 때 중요한 것은 가령 다른 사람에게도 죄가 있거나 책임이 있는 경우라도 자기 정당화를 하거나 타인에게도 책임이 있는 것을 설명하는 듯한 문장을 쓰지 않는 것이다. 서식으로서는 (1) 실수의 내용   (2) 실수의 원인과 이유   (3) 반성과 사과, 실수를 반복하지 않겠다는 맹세   (4) 관대한 조치의 부탁, 또는 사내규정을 따르는 취지의 표현의 순서로 요점을 정리해서 쓰면 된다.

(회사에 손해를 끼친 것을 사과한다)

始末書

平成〇年〇月〇日
株式会社〇〇〇
代表取締役社長　〇〇〇〇　様

〇〇部
〇〇〇　（印）

　この度は、会社に多大な損害を与え、大変ご迷惑をおかけしました。誠に申し訳なく、謹んでおわび申し上げます。
　この度の件は、……(理由)……のため、起こりました。ひとえに私の不注意が原因であり、深く反省しております。今後はこのようなことのないよう、厳重に注意することをお誓いするとともに、会社に与えました下記の損害額につきましては、賠償責任を負うことを、あわせて申し上げます。
　今回に限り、何とぞお許しくださいますよう、本書とともにお願い申し上げます。

記

金　〇〇〇〇円

以上

(음주에 의한 성희롱행위)

始末書

平成〇年〇月〇日
株式会社〇〇〇
代表取締役社長　〇〇〇〇　様

〇〇部〇〇課

〇〇〇　（印）

　私は、平成〇〇年 12 月 18 日、午後 11 時ごろ、忘年会の席上におきまして飲酒・酩酊し、同課の女子社員である〇〇氏に対し，猥褻な言葉を浴びせ、かつ大変不快な思いをさせてしまいました。

　このような行為をしたことは、誠に私の不徳のいたす所でありまして、〇〇氏に対し、深くお詫び申し上げます。また、かかる不祥事が起きてしまったことは、会社の名誉を傷つける背信行為であると、今更ながら思い至り、深く反省しております。誠に申し訳ございませんでした。

　今後は、心を改め仕事に邁進し、二度とこの様な過ちを起さぬよう、仮に飲酒中であっても今後は理性的に行動することを誓います。

　今後ともどうぞご指導くださいますよう、また、この度の件に関しましては、なにとぞ寛大なご措置を賜りますよう、伏してお願い申し上げます。

以上

**1**　다음과 같은 경우에 쓰는 표현을 맞게 연결하세요.

1　結果がうまくいかなかったとき　・　　　・a　お力になりたいのは山々ですが…。

2　比較的に軽い失敗を詫びるとき　・　　　・b　これはどうも。

3　大きな過ちを犯したとき　　　・　　　・c　私の不徳のいたすところで…。

4　相手にミスを指摘されたとき　・　　　・d　お役に立てず、申し訳ありませんでした。

5　力不足で断るしかないとき　　・　　　・e　何とお詫び申し上げたらいいのか…。

6　部下のミスを謝るとき　　　　・　　　・f　気がつきませんで、申し訳ありません。

**2**　알맞은 어구를 골라 (1～3)안에 넣어 다음 대화를 완성하세요.

（ご迷惑をおかけしました／肝に銘じます／お詫びのしようがございません）

> 李　：この度の件に関しましては、（1　　　　　　　　）。
>
> 課長：二度と同じようなミスをしないことね。
>
> 李　：はい、（2　　　　　　　　）。
>
> 課長：部長から、始末書を提出するように言われていますから、至急書いて提出し
> 　　　てください。
>
> 李　：課長にも（3　　　　　　　　）。心よりお詫びいたします。
>
> 課長：もういいから、早く仕事に戻りなさい。

**3**　(1～3)에는 알맞은 어구를 골라 넣고 (○○→　　　)에는 비즈니스 회화에 어울리는

표현으로 바꿔 시말서를 완성하세요.

（このようなことがない／謹んで従う／弁明の余地のない）

> （今回→　　　　　　）、平成 21 年 11 月 11 日（から→　　　　　　）13 日までの 3 日間、
> 連絡もせずに（欠勤した→　　　　　）こと、（1　　　　　　）行為と（猛省して
> いる→　　　　　）。
> この間、家庭内の悩みごとがあり、そのため、連絡もせずに無断欠勤する事態とな
> りましたが、社会人として誠に無責任きわまることと、心より反省しております。
> 今後は生活態度を改め、二度と（2　　　　　　）よう、また、信頼回復に向けて
> （努力する→　　　　　）ことを（誓う→　　　　　）。
> なお、本件に関する処分には（3　　　　　　）（つもりだ→　　　　　）。

# Unit 19 弁明する
べんめい

 **会話 1** 取引先とのトラブル
とりひきさき

部長 沼津社の落合専務から、先ほど取引停止の申し入れがあったが、
ぬまづしゃ おちあいせんむ　さき　とりひきていし　もう　い
どういうことだ？

課長 私としては、精一杯努力したつもりですが、こんな結果になって
せいいっぱい どりょく　けっか
しまい、申し訳ございません。
もう　わけ

部長 言い分があるのなら、言ってみたまえ。
い　ぶん

課長 はい。では、申し上げます。先日、沼津社に出むき、落合専務と
もう　あ　せんじつ　で
お会いして、納期の遅れに関しまして誠心誠意のご説明いたしまし
あ　のうき　おく　かん　せいしんせいい　せつめい
た。 しかし、納期が遅れた原因が天災による不可抗力であった
げんいん　てんさい　ふ　か こうりょく
にもかかわらず、当社に対して納期遅れに対する損害賠償を要求
とうしゃ　たい　そんがいばいしょう　ようきゅう
されました。私はとても受け入れ難い要求だと考え、拒否いたしま
う　い　がた ようきゅう　かんが　きょひ
したところ、落合専務が激怒され、その場で今後の取引停止を言い渡
げきど　ば　こんご　わた
されました。

部長 事情はわかったが、落合専務からの賠償要求を拒否する前に、どうして
じじょう　きょひ　まえ
私に相談してくれなかったのか。
そうだん

課長 申し訳ありません。そこまでは考えが及びませんでした。
もう　わけ　およ

변명을 하기 전에 먼저 사과한다. 그리고 상사의 「君に言い分があるのなら、言ってみたまえ 자네에게 변명할 말이 있으면 해보게」 라는 말을 기다려서 사정 설명이나 변명을 하는 것이 일본식이다.

---

**取引停止とりひきていし** 거래정지 | **申もうし入いれ** 통고, 선고 | **精一杯せいいっぱい** 있는 힘껏 | **～た・つもり** ~셈치고, 했다고 생각 | **言いい分ぶん** 변명 | **～たまえ** (동사의 **ます** 형에 접속되어) ~하게, ~하시오 | **出でむく** (목적한 장소로) 나가다 | **納期のうき** 납기 | **天災てんさい** 천재 | **誠心誠意せいしんせいい** 성심성의 | **不可抗力ふかこうりょく** 불가항력 | **賠償ばいしょう** 배상 | **受うけ入いれがたい** 받아들이기가 어렵다 | **激怒げきどする** 격노하다 | **考かんがえが及およばない** 생각이 미치지 못하다

 お客とのトラブル

店長　お客様が「万引き扱いされた」と怒っていらっしゃっていたが、

　　　いったいどんな言い方をした。

店員　言葉が足りなかったかもしれませんが、お客様がお支払いをしないで

　　　外に出ようとなさったので、「お支払いをお忘れのお品がおありでは

　　　ございませんか」とお尋ねしただけです。

店長　なるほど、そのときの口調が強すぎたのかもしれないね。

　　　しかしね。そんなときは、お客が店の外に出るのを待って、言うものだ。

　　　そうすれば相手も言い逃れできないからね。

店員　申し訳ありませんでした。今後気をつけます。

 「言葉が足りなかったかもしれませんが 표현이 부족했을 지는 모르겠습니다만」로 서두를 시작한 후에 사정 설명에 들어가고 있다. 즉, 일방적으로 자신의 정통성을 주장하는 것이 아니라 스스로도 죄가 있었을 지도 모른다는 것을 사전에 말하고 있다. 같은 변명을 하기 위해서도 말하는 방법에 따라서 상대에게 주는 인상은 상당히 달라진다.

---

**万引まんびき扱あつかい** 좀도둑, 물건을 사는체하며 슬쩍 훔침 | **口調くちょうが強つよい** 말투가 세다 | **言いい逃のがれ** 발뺌

변명에도 여러 가지 경우를 생각할 수 있지만 여기에서는 「こうなったのは自分自身の責任だけでなく、他にもっと大きな理由がある 이렇게 된 것은 자기자신의 책임뿐만이 아니라 그 외에 좀 더 큰 이유가 있다」나, 불가항력이었던 일 등을 변명할 때의 표현을 <회화 1 >에서 들어 보았다. 「弁解するつもりはありませんが、… 。 변명할 생각은 없습니다만,…….」의 다음에 나오는 것은 물론 변명의 말이지만, 상대의 「言い分があればいいたまえ 변명할 말이 있으면 해라」의 한마디를 기다려서 변명에 들어가는 것이 테크닉으로, 이렇게 하면 스스로 변명을 하는 것이 아니라 상대에게서 해보라는 소리를 들었기 때문에 하는 것이 된다. 또, 「できるだけのことをしたつもりですが 최선을 다했다고 생각합니다」의 한마디는 좀 더 큰 요인이 있는 것을 암시하는 변명의 테크닉이다. 또 말의 착오에 의해서 트러블이 생겼을 때의 표현이 나온 것이 <회화2 >로 이런 경우 가장 자주 사용되는 것이 「私の言葉が足りなかったかもしれませんが、 제 표현이 부족했을 지도 모르겠습니다만」라는 표현이다. 또한, 「そこまでは考えが及びませんでした。 거기까지는 생각하지 못했습니다.」는 상대를 치켜세우고 자신의 노력이 부족했음을 부끄러워하는 것으로 상사의 노여움의 '창 끝을 피하는 테크닉'이다. 이런 것들은 비즈니스맨의 지혜니까 기억해 두자.

 **변명의 서두**

| | |
|---|---|
| <ruby>弁解<rt>べんかい</rt></ruby> するつもりはありませんが、… 。 | 변명할 생각은 없습니다만,…… |
| <ruby>言<rt>い</rt></ruby>い<ruby>逃<rt>のが</rt></ruby>れをするつもりはございませんが、… 。 | 발뺌을 할 생각은 없습니다만,…… |
| できるだけのことはしたつもりですが、… 。 | 최선을 다했다고 생각합니다만,…… |
| <ruby>私<rt>わたし</rt></ruby>の言葉が足りなかったかもしれませんが、… 。 | 제 표현이 부족했을지도 모르겠습니다만,…… |
| その<ruby>件<rt>けん</rt></ruby>につきましては、<ruby>一向<rt>いっこう</rt></ruby>に<ruby>存<rt>ぞん</rt></ruby>じませんが、… 。 | 그 건에 관해서는 전혀 알지 못합니다만,…… |

 **반론하기**

<ruby>誤解<rt>ごかい</rt></ruby>があるように<ruby>思<rt>おも</rt></ruby>いますので、<ruby>説明<rt>せつめい</rt></ruby>させてください。

오해가 있는 것 같으므로 설명해 드리겠습니다.

おっしゃる<ruby>意味<rt>いみ</rt></ruby>がよくわかりませんが、<ruby>一体<rt>いったい</rt></ruby>どこから<ruby>出<rt>で</rt></ruby>た<ruby>話<rt>はなし</rt></ruby>なのでしょうか。

말씀하신 의미를 잘 모르겠습니다만, 도대체 어디에서 나온 이야기일까요?

<ruby>今回<rt>こんかい</rt></ruby>の<ruby>件<rt>けん</rt></ruby>に<ruby>関<rt>かん</rt></ruby>しましては、ご<ruby>指示<rt>しじ</rt></ruby>に<ruby>従<rt>したが</rt></ruby>い、あらゆる<ruby>方策<rt>ほうさく</rt></ruby>を<ruby>講<rt>こう</rt></ruby>じましたが、… 。

이번 건에 관해서는 지시에 따라 모든 방책을 강구했습니다만,……

**1** 다음과 같은 경우에 쓰는 표현을 아래에서 골라 (　)넣어 대화를 완성하세요.

> どこから出た話なのでしょう　　　　あらゆる方策を講じました
> そこまで考えが及びませんでした　　　誤解があるように思います
> 弁解するつもりはありません　　　　言葉が足りなかったかもしれません

1 部長のご指摘の通りです。そのときは、（　　　　　　　　　　）。

2 （　　　　　　　　　　）ので、説明させてください。

3 いったい（　　　　　　　　　　）か。私は一向に存じませんが…。

4 （　　　　　　　　　　）が、私としては誠心誠意ご説明申し上げました。

5 （　　　　　　　　　　）が、このような結果となってしまいました。

6 （　　　　　　　　　　）が、そもそも当初の計画自体に無理があったのでは

ないでしょうか。


**2** （○○→　）를 알맞은 비즈니스 회화 표현으로 바꿔 대화를 완성하세요.

> 店長：どうしてお客と口論するようなことをしたんですか。
> 店員：お客様が、昨日（買い求めた→　　　　　　　）お肉を（持って来て→
> 　　　　　　　）、「変な臭いがするから、新しい品と取り替えろ」とご無理なことを
> 　　（言った→　　　　　　　　　）ので、私が（断ったら→　　　　　　　）、
> 　　お客様が感情的に（なって→　　　　　　　）。
> 店長：お客さまには一々反論せず、先ずはお客様の言い分をしっかり（聞く→
> 　　　　　　　）ようにと、日頃から言ってるでしょ。
> 店員：（すみませんでした→　　　　　　　）。私も冷静さを欠いていました。
> 店長：ここは私が代わりに謝ってきます。

# 3부

## 비즈니스 전화편

# Unit 20 電話をかける
でんわ

 **会話1** 電話をかける（基本型）
きほんけい

沼津社　はい、沼津社です。
ぬまづしゃ

李　　　沼津社さんですか。私は木村社の李と申します。お忙しいところを
　　　　　　　　　　　　　　きむら　イ　もう　　　　　　いそが
　　　　恐れ入りますが、営業一課の武田さんをお願いいたします。
　　　　おそ　い　　　　えいぎょういっか　たけだ　　　　　ねが

沼津社　木村社の李様でいらっしゃいますね。ただ今、武田に代わりますので、
　　　　　　　　イさま　　　　　　　　　　いま　たけだ　か
　　　　少々お待ちください。
　　　　しょうしょう　ま

……（ 電話を取り次ぐ ）……
と　つ

武田　　お電話代わりました。武田です。
　　　　　か

李　　　木村社の李です。いつもお世話になっております。今、お時間
　　　　　　　　　　　　　　　せわ　　　　　　　　　　　　　じかん
　　　　よろしいでしょうか。

……（ 用件が終わる ）……
ようけん　お
　　　　本日はお忙しいところお時間をいただきまして、ありがとう
　　　　ほんじつ
　　　　ございました。では、よろしくお願いします。
　　　　　　　　　　　　　　　　ねが

武田　　はい、かしこまりました。

李　　　では、失礼します。
　　　　　　しつれい

전화를 걸 때의 기본형이다. 상대가 나오면 자신의 회사명과 이름을 밝히고 통화하고 싶은 상대의 부서명, 직책, 이름을 말하고 연결을 부탁한다. 부탁한 상대가 나왔을 때도 다시 한 번 자신이 부탁한 상대인지 아닌지 확인하고 자신도 다시 한 번 회사명, 이름을 밝힌다. 손님인 경우는 「いつもお世話になっております 항상 신세를 지고 있습니다.」 라는 감사의 표현을 잊지 않도록. 처음일 때는 「お忙しいところ、突然のお電話で失礼いたします 바쁘신 중에 갑작스럽게 전화로 실례합니다.」 등으로 사과의 표현을 덧붙인다.

取とり次つぐ 연결하다, 안내하다, 전하다 ǀ お電話でんわ代かわりました 전화 바꿨습니다

### 会話2 初めての電話（はじ　でんわ）

沼津社（ぬまづしゃ）　おはようございます。沼津社です。

孫　初めてお電話さし上げます。私、木村社の孫と申します。この度、
（はじ　　あ　　　　きむら　ソン　もう　　　　　　たび）
この地区を担当させていただくことになりまして、ご挨拶かたがた、
（ちく　たんとう　　　　　　　　　　　　　　　あいさつ）
お電話させていただきました。

沼津社　さようですか。私、営業課の武田と申します。それで、本日はどの
（えいぎょうか　たけだ　もう　　　　　　　　　ほんじつ）
ようなご用件でしょうか。
（ようけん）

孫　実は、当社の新製品P3の件でお電話したのですが、近日中にお時間
（じつ　とうしゃ　しんせいひん　けん　　　　　　　　きんじつちゅう　じかん）
をいただけないかと思いまして。10分ほどでけっこうですので、
（おも　　　　　　　ぶん）
よろしくお願いいたします。
（ねが）

처음으로 전화를 걸 때는 「初めてお電話差し上げます 처음으로 전화드립니다」라고 양해를 구하고 그 다음에 자신의 회사명과 이름을 밝히는 것이 기본형이다. 또한 「お時間をいただけないかと思いまして 시간을 내주실 수 없을까 해서」는 「お時間をいただけませんか 시간을 내주실 수 없을까요? 」보다도 정중한 의뢰표현이 된다.

---

**〜かたがた** 명사에 접속해서 〜하는 김에, 〜을 겸하여 | **〜ないかと思（おも）いまして** 〜하지 않나 생각해서

비즈니스 전화뿐 만 아니라 전화를 걸 때는 적절한 시간대(영업시간외·점심시간대·퇴근시간 전은 가능한 한 피한다)를 선택하자. 특히 비즈니스 회화에서는 상대방의 귀중한 시간을 낭비하지 않으려는 배려가 필요하고 「迅速 신속」「正確 정확」「簡潔 간결」「丁寧 정중」의 4요소가 요구된다. 그 때문에 전화하기 전에 「用件 용건」과 「手順 순서」를 메모해 두면 좋다.

 **상대가 나왔을 때**

今、お時間よろしいでしょうか。지금, 시간 괜찮으십니까?

今、○分程度のお時間をいただいてもよろしいでしょうか。지금 ○분 정도 시간을 내주셔도 괜찮으시겠습니까?

話が少し長くなりそうなのですが、よろしいでしょうか。

이야기가 조금 길어질 것 같습니다만, 괜찮으시겠습니까?

お忙しいところ、突然のお電話で失礼いたします。

바쁘신 중에 갑작스럽게 전화로 실례하겠습니다. <처음일 때>

 **상대가 부재중일 때**

では、また後ほどこちらからかけ直します。그럼, 또 나중에 이쪽에서 다시 걸겠습니다.

何時ごろお戻りになるでしょうか。몇 시쯤 돌아오실까요?

 **전화를 마칠 때**

では、よろしくお願いいたします。그럼, 잘 부탁드립니다.

お忙しいところ、お時間をいただきましてありがとうございました。

바쁘신 중에 시간을 내주셔서 감사했습니다.

長々と話してしまい、申しわけありませんでした。통화가 길어져서 죄송합니다.

他の電話が入ってしまったようなので、また今度ゆっくり…。다른 전화가 온 것 같으므로, 또 다음에 천천히…….

**1** 알맞은 어구를 골라 (1~4)안에 넣고 (○○→ )를 알맞은 비즈니스 표현으로 바꿔 대화를 완성하세요.

(恐れ入ります / お願いしたい / それには及びません / お急ぎのご用件でしょう)

孫　　：沼津社さんですか。私は木村社の孫と申します。お忙しいところを
　　　　(1　　　　　　　　)が、営業課長の武田さまを (2　　　　　　)のですが。

取引先：あいにく武田は会議中なのですが、何か (3　　　　　　) か。

孫　　：急用というほどのことではありません。P3 の件で (電話した→　　　　　　)
　　　　のですが、会議は何時ごろに終わるでしょうか。

取引先：3時には終わる予定ですが、( 武田課長→　　　　　　) から ( 孫→　　　　)
　　　　に電話をかけさせましょうか。

孫　　：いいえ、(4　　　　　　)。3時過ぎに、こちらから電話をかけ直しますので、
　　　　孫から電話があったとだけ ( 伝えてください→　　　　　　)。

**2** 알맞은 어구를 골라 (1~3)안에 넣고 (○○→　)를 알맞은 비즈니스 표현으로 바꿔 대화를 완성하세요.

(いつもお世話になっています/お時間よろしいでしょうか/お待たせしました)

　　　　　　　　　…… (略) ……

沼津社：木村社の李様 ( です→　　　　　　) ね。( 今→　　　　　　) 山田に代わります
　　　　ので、少々お待ちください。

　　　　　　　…… (電話を取り次ぐ) ……

山田　：(　　　1　　　)。山田です。

李　　：木村社の李です。(　　　2　　　)。( 早速です→　　　　　　) が、P3 の
　　　　件で確認したいことが ( あって→　　　　　)( 電話した→　　　　　　)。
　　　　今、(　　　3　　　) か。

　　　　　　　……用件が終わる……

　　　　お忙しいところ、( 時間をもらって→　　　　　　)、( ほんとうに→　　　　　)
　　　　ありがとうございました。

山田　：いいえ、こちらこそよろしくお願いします。

# 電話を受ける (1)
でんわ　　　　う

 **会話1**　朝の電話を受ける
　　　　　　　　あさ　　　　　　　　う

李　　おはようございます。木村 ( 社名 ) です。
　　　　　　　　　　　　　　　き むら　　しゃめい

田中　あのう、お忙しいところを恐れ入りますが、営業部長の佐藤様を
　　　　　　　いそが　　　　　　　おそ　い　　　　えいぎょう ぶ ちょう　　さとうさま

　　　お願いします。
　　　ねが

李　　失礼ですが、どちら様でしょうか。
　　　しつれい　　　　　　　さま

田中　申し遅れました。私、進進社の田中と申します。
　　　もう　おく　　　　　　　しんしんしゃ　た なか　もう

李　　進進社の田中様でいらっしゃいますね。

　　　申し訳ございませんが、佐藤はただ今電話中ですので、しばらく
　　　もう　わけ　　　　　　　　　さ とう　　　　いま　ちゅう

　　　お待ちいただけますか。
　　　ま

田中　はい。

 **tip**　전화를 10시 반 전에 받았을 때는 「おはようございます。○○です」 와 같이 말한다. 이 전화와 같이 상대가 먼저 이름을 밝히지 않는 경우에는 「失礼ですがどちら様でしょうか 실례합니다만 누구십니까?」 라고 확인한다. 또 전화를 걸었을 때 회사명과 이름을 밝히는 것을 깜빡 잊어버린 경우도 있을 것이다. 그런 때는 「申し遅れました。私は〜 말씀 드리는 것이 늦었습니다. 저는 〜」 하고 실례를 사과하도록 하자.

申もうし遅おくれました 말씀드리는 것이 늦었습니다, 인사가 늦었습니다

 **会話 2　電話を取るのが遅れたとき**
でんわ　と　おく

孫　　お待たせいたしました。木村 ( 社名 ) です。
　　　ま　　　　　　　　　　きむら　しゃめい

山田　私、沼津社の山田と申します。いつもお世話になっております。
　　　　ぬまづしゃ　やまだ　もう　　　　　　　　せわ
　　　お忙しいところを申し訳ございませんが、営業部長の佐藤様をお願
　　　いそが　　　　　もう　わけ　　　　　　　えいぎょう ぶ ちょう　さとうさま　　ねが
　　　いしたいのですが。

孫　　沼津社の山田様でいらっしゃいますね。ただ今、本人に代わります
　　　　　　　　　　　　　　　　　　　　　　　　ほんにん　か
　　　ので、少々お待ちください。
　　　　しょうしょう　ま
　　　　　　　　　　……( 電話を取り次ぐ )……
　　　　　　　　　　　　　　と　つ

佐藤　お待たせしました。佐藤です。
　　　ま

山田　こんにちは。沼津社の山田です。

佐藤　やぁ、山田さん。お久しぶりですね。
　　　　　　　　　　ひさ

 전화벨이 울리면 두 번 이내에 전화를 받는 것이 비즈니스매너로 세 번 이상 울리게 되었을 때는 「お待たせいたしました。
tip　○○社です 오래기다리셨습니다.　○○사입니다」 하고 사과의 말을 덧붙여서 회사명을 말한다.

**お待たせしました** 기다리게 했습니다, 오래 기다리셨습니다
　　ま

## 먼저 비즈니스 전화의 기본 매너에 대해서 공부하자.

 **비즈니스 전화의 기본 매너 7개 조항**

❶ 전화벨이 울리면 두 번 이내에 수화기를 받는다. 세 번 이상 울린 경우에는 「お待たせいたしました 오래 기다리셨습니다」라고 사과의 말을 덧붙여서 회사명을 댄다. 이 때 「もしもし 여보세요」는 필요 없다.

❷ 수화기를 막거나 또는 대기버튼을 누르고 나서 전화를 연결한다. 그렇게 하지 않으면 사내의 잡담이나 협의 내용이 상대방에게 들릴 수도 있다.

❸ 사원의 자택전화번호나 주소는 결코 무단으로 회사 외의 사람에게 가르쳐주면 안 된다. 「ぜひ連絡を取りたい 꼭 연락을 취하고 싶다」라고 한 경우에는 상대방의 전화번호를 물은 다음에 「こちらから、ご連絡を差し上げるよう伝えます 이쪽에서 전화를 드리도록 전하겠습니다」라고 한다.

❹ 비즈니스 시간은 귀중하니까 장시간 통화하지 않는 것이 매너이다. 신속, 정확, 간결, 정중하게. 요점은 반복해서 확인하고 대화 중에는 메모를 하자.

❺ 이야기가 복잡하고 길어질 것 같을 때는 상대방에게 한 마디 「長くなりそうですが、お時間はよろしいでしょうか 길어질 것 같습니다만, 시간은 괜찮으시겠습니까?」라고 양해를 구한다. 그 때 상대가 거절하면 통화 중이라도 일단 끝내고 다시 한 번 걸도록 하자.

❻ 부재중에 걸려온 전화는 반드시 다시 걸도록 하자. 설령 전언이 「電話があったとお伝えください 전화가 왔었다고 전해주세요」 만이라고 하더라도 다시 걸어주는 것이 매너이다. 상대가 나오면 「先ほどは席を外しておりまして、失礼いたしました 조금 전에는 자리를 비워서 죄송합니다」라고 부재였다는 것을 사과하자.

❼ 통화 중에 전화가 끊어졌을 때는 건 쪽에서 다시 거는 것이 기본이다. 단, 받은 쪽의 실수로 끊어져버린 경우에는 실수한 쪽에서 다시 건다. 또 거래처의 경우에도 이쪽에서 다시 건다.

**1**  ( )안에 알맞은 표현을 써 넣으세요.

1  朝10時にかかってきた電話を取ったとき
( )。株式会社 A です。

2  午後にかかってきた電話を取ったとき
( )。株式会社 A でございます。

3  三回以上コールが鳴って電話を取ったとき
( )。株式会社 A です。

4  八回以上(何度も)コールが鳴って電話を取ったとき
( )。株式会社 A です。

5  名乗った相手の名前を確認するとき
A 社の井上様 ( )。

6  名乗らない相手の名前を確認したいとき
恐れ入りますが、( )。

**2**  아래에서 알맞은 어구를 골라 (1~6)안에 넣어 대화를 완성하세요.

> どちら様でしょう　　　　恐れ入ります
> 申し遅れまして　　　　　お電話差し上げます
> お待たせしました　　　　ご用件でしょう

李　　：(1 )。A社でございます。

取引先：あのう、(2 )が、営業第一課の李様をお願いしたいのですが。

李　　：李は私ですが、失礼ですが、(3 )か。

取引先：(4 )。私、初めて(5 )B社の山田と申します。

李　　：はじめまして、営業第一課の李です。B社の山田様でいらっしゃいますね。ところで、本日はどのような(6 )か。

# Unit 22 — New Business

# 電話を受ける (2)
でんわ　　　う

会話 1

### 同姓の名指し人がいるとき
どうせい　なざ　にん

李　　はい、木村 ( 社名 ) 営業部です。
きむら　しゃめい　えいぎょうぶ

渡辺　私、渋谷社の渡辺と申します。お忙しいところを申し訳ございま
しぶや　わたなべ　もう　　　　いそが　　　　　　　　わけ
せんが、営業部の鈴木さんをお願いしたいのですが。
すずき　　　　ねが

李　　渋谷社の渡辺さまでいらっしゃいますね。鈴木は二人おりますが、
わたなべ
鈴木誠でしょうか、鈴木一郎でしょうか。
まこと　　　　　　いちろう

渡辺　鈴木一郎さんをお願いします。

李　　鈴木一郎ですね。ただ今、本人に代わりますので、少々お待ちく
ほんにん　か　　　　　　　しょうしょう　ま
ださい。

……( しばらくして )……

鈴木　大変お待たせしました。鈴木です。
たいへん

같은 과에 동명이인이 있는 경우가 있다. 그 경우의 응대 방법이다. 또한 전화벨이 8번 이상 울리거나 본인이 전화를 받는 것
이 2～3분 이상 걸린 경우에는 「大変お待たせしました 大単히 오래 기다리셨습니다」 가 좋다.

## 他部署あての電話を受けたとき

孫　　はい。木村（社名）です。

劉　　私、東洋社の劉と申します。恐れ入りますが、人事課の藤井様を
　　　お願いします。

孫　　申し訳ございません。こちらは営業課ですので、人事課の方に
　　　お回しいたします。そのままお待ちください。

劉　　お願いいたします。

　　　　　　　……（電話を取り次ぐ）……

藤井　お電話代わりました。人事課の藤井です。

다른 부서 앞으로 온 전화를 받은 경우다. 이런 경우 「こちらは〜ですので、〜の方にお回しします 이쪽은 〜이므로, 〜쪽으로 돌려 ドリゲッスムニダ」 라든지 「課（係）が違うようですので、改めて〜の方にお回しいたします 과(계)가 틀린 것 같으므로 다시 〜쪽으로 돌려드리겠습니다」 라고 한다. 상대에게 「たらい回しにされている 여기저기 돌려진다」 라는 인상을 주지 않도록 조심하자.

人事課じんじか 인사과 ｜ 営業課えいぎょうか 영업과

## 전화를 받을 때의 기본 관용구를 익히자.

 **전화를 받았을 때**

はい、○○(会社名)です。 예, ○○(회사명)입니다.

毎度ありがとうございます。株式会社○○でございます。 매번 감사합니다. 주식회사 ○○입니다.

お電話ありがとうございます。株式会社○○お客様相談室の○○でございます。

전화 감사합니다. 주식회사 ○○손님 상담실의 ○○입니다.

おはようございます。○○社です。 안녕하세요. ○○사입니다.

お待たせしました。○○(会社名)です。 오래 기다리셨습니다. ○○(회사명)입니다.

 **잘못 걸려 온 전화를 받았을 때**

こちらは○○社です。失礼ですがどちらにお掛けでしょうか。

이쪽은 ○○사입니다. 실례합니다만, 어느 쪽에 거셨습니까?

こちらは○○社ですが、お掛け違いではないでしょうか。 이쪽은 ○○사입니다만, 잘못 거신 것은 아닙니까?

 **상대를 확인한다**

○○社の□□様でいらっしゃいますね。 ○○사의 ㅁㅁ님이시군요.

失礼ですが、どちら様でしょうか。 실례합니다만, 누구십니까?
恐れ入りますが、お電話が遠いようなので、もう一度お願いいたします。

죄송합니다만, 전화 감이 먼 것 같으므로 다시 한 번 부탁드리겠습니다.

 **전화를 연결한다**

○○様でございますね。ただ今、本人に代わりますので、少々お待ちください。

○○ 님이군요. 바로 본인을 바꿔드릴 테니 잠시만 기다려주십시오.

○○はただ今電話中ですので、このまましばらくお待ちいただけますか。

○○은 지금 전화(통화) 중이므로 이대로 잠시만 기다려 주시겠습니까?

こちらは営業課ですので、△△課の方にお回しいたします。

이쪽은 영업과이므로 △△과 쪽으로 돌려드리겠습니다.

ただ今、担当の者と代わりますので、少々お待ちください。

바로 담당자와 바꿔드릴 테니 잠시만 기다려 주십시오.

 **전화를 마칠 때**

お電話いただき、ありがとうございました。 전화 주셔서 감사합니다.

では、よろしくお願いいたします。 그럼, 잘 부탁드립니다 .

では、失礼いたします。 그럼, 실례하겠습니다.

**1**　(　　　)안에 알맞은 표현을 써 넣으세요.

1　相手を長く待たせるとき。

　このまましばらく(　　　　　　　　　　)か。

2　名指し人に電話を取り次ぐとき。

　木山様ですね。ただ今(　　　　　　　　　)ので、少々お待ちください。

3　お得意先に電話するときの挨拶。

　いつも(　　　　　　　　　　)。

4　他の人から回ってきた電話を受け取るとき。

　(　　　　　　　　　　)。営業部の李です。

5　他部署宛の電話を受けたとき。

　課が違うようですので、改めて総務課の方に(　　　　　　　　　　)。

**2**　아래에서 알맞은 어구를 골라 (1~3)넣고 (○○→　)를 비즈니스 표현으로 바꿔 대화를 완성하세요.

(お待ち願います / 申し訳ございません / お電話ありがとうございます)

李　　：(1　　　　)。株式会社木村お客様相談室の(李です→　　　　)。

客A　：あのう、先日、そちらで買ったパソコンの調子がどうもよくないんです。

　　　　それで電話しました。

李　　：それは(2　　　　)。ただ今、担当の者と代わりますので、少々

　　　　(3　　　　)。

　　　　……( 電話を取り次ぐ )……

担当者：(待たせた→　　　　)。担当の山田と申します。

　　　　(買い求めた→　　　　)パソコンの調子がよくない(そうだ→　　　　)、

　　　　申し訳ございませんでした。それで、パソコンの状態について、詳しいこ

　　　　とを(聞かせてください→　　　　)。

# Unit 23 電話を受ける (3)
でんわ　　　う

New Business

---

会話
1

## 取り次ぎの最中に電話を切ってしまって
と　つ　　　さいちゅう　　でんわ　き

李　　はい。木村 ( 社名 ) です。
　　　きむら　しゃめい

渡辺　私、渋谷社の渡辺と申します。お忙しいところを申し訳ござい
　　　しぶやしゃ　わたなべ　　　　　　　　　いそが　　　　　もう　わけ
　　　ません。営業部長の佐藤様をお願いします。
　　　　えいぎょうぶちょう　さとうさま　ねが

李　　渋谷社の渡辺さまでいらっしゃいますね。ただ今、佐藤に代わり
　　　　わたなべ　　　　　　　　　　　　　　　いま　さとう
　　　ますので、少々お待ちください。
　　　　しょうしょう　ま

　　　　　　……( うっかり電話を切ってしまう )……

渡辺　私、先ほど電話いたしました渡辺と申します。
　　　さき

李　　先ほどは誠に申し訳ございませんでした。ただ今、佐藤と代わり
　　　　まこと
　　　ますので。

佐藤　お電話代わりました。営業部長の佐藤です。先ほどは部下が大変
　　　　　　　　　　　　　　　　　　　　　　　ぶか　たいへん
　　　失礼なことをいたしまして、申し訳ありませんでした。
　　　しつれい

渡辺　いえいえ、お気になされないでください。
　　　　き

대기버튼을 누르고 연결할 생각이었는데 실수로 전화를 끊어 버린 경우가 있다. 이런 경우 전화를 건 쪽에서 다시 거는 것이 비즈니스의 기본 매너이므로 전화번호를 찾아 이쪽에서 전화할 필요는 없다. 그러나 상대로부터 다시 한번 전화가 오면 「先ほどはお電話を切ってしまい、申し訳ありませんでした 조금 전에는 전화를 끊어 버려서 죄송했습니다」 라고 정중하게 사과하고 곧 본인을 바꾼다.

---

**最中**さいちゅう 한창 ~하는 중에 | **先**さきほど 좀 전에, 아까 | **気**きにする 신경 쓰다

 **会話 2** 間違い電話を受けて
まちが でんわ う

島田 菊川社さんですか。私、ルル社の島田と申します。
きくがわしゃ しまだ もう

孫 こちらは株式会社木村です。失礼ですが、どちらにおかけですか。
かぶしきかいしゃ き むら しつれい

島田 あっ！申し訳ございません。電話番号を間違えました。
わけ でん わ ばんごう まちが

<声が聞き取りにくいとき>
こえ き と

孫 はい。木村です。

島田 私、ルル社の島田と申しますが、……？？？？？？？…。

孫 申し訳ございません。少しお電話が遠いようなのですが。
とお

島田 申し訳ありません。

상대의 목소리가 작아지거나 잘 들리지 않을 때는 「申し訳ございません。少しお電話が遠いようなのですが… 죄송합니다. 조금 전화감이 먼 것 같습니다만……」 가 기본 틀이다. 「もう少し大きい声で話してください 조금 더 큰 소리로 이야기 해 주십시오」 라고는 하지 않으니까 주의하자.

電話でんわが遠とおい 전화 감이 멀다

**다음은 잘못 걸려 온 전화나 상대방의 목소리가 잘 들리지 않는 등의 작은 트러블에 대한 대응방법이다.**

###  잘못 걸려 온 전화

이런 경우에도 어떻게 정중한 대응을 하느냐에 따라 회사의 이미지가 크게 달라진다. 제발 「違いますよ。ガチャン(電話を切る音)아닙니다. 딸깍(전화를 끊는 소리)」처럼은 하지 않도록. 또한 가장 자주 사용되는 것은 다음과 같은 표현들이다.

> こちらは○○社です。失礼ですがどちらにおかけでしょうか。
>
> 이쪽은 ㅇㅇ사입니다. 실례입니다만, 어디로 거셨습니까?
>
> こちらは○○社ですがお掛け違いではないでしょうか。
>
> 이쪽은 ㅇㅇ사입니다만 잘못 거신 것은 아닙니까?
>
> それは当社の製品ではございませんが、どちらにおかけでしょうか。
>
> 그것은 저희 회사제품이 아닌데요, 어디로 거셨습니까?

###  전화 목소리가 잘 안들릴 때

잡음이나 상대의 목소리가 작아서 잘 안 들릴 때 비즈니스 전화에서는 「もっと大きい声で話してください 좀 더 큰 소리로 이야기해주세요」 「もう一度かけ直してください 다시 한 번 걸어주세요」와 같은 직접적인 표현을 사용하지 않는다. 끝까지 상대방의 탓이 아니라 「電話機の調子がおかしくて聞き取りにくい 전화기 상태가 안 좋아서 알아듣기 힘들다」 라고 하는 것이 예의이다. 다음은 그에 따른 상투적인 표현이므로 그대로 익히자.

> 恐れ入ります。お電話が遠いようですが、…　죄송합니다. 전화감이 먼 것 같습니다만,……
>
> 恐れ入りますが、もう一度お願いします。죄송합니다만 다시 한 번 부탁드립니다.

###  다른 급한 전화가 걸려 왔을 때

누군가와 전화하고 있을 때 다른 사람으로부터 전화가 걸려 올 때가 있다. 문제는 나중에 걸려온 전화 쪽이 긴급을 요하는 경우인데, 어떻게 하면 좋을까?

> 申し訳ございません。別の電話がかかっておりますので、少々お待ちいただけますでしょうか。　죄송합니다. 다른 전화가 걸려 와서, 잠시만 기다려주시겠습니까?
>
> 誠に申し訳ございません。緊急の電話がかかってまいりましたので、こちらから折り返しお電話差し上げます。대단히 죄송합니다. 긴급한 전화가 걸려 와서 이쪽에서 다시 전화 드리겠습니다.

**1**　다음과 같은 경우에 쓰이는 표현을 (　　)안에 써 넣으세요.

1　話が長くなるとわかっているとき

　話が(　　　　　　　　　　　　)が、よろしいでしょうか。

2　電話を終わるとき

　では、(　　　　　　　　　　)。

3　長電話の後で

　(　　　　　　　　　　　　)まして、申し訳ありませんでした。

4　相手の声がよく聞き取れないとき
　恐れ入ります。お電話が(　　　　　　　　　　　)。

5　間違い電話を受けたとき
　失礼ですが、(　　　　　　　　　　)。

**2**　아래에서 알맞은 어구를 골라 (1~5)넣어 대화를 완성하세요.

確かに承りました　　　　かけ直します　　　　申し訳ございません

お待ちいただけます　　　お待たせしました　　　いかがいたしましょう

李　　：(1　　　　　　　)。木村(社名)です。

取引先：お忙しいところを(2　　　　　　　　)が、私、沼津社の山田と申します。
　　　営業部長の佐藤様をお願いしたいのですが。

李　　：申し訳ございません。佐藤はただ今電話中ですので、このまましばらく

　　　(3　　　　　　　)でしょうか。

　　　　　　　…… (しばらくして) ……

李　　：誠に申し訳ございません。どうも佐藤の電話が長くなりそうなのですが、

　　　(4　　　　　　　)か。

取引先：そうですか。じゃ、改めてこちらから(5　　　　　　　)ので、山田から

　　　電話があったとお伝えください。

李　　：(6　　　　　　)。私、営業部の李と申します。

# 電話を受ける (4)
でん わ　う

**会話 1** **本人が不在のとき**
ほんにん　ふ ざい

李　木村 ( 社名 ) です。
　　き むら　しゃめい

落合　私、沼津社の落合と申します。営業課の鈴木さんをお願いします。
　　　ぬまづ　おちあい　もう　えいぎょうか　すずき　ねが

李　沼津社の落合さまでいらっしゃいますね。誠に申し訳ございませんが、
　　　　　　　　　　　　　　　　　　　　まこと　　わけ

　　鈴木はただ今席を外しております。何かお急ぎのご用でしょうか。
　　すずき　　いませき はず　　　なに　いそ　　よう

落合　ええ、ちょっとご相談したいことがございまして。
　　　　　　　　そうだん

李　鈴木でしたら、まもなく戻ると思いますので、後ほどお電話させ
　　　　　　　　　　　もど　おも　　　のち

　　ましょうか。

落合　いいえ、けっこうです。後で私の方からかけ直しますので。
　　　　　　　　　　　あと　　ほう　　なお

李　さようですか。では、鈴木にもそう伝えておきます。私、営業課の
　　　　　　　　　　　　　　　　った

　　李と申します。
　　イ

落合　では、よろしくお願いいたします。
　　　　　　　　　ねが

李　かしこまりました。では、失礼いたします。
　　　　　　　　　　　　しつれい

통화하려고 하는 사람이 부재 시 전화를 응대하는 방법이다. 자주 쓰이는 것이 「ただ今、席を外しております 지금 자리에 없습니다」 「ただ今、出張中です 지금 출장 중입니다」 등이지만 전언의 유무, 그쪽에서 전화를 하도록 할지 등의 확인을 한다.

**席せきを外はずす** 자리를 비우다, 자리에 없다 | **後のちほど** 나중에

 **会話2** 急用の電話を受けて
きゅうよう　でんわ　う

孫　　はい。木村（社名）です。
　　　きむら　しゃめい

山田　沼津社の山田と申しますが、　人事課の藤井様をお願いしたいのですが。
　　　ぬまづ　やまだ　もう　　　　じんしか　ふじいさま　　ねが

孫　　沼津社の山田さまでいらっしゃいますね。あいにく藤井は出張中で
　　　　　　　　　　　　　　　　　　　　　　　　　　　　　しゅっちょうちゅう
　　　すが、何かお急ぎのご用件でしょうか。
　　　　　なに　いそ　　ようけん

山田　はい。至急、ご相談したいことがございまして。
　　　　　しきゅう　そうだん

孫　　かしこまりました。こちらで藤井と連絡を取りまして、至急お電話を
　　　　　　　　　　　　　　　　　れんらく　と　　　　　しきゅう
　　　差し上げるようにいたします。山田様のお電話番号をお願いしても
　　　さ　あ　　　　　　　　　　さま　　　　ばんごう
　　　よろしいでしょうか。

山田　はい。こちら、03 の 3358 の……

 **tip** 급한 용건이라도 회사 외의 사람에게 무조건 본인의 연락처나 전화번호를 가르쳐주는 것이 아니다. 이러한 경우에는 이 장면
에서처럼 「では、私から○○に連絡を取りまして、○○からお電話を差し上げるようにさせていただきます ユ
럼 제가 ○○연락을 해서, ○○가 전화를 드리도록 하겠습니다」 와 같이 대답하고 상대의 이름과 전화번호를 묻고 담당자와
연락을 한다.

---

あいにく 공교롭게도, 마침 | **出張中**しゅっちょうちゅう 출장 중

통화하려고 하는 사람이 부재중일 경우에는 부재중이라는 것을 사과하고 부재의 상황(외출·부재·회의중)을 전하고 예정(시간)을 알린다. 그리고 급한 용무인지 아닌지, 전언의 필요가 있는지 없는지, 다른 사람이라도 되는지 안 되는지, 통화하려는 사람 쪽에서 전화를 하도록 할 것인지 등 상대의 의향을 확인한다.

 **통화하려는 사람이 부재상황을 전한다**

申し訳ございません。　△△はただ今、席を外しております。 죄송합니다. △△는 지금 자리에 없습니다

申し訳ございません。　△△はただ今、外出しております。 죄송합니다. △△는 지금 외출했습니다

申し訳ございません。　△△はただ今、(電話·接客·会議…)中でございます。

죄송합니다. △△는 지금(전화·접객·회의……) 중입니다

 **상대의 의향을 확인한다**

何か急用でございましょうか。 뭔가 급한 용무십니까?

折り返しお電話するように伝えておきましょうか。 받은 즉시 전화를 하도록 전해드릴까요?

こちらからおかけ直しいたしましょうか。 이쪽에서 다시 걸까요?

戻りましたら、折り返しお電話を差し上げるようにいたしましょうか。

돌아오면 받은 즉시 전화를 드리도록 할까요?

もう一度、お電話をおかけ直しいただくわけにはいかないでしょうか。

다시 한 번 전화를 다시 걸어주실 수는 없을까요?

もし、差し支えなければ、私が代わってご用件をお伺いいたしましょうか。

만약, 지장 없으시면 제가 대신해서 용건을 여쭤봐도 될까요?

 **의향을 전한다**

失礼ですが、何時ごろお戻りになりますでしょうか。 실례합니다만, 몇 시쯤 돌아오십니까?

では、そのころもう一度お電話いたします。 그럼, 그 때 다시 한 번 전화 드리겠습니다

恐れ入りますが、お帰りになりましたらお電話いただきたいのですが、よろしいでしょうか。

죄송합니다만, 돌아오시면 전화해 주셨으면 좋겠는데요, 괜찮으시겠습니까?

○○様にお伝えいただきたいのですが、お願いできますでしょうか。

○○ 님에게 전해주셨으면 좋겠습니다만 부탁드릴 수 있을까요?

 **마무리인사**

かしこまりました。私、○○課の□□と申します。 알겠습니다. 저는 ○○과의 ㅁㅁ라고 합니다

確かに承りました。私、○○課の□□と申します。 틀림없이 그렇게 하겠습니다. 저는 ○○과의 ㅁㅁ라고 합니다

**1**　다음 문장을 알맞은 비즈니스 표현으로 바꿔주세요.

1 今、席にいません。

→ ＿＿＿＿＿＿＿＿＿＿＿＿＿＿＿＿＿＿＿＿＿＿＿＿＿。

2 他の人でもいいですか。

→ ＿＿＿＿＿＿＿＿＿＿＿＿＿＿＿＿＿＿＿＿＿＿＿＿＿。

3 私でよければ聞きますが。

→ ＿＿＿＿＿＿＿＿＿＿＿＿＿＿＿＿＿＿＿＿＿＿＿＿＿。

4 言っておきます。

→ ＿＿＿＿＿＿＿＿＿＿＿＿＿＿＿＿＿＿＿＿＿＿＿＿＿。

5 伝言してください。

→ ＿＿＿＿＿＿＿＿＿＿＿＿＿＿＿＿＿＿＿＿＿＿＿＿＿。

**2**　아래에서 알맞은 어구를 골라(1～4)넣고 (　)에는 (お)나 (ご)를 넣어 대화를 완성하세요.

(かしこまりました｜お願いします｜席を外しております｜お差し支えがなければ)

李　　　：田中はあいにく(1　　　　　　　　)が、何か(　)急ぎの(　)用件でしょうか。

取引先：はい、ぜひとも今日中に(　)相談したいことがありまして。

李　　　：4時ごろ戻る予定ですので、戻り次第、(　)電話するように伝えましょうか。

取引先：その時間は会社にいないんですが、…。

李　　　：(2　　　　　　　　)、私が代わってご用件を伺いましょうか。

取引先：ありがとうございます。しかし、やはり直接(　)話しした方がいいと思いますので、(　)戻りになりましたら、私の携帯の方に(　)連絡くださるように(　)言づてを(　)願いしたいのですが。

李　　　：(3　　　　　　　　)。では、(　)電話番号を(4　　　　　　　　)。

取引先：はい。04－3876－3876です。

# Unit 25 伝言を受ける
でんごん　　う

 **会話1**　伝言を受ける

孫　沼津社の落合様でいらっしゃいますね。鈴木はただ今接客中でご
ざいまして、ちょっと席が外せないのですが、…。

落合　そうですか。困りましたね。

孫　私、営業課の孫と申します。もし、差し支えなければ、私が代わって
ご用件をお伺いいたしましょうか。

落合　ありがとうございます。でも、けっこうです。沼津社の落合と言えば
鈴木さんはおわかりだと思いますので、電話があったとお伝えくだ
さい。

孫　かしこまりました。もう一度、ご連絡先を確認させていただきます。
沼津社の落合様でよろしいですね。

落合　はい、けっこうです。

孫　では、確かにその旨、伝えておきます。私、営業一課の孫と申し
ます。

落合　では、よろしくお願いいたします。

 **tip**　전언을 받을 때의 기본형이다. 이런 짧은 전언에서는 내용 확인은 꼭 필요하지는 않지만, 적어도 상대의 회사명과 이름을 다시 한 번 확인하고 마지막으로 자신의 소속부서와 이름을 말하는 것이 기본 룰이다.

---

**接客中**せっきゃくちゅう 접객중 | **その旨**むね ユ 취지

## 上司の家族からの電話
### じょうし　かぞく　　でんわ

孫　　　はい。木村(社名)です。
　　　　　　きむら　しゃめい

課長妻　営業課長の吉田をお願いします。妻の俊子です。
　　　　えいぎょうかちょう　よしだ　　ねが　　　　つま　じゅんこ

孫　　　いつもお世話になっております。営業課の孫です。あいにく吉田課長は、
　　　　　　　　せわ　　　　　　　　　　　　　　ソン　　　　　　よしだ

　　　　ただ今、会議中でいらっしゃいます。奥さま、何かお急ぎのご用
　　　　　　いま　かいぎちゅう　　　　　　　　　　おく　　なに　いそ　　よう

　　　　でしょうか。

課長妻　急用というほどのことではありませんが、会議が終わりしだい、
　　　　きゅうよう　　　　　　　　　　　　　　　　　　お

　　　　自宅に電話するよう、お伝え願えませんか。
　　　　じたく　　　　　　　　　つた　ねが

孫　　　かしこまりました。確かにお伝えいたします。
　　　　　　　　　　　　　たし

<회화2>와 같이 일단은 「いつもお世話になっております 항상 신세를 지고 있습니다」 라고 인사를 하고 「○○課長
は、ただいま会議中でいらっしゃいます ○○ 과장님은 지금 회의 중이십니다」 와 같이 경어로 응대한다.

**〜ほどのことではない** 〜정도의 일이 아니다 ｜ **〜しだい** 동사 **ます** 형, 명사에 접속되어 〜하자마자, 하는 대로

비즈니스전언을 받을 때 절대로 잊어서는 안되는 것은 상대측의 이름과 연락처, 또 전언내용의 재확인이다. 그리고 마지막에는 반드시 소속부서와 이름을 상대에게 말하는 것이다. 이것을 비즈니스맨으로서 직무상의 책임이기도 하고 상대측에게 안심감을 줄 수 있다.

 **용건·전언을 묻는다**

何かお急ぎのご用でしょうか。 뭔가 급한 용무십니까?

何か本人への伝言がございますでしょうか。 뭔가 본인에게 전언이 있으십니까?

あいにく～が、いかがいたしましょうか。 공교롭게도 ～입니다만, 어떠십니까?

もし、差し支えなければ、私が代わってご用件をお伺いいたしましょうか。

만약 지장이 없으시면 제가 대신해서 용건을 여쭤봐도 되겠습니까?

 **용건·전언을 부탁한다**

では、△△様に△△から電話があったとお伝えいただけませんか。

그럼, △△님께 △△로부터 전화가 왔었다고 전해 주실 수 없겠습니까?

では、△△様がお戻りになられましたら、お電話をいただきたいとお伝えいただけませんか。 그럼, △△ 님이 돌아오시면 전화를 주시도록 전해 주실 수 없겠습니까?

では、恐れ入りますが、ご伝言をお願いします。 그럼, 죄송합니다만, 전언을 부탁드립니다.

 **용건·전언을 확인한다**

申し訳ございません。メモを取らせていただきますので、少々お待ちください。

죄송합니다. 메모를 할 테니까 잠시만 기다려 주십시오.

念のため、復唱させていただきます。 확인을 위해 복창하겠습니다.

内容をもう一度確認させていただきます。 내용을 다시 한 번 확인하겠습니다.

(お名前・ご連絡先・内容…)をもう一度確認させていただきます。

(이름·연락처·내용…)을 다시 한 번 확인하겠습니다.

念のため、(もう一度)お名前とご連絡先を伺ってもよろしいでしょうか。

확인을 위해 (다시 한 번) 이름과 연락처를 여쭤봐도 되겠습니까?

 **마무리인사**

○○課の△△が確かに承りました。 ○○과의 △△가 분명히 받았습니다.

では、さよう伝えておきます。 私、○○課の△△と申します。

그럼, 그렇게 전해 두겠습니다. 저는 ○○과의 △△라고 합니다.

**1** 아래에서 알맞은 어구를 골라 (1~8)에 넣고 (○○→　)를 알맞은 비즈니스 회화로 바꿔 대화를 완성하세요.

確認させていただきます　　　　確かに承りました
申し訳ございません　　　　　　おことづてをお願いします
長くなりそうです　　　　　　　毎度ありがとうございます
失礼いたします　　　　　　　　おかけ直しいたしましょうか

---

李　　：(1　　　　　　　　　　)。株式会社□□でございます。

取引先：私、○○社の吉井と申します。営業部長の佐藤さんをお願いします。

李　　：○○社の吉井様でいらっしゃいますね。(2　　　　　　　　　)。
　　　　佐藤はただ今電話中ですので、このまましばらく(待ってください→
　　　　　　　　　　　)。

取引先：はい。

　　　　　　……( 電話が長引いているのを見て )……

李　　：誠に申し訳ございません。佐藤の電話はどうも(3　　　　　)ので、こ
　　　　ちらから(4　　　　　　　)か。

取引先：では、恐れ入りますが、会社に（います→おります）ので、(電話をくれる
　　　　→　　　　　　　　　)よう、佐藤さんに(5　　　　　　　)。

李　　：(わかりました→　　　　　　)。では、念のため、会社のお電話番号を( 教
　　　　えてください→　　　　)。

取引先：はい、03-2245-0567 です。

李　　：もう一度(6　　　　　　　　)。03-2245-0567で(いい→　　　　)でしょ
　　　　うか。

取引先：はい、間違いありません。

李　　：では、電話が終わり次第、吉井様の方へ ( 電話します→　　　　　) ので。

取引先：よろしくお願いいたします。

李　　：(7　　　　　)。私、営業一課の李と申します。では、(8　　　　　　)。

 長い伝言を受ける
なが　　でんごん　　う

孫　渋谷社の渡辺様でいらっしゃいますね。佐藤はただいま接客中で
　　しぶや　　わたなべさま　　　　　　　　　　　さとう　　　　　　　　　せっきゃくちゅう
　　して席が外せないのですが、いかがいたしましょうか。
　　　　せき　はず

渡辺　では、恐れ入りますが、ご伝言をお願いします。
　　　　　おそ　い　　　　　　　でんごん　ねが

孫　かしこまりました。……( メモを用意して )……　どうぞ。
　　　　　　　　　　　　　　　　　　　ようい

渡辺　では、お願いします。……( 略 )……　そうお伝えください。
　　　　　　　　　　　　　りゃく

孫　内容をもう一度確認させていただきます。……( 略 )……
　　ないよう　　　　いちどかくにん
　　間違いございませんでしょうか。
　　まちが

渡辺　はい、確かに。
　　　　たし

孫　念のため、お名前とご連絡先をもう一度お願いいたします。
　　ねん　　　　なまえ　　れんらくさき

渡辺　はい。渋谷社の渡辺です。電話番号は、0437 － 22 － 4422 です。
　　　　　しぶやしゃ　わたなべ　　でんわばんごう

孫　復唱させていただきます。……の件について。渋谷社の渡辺様、
　　ふくしょう　　　　　　　　　　　けん
　　電話番号は、0437 － 22 － 4422 でよろしいでしょうか。

渡辺　はい、間違いありません。

孫　では、確かに承りました。私、営業一課の孫と申します。
　　　　　　うけたまわ　　　　　　えいぎょういっか　　ソン　もう

渡辺　では、よろしくお願いいたします。

孫　お電話ありがとうございました。では、失礼します。
　　　　　　　　　　　　　　　　　　　　しつれい

 긴 전언을 받을 때의 기본형이다. 이런 전언을 받을 경우 메모는 필수다. 회사전용의 전언메모가 있으면 편리하지만 용지에
기입할 경우에는 <전화를 받은 일시> <누구에게 전해주면 되는지> <상대의 회사명・소속부서・이름> <용건의 개략(5
W 1 H로 날짜와 숫자. 고유명사는 반드시 명기한다)> <처리방법(다시 한 번 걸어줄 수 있는지, 이쪽에서 연락을 하는 건지,
할 경우에는 연락처를 명기한다)> <자신의 이름(책임소재를 명확히 하기 위해)>의 항목을 절대로 빠뜨리지 않도록 하자.

復唱 ふくしょう 복창

 **取引先からの伝言を上司に伝える**
とりひきさき　　　　でんごん　じょうし　つた

李　部長、先ほど、渋谷社の渡辺様からお電話がございまして、次の
　　ぶちょう　さき　　しぶやしゃ　わたなべさま　　　　でんわ　　　　　　つぎ
　　ようなご伝言がございました。
　　　　でんごん

　　　　　　　……( メモを読む )……
　　　　　　　　　　　　　　　よ

部長　わかった。それでこちらから電話してほしいとおっしゃってた。

李　はい。本日の午後３時頃までは会社にいるので、できればそれまで
　　ほんじつ　ごご　じころ　　かいしゃ
　　に電話してほしいとのことでした。

部長　電話番号はわかっている。
　　ばんごう

李　はい。お電話番号は 0437-22-4422 です。こちらにメモがございます。

部長　どうもありがとう。

 상사에게 전언할 때의 기본형이다. 긴 내용은 정확을 기하고 이 대화처럼 메모를 읽으면 된다.

〜とのこと 〜라는 내용

긴 전언을 받을 때는 메모를 하는 것이 비즈니스맨의 수칙이다. 오른쪽과 같은 메모용지를 만들어두면 편리하다. 기입 항목은 상대편 회사·이름·용건·연락처, 회신의 필요성, 날짜·시간·자신의 이름 등이다. 이런 사소한 배려가 일의 효율을 크게 변화시킨다. 전언을 들은 후에는 「ご用件を繰り返します。……の件について、○○会社の△△様、お電話番号は0000-00-0000でございますね。○○(自分の名前)が承りました 用件を反復하겠습니다. ~의 건에 대해서 ○○회사의 △△ 님, 전화번호는 0000-00-0000 맞으십니까? ○○(자신의 이름)가 받았습니다」와 같이 복창해서 확인한다.

### 🅠 전언을 전한다

비즈니스의 전언을 본인에게 전할 때의 기본형은 「～とのことでした ～고 하셨습니다」 보다 경의를 표현한 「～とのご伝言でした ～라는 전언이었습니다」 이다. 특히 「～とのことでした」는 상대가 상사이거나 동료에 상관없이 사용할 수 있는 가장 편리하고 또 가장 일반적인 표현이다.

#### <상사에게 전언을 전한다>

先ほど、△△様からお電話がございまして、～てほしいとのことでした。

조금 전에　△△님으로부터 전화가 있어서, ~ 해주시길 바란다고 하셨습니다.

一時間ほど前に、○○社の△△様からお電話がございまして、～とのご伝言でした。

1시간 정도 전에 ○○사의 △△님으로부터 전화가 있어서 ~라는 전언이셨습니다.

#### <동료에게 전언한다>

先ほど、○○社の△△様からお電話があって、～てほしいとのことだったよ。

조금 전에 ○○사의 △△님으로부터 전화가 있어서 ~해주길 바란다고 했어.

一時間ほど前に、○○社の△△さんから電話があって、～とのことだったよ。

1시간 정도 전에 ○○사의 △△ 씨로부터 전화가 있어서 ~라고 했어.

**1**　다음 문장을 알맞은 비즈니스 회화 표현으로 바꿔주세요.

1　何か急ぎの用ですか。

→ ＿＿＿＿＿＿＿＿＿＿＿＿＿＿＿＿＿＿＿＿＿＿。

2　伝えることはありますか。

→ ＿＿＿＿＿＿＿＿＿＿＿＿＿＿＿＿＿＿＿＿＿＿。

3　後でもう一度電話します。

→ ＿＿＿＿＿＿＿＿＿＿＿＿＿＿＿＿＿＿＿＿＿＿。

4　誰に連絡すればいいですか。

→ ＿＿＿＿＿＿＿＿＿＿＿＿＿＿＿＿＿＿＿＿＿＿。

5　内容をもう一度確認します。

→ ＿＿＿＿＿＿＿＿＿＿＿＿＿＿＿＿＿＿＿＿＿＿。

6　課長、さっき部長から電話があって、至急来てくれと言っていました。

→ ＿＿＿＿＿＿＿＿＿＿＿＿＿＿＿＿＿＿＿＿＿＿＿＿＿＿＿＿＿＿。

**2**　아래에서 알맞은 어구를 골라 (1～5)에 넣고 (○○→　)를 알맞은 비즈니스 회화로 바꿔 대화를 완성하세요.

(では / できれば / 折り返し / 確かに / あいにく)

李　　：B社の山田様(です→　　　　　)ね。(すみません→　　　　　)が、(　1　)佐藤は外出して(います→　　　　)。
　　　　3時頃には戻る予定(です→　　　　)が、戻りましたら、(　2　)山田様にお電話を(上げる→　　　　)ように(しましょう→　　　　)か。

取引先：(　3　)、そのようにお願いします。
　　　　電話番号は03－5225－2689です。

李　　：(　4　)(確認する→　　　　)いただきます。03－5225－2689で(いいでしょう→　　　　)か。

取引先：はい、(いいです→　　　　)。

李　　：(　5　)、(受けました→　　　　)。(わたし→　　　　)、営業課の李と(言います→　　　　)。お電話、ありがとうございました。

# アポイントを取る (1)

## 会話 1　電話でアポイントを取る

李　いつも大変お世話になっております。実は、この度の人事異動で、御社の担当者が私から孫という者に代わることになりまして、近々、孫とともに一度ご挨拶にお伺いしたいと思っておりますが、木山様のご都合はいかがでしょうか。

木山　これはご丁寧に。来週の火曜日でしたら、時間が取れますが。

李　来週12日の火曜日ですね。何時頃がご都合よろしいでしょうか。

木山　3時頃はいかがですか。

李　私の方はけっこうです。それでは12日火曜日の午後3時に御社にお伺いいたしますので、よろしくお願いいたします。

木山　わかりました。お待ちしています。

거래처 책임자와 약속을 할 때의 대화다. 서로 안면이 있으므로 솔직하게 이쪽의 희망일시를 전해도 상관없지만 상대방의 형편을 우선하는 것이 이런 경우의 원칙이다.

---

**人事異動** じんじいどう 인사이동 ｜ **近々** ちかぢか 근간, 가까운 시일 내에 ｜ **〜とともに** ~과 함께, ~과 동시에, ~함에 따라서

##  会話2　メールと電話でアポイントを取る

木山　お待たせしました。木山（きやま）です。

李　おはようございます。李です。さきほど、メールを送（おく）りましたが、読（よ）んでいただけましたか。

木山　はい、拝見（はいけん）しました。

李　実（じつ）はメールでも述（の）べましたように、先日（せんじつ）送っていただいた見積書（みつもりしょ）の件（けん）で、いくつかご相談（そうだん）したいことがあるのですが、本日（ほんじつ）お会（あ）いできないでしょうか。

木山　本日ですか。午後一時（ご　ご　いち　じ）から一時間（かん）ほどでしたら、時間が空（あ）いていますが。

李　はい、その時間でけっこうです。そちらに伺（うかが）いますので、よろしくお願いします。

木山　わかりました。お待（ま）ちしています。

거래처 담당자와의 전화다. 이러한 업무상의 상담으로 약속을 할 경우, 먼저 메일을 보내고 대략적인 내용을 말해 둔 후 한두 시간 후에 전화하는 경우가 많다. 또한 비즈니스세계에서는 전화로 약속을 하는 것을 간단하게「テレアポ 텔레폰 어포인트먼트 전화 약속」이라고 한다.

---

メール 메일 ∣ 見積書みつもりしょ 견적서

비즈니스 상대의 회사를 방문할 때에는 미리 상대방에게 방문 의사를 알리고 양해를 얻는 등 제대로 된 단계를 거치는 것이 중요하다. 약속을 할 때의 포인트는 다음과 같다.

> 1)방문목적을 전한다.　2)일시를 확인한다.　3)소요시간을 전해둔다.
> 4)동행하는 사람수를 전한다.　5)장소를 확인한다.

약속이 잡히면 일시, 방문장소, 방문상대를 다시 확인하고 감사인사를 잊지 말고 전하자.

 **약속을 잡는다**

突然のお願いで誠に恐縮ですが、○○の件で至急お目にかかりたいのですが、…。

갑작스러운 부탁으로 대단히 죄송합니다만, ○○건으로 급히 만나뵙고 싶습니다만,…….

お忙しいところを申し訳ありませんが、○○の件でご相談に伺いたいのですが、…。

바쁘신 중에 죄송합니다만, ○○건으로 의논하러 찾아뵙고 싶습니다만,…….

お忙しいところを恐れ入りますが、少しお時間をいただけないでしょうか。

바쁘신 중에 죄송합니다만, 조금 시간을 주실 수 없을까요?

 **일시 · 장소를 정한다**

○月○日ではいかがでしょうか。 ○월○일은 어떠십니까?

そちら様のご都合のよい日時をご指定ください。 그쪽 형편이 좋은 일시를 지정해주십시오.

そちら様のご都合のいい日時をお教え願えませんか。 그쪽 형편이 좋은 일시를 가르쳐주실 수 없을까요?

明日の2時以降でしたら、会社におりますが…。　내일 2시 이후라면 회사에 있습니다만,…….

ご足労ですが、本社までお越し願えないでしょうか。 수고스러우시겠지만 회사까지 오실 수 없을까요?

勝手なことを言って誠に申し訳ないのですが、時間を変更していただけるとありがたい

のですが、…。 멋대로 말씀드려 죄송합니다만 시간을 변경해 주시면 감사하겠습니다만,…….

当方の勝手な都合で誠に申しわけございませんが、

저희 쪽 사정으로 멋대로 해서 대단히 죄송합니다만,…….

 **서로 확인한다**

○○様には初めてお会いしますので、私のことがわかりますように、当社の封筒を手に

持っておりますので。

○○님은 처음 만나뵙는 거니까 저를 알아 보실 수 있도록 저희 회사 봉투를 손에 들고 있을 테니까.

○○駅の西口改札を出たところでお待ちしております。

○○역의 서쪽 개찰구를 빠져나온 곳에서 기다리고 있겠습니다.

**1** 약속을 잡을 때, 다음과 같은 경우 어떤 표현을 쓸까요? 알맞게 연결하세요.

1　先方に日時を任せるとき　　・　　・a　あいにくその日は都合がつきません。

2　日時を決めるとき　　・　　・b　7月17日はいかがでしょうか。

3　急なお願いのとき　　・　　・c　けっこうです。

4　わざわざ来てもらうとき　　・　　・d　ご都合のいい日をご指定ください。

5　その日時では無理なとき　　・　　・e　突然のお願いで恐縮ですが、…….

6　その日時でいいとき　　・　　・f　ご足労ですが、…….

**2** 아래에서 알맞은 어구를 골라 (1~6)에 넣고 (○○→　)를 알맞은 비즈니스 표현
으로 바꿔 대화를 완성하세요.

(それでは / ところで / 誠に / 勝手な / ただ今 / 実は)

高野：おはようございます。B社です。

李　：私、A社の李です。

高野：あっ、李さん。私、高野です。いつもお世話になっています。
　　　（1　　　　　）、本日はどのようなご用件で

李　：（2　　　　　）当社の営業部長の白石が、例の共同プロジェクトの件で、至急
　　　御社の吉田部長に（会って→　　　　　）（相談したい→　　　　　）ことがある
　　　と（言っていまして→　　　　　）、それで吉田部長の今週のご都合を（聞きた
　　　い→　　　　　）と思いまして。

高野：少々お待ちください。
　　　（3　　　　　）、吉田の都合を（聞いてきます→　　　　　）ので。
　　　　　　　　……（ しばらくして ）……
　　　お待たせしました。今週の木曜日か金曜日の午後二時以降であれば、時間
　　　が取れるとのことですが、（ どうしましょう→　　　　　）か。

李　：（4　　　　　）、12日木曜日の午後二時ということでお願いいたします。白石と
　　　私の二名が御社に（行きます→　　　　　）ので。

高野：（わかりました→　　　　　）。さよう吉田に（伝えておきます→　　　　　）。

李　：本日は（5　　　　　）お願いを（言って→　　　　　）、（6　　　　　）申し訳ござい
　　　ませんでした。

# アポイントを取る (2)

 **会話1** 初対面の人とアポイントを取る
しょたいめん

梅田　課長の梅田です。
かちょう　うめだ

孫　　はじめてお電話を差し上げます。私は木村社の営業を担当して
でんわ　さ　あ　　　　　　　　き むらしゃ　えいぎょう　たんとう
　　　おります孫と申します。先日、弊社の新製品DYPC－Sの参考
ソン　もう　　　　　せんじつ　へいしゃ　しんせいひん　　　　　　　さんこう
　　　資料をご送付させていただきましたが、ご覧いただけたでしょうか。
しりょう　そうふ　　　　　　　　　　　　　　　らん

梅田　はい、拝見しました。
はいけん

孫　　実は、その件で詳しい説明でお伺いさせていただきたいと思い、
じっ　　　けん　くわ　せつめい　　うかが　　　　　　　　　おも
　　　お電話をさしあげました。お忙しいところを誠に恐縮ですが、少し
いそが　　　　　　　まこと　きょうしゅく　　　すこ
　　　お時間をちょうだいできませんでしょうか。
じ かん

梅田　今週は無理ですが、来週なら時間が取れると思います。
こんしゅう　むり　　　　らいしゅう　　　　　　と

孫　　結構です。そちら様のご都合のよい日時をご指定ください。
けっこう　　　　さま　　　つごう　　にちじ　　してい

梅田　では、月曜日の午前10時でいかがですか。
げつようび　ごぜん

孫　　15日、月曜日、午前10時でございますね。はい、けっこうです。

　　　どうもありがとうございます。

梅田　では、月曜日にお待ちしています。
ま

초면인 사람에게 면회를 신청하는 대화다. 느닷없이 전화를 하기보다는 사전에 자료나 편지를 보내놓고 상대에게 도착했을 때
쯤 전화하는 것이 좋다.

---

**弊社**へいしゃ　자기회사의 겸칭 | **恐縮**きょうしゅく　죄송하게 여김

 アポイントを変更（へんこう）する

孫　大変申し訳ございませんが、先日お約束をいただきました15日月曜日の打ち合わせの件ですが、日程を変更していただけないかと思い、ご連絡させていただきました。

梅田　どういうことなのでしょうか。

孫　当方の勝手な都合で誠に申しわけございませんが、実は当日、急な出張が入りまして、…。

梅田　それはまた急な出張ですね。

孫　はい。こちらからお願い申し上げてお時間を頂戴しておきながら誠に申しわけないのですが、16日以降でご都合のよろしい日を指定していただけましたら、必ずお伺いいたします。改めまして、お時間を頂戴できないでしょうか。

梅田　そういう事情なら、いたし方ありません。では、19日の午前10時でいかがでしょうか。

孫　ありがとうございます。19日の金曜日、午前10時に今度こそ間違いなく伺わせていただきます。

 급한 용무로 약속일시를 변경했으면 할 때의 표현이다. 「勝手なことを言って誠に申し訳ないのですが… 일방적으로 말씀드려서 정말로 죄송합니다만……」나「当方の勝手な都合で誠に申しわけございませんが… 저희쪽의 일방적인 사정으로 정말로 죄송합니만……」는 이런 경우의 상투적인 표현이다.

---

**当方**とうほう 이쪽, 우리 쪽 ┃ **頂戴**ちょうだい (남, 특히 윗사람한테서) 받음

 **약속 취소나 변경**

약속 취소나 변경은 비즈니스에 있어서는 안 되는 일로 특별한 일이 없는 한, 한 번 약속한 일은 지키지 않으면 본인뿐 만이 아니라 회사의 신용을 훼손하게 된다. 회화(2)에서는 약속 취소나 변경의 경우가 실려 있지만, 「守れない約束はしない 지킬 수 없는 약속은 하지 않는다」는 비즈니스의 철칙이다.

 **회사를 방문할 때의 주의사항**

회사를 방문할 때는 다음과 같은 것에 주의하자.

❶ 반드시 약속을 하고나서 방문한다.

❷ 이른 아침, 심야, 점심이나 휴일 등의 방문은 하지 않는다.

❸ 명함이나 자료를 잊지 않는다.

❹ 방문시간을 지킨다(지각하지 않는다).

방문했을 때 인사를 한 후 「本日は○○の件で伺いました 오늘은 ○○건으로 방문했습니다」라고 간단하게 방문 목적을 말하고 나서 본론으로 들어간다. 대화는 요령 있게, 순서를 정해서 대화하자.

 **바깥에서 약속한 경우**

❶ 찾기 쉬운 장소로 한다

공공시설이나 역 주변의 찾기 쉬운 장소를 선택하도록 한다. 근처에 표시가 되는 건물 등이 있는지 없는지 확인해 두자.

❷ 연락처의 확인

만약의 경우를 대비하여 연락을 취할 수 있는 방법을 확인해 둔다. 이유를 설명하고 상대방 휴대전화번호를 알아 두면 좋다. 또 확실히 하기 위해 회사의 전화번호를 알아 두는 것도 잊지 않도록 한다. 물론 상대방에게도 자신의 휴대전화번호 등을 알려주자.

❸ 자신의 용모를 알려준다

처음 만난 사람에게는 자신의 용모(머리형 · 신장 · 체형 · 안경의 유무 등)나 소지품 등을 알려 주거나 표시가 될만한 것을 가지고 가면 된다.

**1** 아래에서 알맞은 어구를 골라 (1~5)에 넣고 (○○→  )를 알맞은 비즈니스 표현으로
바꿔 대화를 완성하세요.

(けっこうです／かたがた／はじめて／恐縮です／ご足労です)

孫　：(1　　　　　　)お電話を差し上げます。私はA社の営業を担当しております孫と
　　　申します。突然のお願いで(2　　　　　)が、先日、ご注文いただいた当社製品
　　　P3のお礼(3　　　　)、木村様に(会って→　　　　　)、今後のお取引について
　　　ご相談したいと思っておりますが、(どうです→　　　　)か。

木村：わかりました。今週の木曜日か金曜日の午前なら時間が取れますが。

孫　：ありがとうございます。では、木曜日の10時ということでお願いいたします。

木村：8日の木曜日午前10時ですね。それで(4　　　　)。

　　　では、(5　　　)が、当社まで(来てくれます→　　　　)か。

孫　：はい、当日10時に(行く→　　　　)ので、よろしくお願いいたします。

木村：では、木曜日に(待っています→　　　　)。

**2** (○○→  )를 알맞은 비즈니스 표현으로 바꿔 대화를 완성하세요.

李　　：木村様には初めて(会います→　　　　　)ので、私のことがわかりますよ
　　　　うに、右手に当社のマーク入りの封筒を(持っています→　　　　)。
　　　　念のために私の携帯電話の番号を(伝えておきましょう→　　　　)か。

取引先：はい、お願いいたします。

李　　：では、電話番号を(言います→　　　　)。002の3377の1737です。

取引先：では、(確認します→　　　　)。

　　　　002の3377の1737で(いいです→　　　　)か。

李　　：はい、(いいです→　　　　)。

取引先：ところで、李さんは私の電話番号を(知っていました→　　　　)か。

李　　：はい、(知っています→　　　　)。

取引先：はい。では、4時にお約束の場所に(行きます→　　　　)ので。

# 4부

## 접객 · 응대편

 **会話 1** アポイントがある大切な客
たいせつ　きゃく

| | |
|---|---|
| 孫 | お忙しいところをお邪魔します。<br>じゃま |
| 受付 | いらっしゃいませ。失礼ですが、どちら様でしょうか。<br>しつれい　　　　　　　　さま |
| 孫 | 私、木村社の孫と申します。営業部長の岡本様と3時にお約束を<br>きむらしゃ　ソン　もう　　　えいぎょうぶちょう　おかもと　　　じ　　やくそく<br>させていただいています。岡本様はおいでになりますか。 |
| 受付 | 木村社の孫様でございますね。お待ち申し上げておりました。<br>ま　　　あ<br>応接室にご案内します。どうぞ、こちらへ。<br>おうせつしつ　　あんない |
| 孫 | ありがとうございます。 |

……( 応接室で )……
おうせつしつ

| | |
|---|---|
| 受付 | 岡本はまもなくまいりますので、どうぞこちらにおかけになって<br>お待ちください。 |

……( しばらくして )……

| | |
|---|---|
| 社員 | ……( ノック )……<br>失礼します。あのう、粗茶ですが、どうぞ。<br>そちゃ |
| 孫 | どうぞおかまいなく。 |

 **tip** 약속이 있는 경우는 「営業部の○○と2時にお約束をさせていただいております。おいでになられますでしょうか 영업부의 ○○와 2시에 약속했습니다. 계십니까?」라고 안내를 부탁한다. 접수를 보는 사람에게도 정중하게 응대하자. 접수에서의 인상도 앞으로의 비즈니스에 영향을 주게 된다. 한편 방문객 예정이 있는 경우는 맞이하는 측도 준비해 두자. 중요한 거래처에 대해서는 시간 전에 현관이나 접수처 앞에서 기다린다. 또한 응접실에서 주고받는 「粗茶ですが、どうぞ 변변치 않은 차입니다만, 드십시오」 「いいえ、おかまいなく 아니오 제 걱정은 마세요.」는 관용구 표현이므로 그대로 외워 두자.

---

粗茶そちゃ 변변치 않는 차 | どうぞおかまいなく 부디 제 걱정은 마시고

 **アポイントがある客（きゃく）**

李　失礼します。私、木村社の李と申します。
　　（しつれい）　　　（きむらしゃ）（イ）（もう）

受付　いらっしゃいませ。どのようなご用件でしょうか。
　　　　　　　　　　　　　　　　　　（ようけん）

李　11時に営業二課の吉田様とお会いする約束をしております。
　　　　（えいぎょうにか）（よしださま）　　　　（やくそく）

　　お取り次ぎ願えますか。
　　　（と）（つ）（ねが）

受付　失礼いたしました。

……( 調べて )……
　　　（しら）

確かに承っております。ただ今呼んでまいりますので、どうぞこちらに
（たし）（うけたまわ）　　　（いまよ）

おかけになってお待ちください。
　　　　　　　　（ま）

李　ありがとうございます。

<회화2>는 <회화1>과 비교하면 약간 가벼운 용건으로 면회를 신청할 때의 회화다. 「どうぞこちらにおかけになっ
てお待ちください 이쪽에 앉아 기다려주십시오」는 방문객에게 의자를 권하면서 말하는 표현이다. 중요한 방문객이라면
<회화1>과 같이 응접실로 안내해서 기다리게 하는 경우가 많다.

取とり次つぐ 중개, 전하다

여기에서는 회사를 방문했을 때 접수처에서 오가는 회화를 중심으로 자주 쓰는 표현을 정리해 보았다.
접수처에서는 「お忙しいところお邪魔いたします 바쁘신 중에 실례합니다」라고 인사한 뒤 명함을
내밀고 회사명·이름을 명확하게 말하고 「営業部の○○様にお目にかかりたいのですが…。 영업
부의 ○○님을 만나뵙고 싶습니다만…….」 하고 정중하게 부탁하자.

 **접수처 사람의 응대**

いらっしゃいませ。失礼ですが、どちら様でしょうか。

어서 오십시오. 실례합니다만 누구십니까?

いらっしゃいませ。失礼ですが、どのようなご用件でしょうか。

어서 오십시오. 실례합니다만 무슨 용건이십니까?

○○社の△△様でございますね。お待ち申し上げておりました。

○○사의 △△님이시군요. 기다리고 있었습니다.

お取り次ぎいたしますので、少々お待ちいただけますか。

전해드릴 테니까 잠시만 기다려주시겠습니까?

○○はただ今まいりますので、少々お待ちください。

○○는 바로 올 테니까 잠시만 기다려 주십시오.

それでは、応接室(会議室／社長室…)にご案内いたします。

그럼 응접실(회의실 / 사장실……)로 안내해 드리겠습니다.

どうぞこちらにおかけになってお待ちください。

부디 이쪽에 앉아서 기다려 주십시오.

粗茶ですが、どうぞ。 변변치 않은 차입니다만, 어서 드십시오.

 **방문자의 응대**

お忙しいところを恐れ入ります。 바쁘신 중에 죄송합니다.

突然お伺いして、誠に恐縮なのですが。 갑자기 방문해서 대단히 죄송합니다만.

○○課の△△さんがおいででしたら、お目にかかりたいのですが、

○○과의 △△씨가 계시면 만나 뵙고 싶습니다만.

○○の件で、至急営業部長の□□様にお目にかかりたいのですが…。

○○건으로 급하게 ㅁㅁ영업부장님을 만나 뵙고 싶습니다만.

どうぞ、おかまいなく。 제 걱정은 하지 마십시오.

お気遣いは無用に願います。 신경 쓰지 마십시오.

**1** 다음은 접수처에서 자주 쓰는 대화입니다. (   )안에 알맞은 말을 넣으세요.

1 (　　　　　　　　　　)をお邪魔します。

2 どうぞこちらに(　　　　　　　　　)お待ちください。

3 いらっしゃいませ。どのような(　　　　　　　　)でしょうか。

4 失礼ですが、(　　　　　　　　)でしょうか。

5 営業部の山田さんと、２時に(　　　　　　　　　)のですが。

6 先ほどから、(　　　　　　　　)申し上げておりました。

7 応接室にご案内します。どうぞ(　　　　　　　)。

8 ＜お茶を出して＞(　　　　　　　)が、どうぞ。

**2** 아래에서 알맞은 어구를 골라 (1～4)에 넣고 (○○→　 )를 알맞은 비즈니스 표현으로
바꿔 대화를 완성하세요.

(いらっしゃいませ / どうぞおかまいなく / お邪魔します / お待ちしておりました)

孫　：お忙しいところを(1　　　　　　　　)。

受付：(2　　　　　　　　)。失礼ですが、どちら様でしょうか。

孫　：私、Ａ社の孫と申します。
　　　営業部長の佐藤様と三時に ( 会う→　　　　　　 ) 約束になっております。

受付：A社の孫様でいらっしゃいますね。先ほどから(3　　　　　　　)。
　　　部長室に ( 案内する→　　　　 )。どうぞ、こちらへ。

　　　　　　　　……( 部長室の前で )……

受付：こちらになります。少々お待ちください。……( ノックして入室 )……
　　　失礼します。部長、Ａ社の孫様が ( 来ました→　　　　 )。

部長：わざわざ ( 呼び立てて→　　　　 )、申し訳ございませんでした。

孫　：いいえ。こちらこそ、いつもお世話になっております。

部長：どうぞ、こちらに ( かけてください→　　　　 )。

孫　：ありがとうございます。

部長：山田君、お客様にお茶を ( 出して→　　　　 )。

孫　：(4　　　　　　　　)。

# Unit 30 受付での応対 (2)
うけつけ　　　おうたい

 **アポイントがない場合**
ばあい

受付　いらっしゃいませ。どちら様でしょうか。
　　　　　　　　　さま

李　　突然お伺いいたしまして、申し訳ありません。
　　とつぜん　うかが　　　　　　もう　わけ

　　　　　　……( 名刺を渡して )……
　　　　　　　　めいし　わた

　　私、木村社の李と申します。実は急に転勤することになりまして、
　　　きむらしゃ　　　　　　　　　てんきん

　　営業二課の木山さんにご挨拶に伺ったのですが、…。
　　えいぎょうにか　きやま　　あいさつ

受付　木村社の李様でございますね。お取り次ぎいたしますので、少々
　　　　　　　　　　　　　　　と　つ　　　　　　　　　　しょうしょう

　　お待ちいただけますか。
　　　ま

　　　　　　……( しばらくして )……

　　申し訳ございません。木山はあいにく外出しておりまして。
　　　　　　　　　　　　　　　　　　がいしゅつ

李　　そうですか。では、今日は急いでおりますので、木山さんがお戻りに
　　　　　　　　　きょう　いそ　　　　　　　　　　　　　　　　　もど

　　なったら、李が転勤のご挨拶に伺ったとお伝えください。
　　　　　　　　　でんきん　　　　　　　　　　った

受付　かしこまりました。わざわざお越しくださったのに、申し訳ござい
　　　　　　　　　　　　　　　　　こ

　　ません。

李　　いいえ、こちらこそ突然お伺いいたしまして。では、よろしくお願い
　　　　　　　　　　　　　　　　　　　　　　　　　　　　　ねが

　　いたします。

약속 없이 방문했을 때의 장면이다. 「お忙しいところを恐れ入ります 바쁘신 중에 죄송합니다」라든지 「突然お伺いして、誠に恐縮なのですが 갑자기 방문해서 대단히 죄송합니다만」 등으로 실례를 사과하면서 용건을 꺼내도록 하자. 방문하기 전에 약속을 하는 것은 비즈니스의 상식이지만 예외적으로 약속을 하지 않아도 되는 경우가 있다. <회화 1>과 같이 연말연시, 전근, 이동 인사, 선물 등이다.

転勤てんきんする 전근하다

 会話2　代理の者を呼ぶ
だいり　もの　よ

受付　あいにく木山は席を外しております。代わりの者でよろしければ、
　　　　きやま　せき　はず　　　　　　　　　　　か　　　　もの
　　　同じ課の者をお呼びいたしますが。
　　　おな　か

李　　では、申し訳ございませんが、そうしていただけますか。
　　　　もう　わけ

受付　はい、かしこまりました。早速連絡を取りますので、少々お待ち
　　　　　　　　　　　　　　　さっそくれんらく　　と　　　　　　しょうしょう　ま
　　　くださいませ。

　　　　　　　　　……（代理の者が来る）……
　　　　　　　　　　　　だいり　　　く

白石　どうもお待たせいたしました。同じ課の白石と申します。伺えば
　　　　　　　　ま　　　　　　　　　　　　　しらいし　　　　　　うかが
　　　ご転勤とか、本日はご丁寧にどうも。それで、何か本人へのご伝言が
　　　でんきん　　ほんじつ　ていねい　　　　　　　なに　ほんにん　　でんごん
　　　ございますでしょうか。

李　　お手数をおかけしますが、こちらの名刺に転勤先が書いてありますので、
　　　てすう　　　　　　　　　　　めいし　てんきんさき　か
　　　木山さんにお渡し願えないでしょうか。
　　　きやま　　わた

白石　承知しました。
　　　しょうち

 　＜회화1＞의 다음인데 접수하는 사람이 방문객의 사정을 알고 같은 과의 사람을 대리로 부른 경우다. 이런 배려가 접수하는
　　　사람에게는 중요하다.

---

**手数てすうをかける** 수고를 끼치다 ｜ **承知しょうちする** 사정 등을 알고 있다, 들어주다, 승낙하다

사전에 약속 없이 손님이 온 경우 대응하는 방법인데 인사를 하고 명함을 받는 것까지는 똑같다. 그리고 면회를 전하고 기다려 달라고 할 때는 응접실, 또는 그것에 준하는 앉을 수 있는 공간에서 반드시 의자에 앉아서 기다리도록 한다.

**Q 용건을 묻는다**

失礼ですが、どのようなご用件でしょうか。 실례합니다만 무슨 용건이십니까?

誰に面会をご希望でございますか。 누구와의 면회를 희망하십니까?

**면회를 요청한 사람에게 연락을 취한다(※손님의 눈 앞에서 전화를 하는 것은 피한다)**

調べてまいりますので、少々お待ちくださいませ。 알아보고 올 테니까 잠시만 기다려주십시오.

**Q 전할 경우**

○○分ぐらいで戻りますが、お待ちいだだけますでしょうか。

○○분 정도면 돌아옵니다만 기다려주시겠습니까?

お待たせいたしました、お話を承るとのことでございます。

오래 기다리셨습니다. 말씀을 듣는다고 하십니다.

ご案内いたしますのでこちらへどうぞ。 안내해 드릴 테니까 이쪽으로 오십시오.

**Q 손님을 기다리게 할 때**

あいにく会議が長引いておりまして、大変申し訳ございません。

마침 회의가 길어져서 대단히 죄송합니다.

あと○○分ほどで終わると思いますが、お待ちいただけますでしょうか。

앞으로 ○○정도만 있으면 끝날 것 같습니다만 기다려주시겠습니까?

お読物（／お飲物を用意いたしました。よろしかったらどうぞ。

읽을거리(마실 것)을 준비했습니다. 괜찮으시면 부디.

**Q 찾는 사람이 부재중일 경우**

あいにく△△は外出して(／席を外して)おりますが、いかがいたしましょうか。

공교롭게도 △△은 외출(자리를 비워)했습니다만 어떻게 할까요?

あいにく△△は会議中(出張中)でございますが、いかがいたしましょうか。

공교롭게도 △△은 회의 중(출장 중)입니다만 어떻게 할까요?

あいにく△△は先客がございまして、今少々時間がかかりますが、…。

공교롭게도 △△은 먼저 오신 손님이 있어서 지금 잠시 시간이 걸릴 것 같습니다만,…….

もしご伝言でよろしければ、お伺いしますが、…。 만약 전언으로 괜찮으시면 여쭤봐도 되겠습니까?

お言づけがございましたら、承りますが、…。 전하실 말씀이 있으시면 듣겠습니다만,…….

代わりの者でよろしければ、同じ課の別の者をお呼びいたしますが、…。

대리인으로 괜찮으시다면 같은 과의 다른 사람을 불러 드리겠습니다만,…….

**1**　아래에서 알맞은 어구를 골라 (1~4)에 넣고 밑줄 친 말을 보통 표현으로 바꿔 대화를 완성하세요.

（お約束でしょう / かしこまりました / 恐れ入ります / お取り次ぎいたします）

孫　　：お忙しいところを(1　　　　　　　　　　　)。

受付：いらっしゃいませ。どちら様でしょうか。

孫　　：私、Ａ社の孫と申します。営業二課の佐藤さんに<u>お目にかかりたい</u>のですが。

受付：(2　　　　　　　　　　　)か。

孫　　：いいえ、お約束はないのですが、支払いの件で、至急ご連絡したいことがございまして<u>まいりました</u>。

受付：(3　　　　　　　　　　　)。

　　　　では、(4　　　　　　　　　　　)ので、しばらく<u>お待ち願えます</u>。

孫　　：はい、よろしくお願いいたします。……（しばらくして）……

受付：申し訳ございません。連絡を取りましたところ、あいにく佐藤はただ今出張中でして。もしご伝言でよろしければ、私、田中が<u>承ります</u>が、……

お目にかかりたい　　　　（→　　　　　　　　　　　）

まいりました　　　　　　（→　　　　　　　　　　　）

お待ち願えますか　　　　（→　　　　　　　　　　　）

承ります　　　　　　　　（→　　　　　　　　　　　）

**2**　아래에서 알맞은 어구를 골라 (1~7)에 넣어 대화를 완성하세요.

（お気遣い/けっこう/とのこと/ただ今/いかが/あいにく/旨）

受付：どうもお待たせしました。(　1　)佐藤は先客がございまして、今少々時間がかかる(　2　)ですが、(　3　)いたしましょうか。

李　　：そうですか。では、それまで待たせていただいてもよろしいでしょうか。

受付：はい、(　4　)です。その(　5　)、佐藤に伝えておきますので、どうぞ、こちらにおかけになってお待ちください。

　　　　(　6　)、お茶を持ってまいります。

李　　：(　7　)は無用に願います。

**不審な人物の面会を断る**
ふ しん　じんぶつ

受付　いらっしゃいませ。どちら様でしょうか。
　　　　　　　　　　　　　さま

男　　……( 名刺を渡して )…… 俺はこういう者だが、営業課長の山田を
　　　　　めいし　わた　　　　　おれ　　　　もの　　えいぎょうかちょう　やまだ
　　呼んでくれ。
　　よ

受付　お約束はございますでしょうか。
　　　やくそく

男　　そんなものはない。安田が来たと言えばわかる。すぐ呼んでこい。
　　　　　　　　　　　　やすだ　き　い　　　　　　　　　　　よ

受付　誠に申し訳ございませんが、当社ではお約束のない方のお取り次ぎは
　　　まこと　もう　わけ　　　　　　　　とうしゃ　　　　　　　　かた　　と　つ
　　できないことになっております。

男　　なんだと。

受付　申し訳ございません。規則ですので。
　　　　　　　　　　　　　きそく

男　　ふざけるな。呼べといったら呼べ。

受付　他のお客様の迷惑にもなりますから、お静かに願います。
　　　ほか　きゃく　めいわく　　　　　　　　しず　ねが
　　これ以上、お騒ぎになるようでしたら、営業妨害で警察を呼びますが、
　　　いじょう　さわ　　　　　　　　　　えいぎょうぼうがい　けいさつ　よ
　　それでよろしいですか。

**不審ふしん** 수상함 ｜ **面会めんかいを断ことわる** 면회를 거절하다 ｜ **ふざけるな** 장난치지 마, 까불지 마 ｜ **規則きそく** 규칙 ｜
**～といったら** ~라고 하면 ｜ **営業妨害えいぎょうぼうがい** 영업방해 ｜ **警察けいさつ** 경찰

 ## 丁寧に来客を断る
（ていねい　らいきゃく　ことわ）

李　突然お伺いいたしまして、申し訳ございません。
（とつぜん　うかが　　　もう　わけ）

……（名刺を渡して）……
（めいし　わた）

私、木村社の李と申します。お約束はないのですが、営業課長の
（きむらしゃ　イ　もう）（やくそく）（えいぎょうかちょう）

山田様がおいででしたら、お目にかかりたいのですが……。
（やまださま）（め）

受付　山田でございますか。ただいま確認いたしますので、少々お待ち
（かくにん）（しょうしょう　ま）

くださいませ。

……（山田課長に連絡する）……
（れんらく）

せっかくおいでいただいたのですが、ただいま山田はどうしても抜け
（ぬ）

られない会議に出ておりまして、後日改めてご連絡させていただくと
（かいぎ　で）（ごじつあらた）

申しております。大変申し訳ありませんが、今日のところはお引取り
（たいへんもう　わけ）（きょう）（ひきと）

願います。

李　そうですか。では、日を改めて
（ひ）

お伺いいたします。

정중하게 방문객을 거절할 때의 기본형이다. 방문객을 거절한다는 것은 뒷맛이 개운치 않지만 거절당한 쪽도 뒷맛은 결코 좋은 것은 아닐 것이다. 방문객에게 가능한 한 나쁜 인상을 주지 않고 돌아가도록 최대한의 배려가 필요하다.

---

後日ごじつ 후일 | 抜ぬけられない 빠져 나올 수 없다

약속을 하고 회사를 찾아온 경우에는 면회를 거절해서는 안 된다. 약속을 하지 않은 경우에는 거절할 수도 있지만 이유를 정중하게 설명할 필요가 있다. 특히 면회를 요청받은 사람이 사내에 있을 때는 신중하게 설명하자. 또한 약속을 하지 않은 방문객을 거절할 때에 자주 사용되는 것은 다음과 같은 표현 있다.

 **완곡하게 거절한다**

> あいにく○○は重要な会議が入っておりまして、…。　마침 ○○은 중요한 회의에 참석하고 있어서…….
>
> あいにく○○は~ので、後日、日を改めてお越しいただくわけにはいかないでしょうか。
>
> 마침 ○○은 ~이므로 나중에 다시 찾아오실 수는 없을까요?
>
> 誠に申し訳ございませんが、ただ今、社内が取り込んでおりまして。
>
> 대단히 죄송합니다만, 지금 사내가 어수선해서.
>
> ○○は外出しておりまして何時に戻るかわかりかねます。戻りましたら、こちらからご連絡をいたしましょうか。
>
> ○○은 외출중이라서 몇 시에 돌아올지 모릅니다. 돌아오면 저희 쪽에서 연락을 드릴까요?
>
> せっかくおいでくださったのに、申し訳ございませんが、ただ今重要な会議中でして、席を外すことができないのですが、…。
>
> 모처럼 오셨는데 죄송합니다만, 지금 중요한 회의 중이라서 자리를 비울 수가 없습니다만,…….
>
> ○○は出張中で本日は戻って参りませんが、よろしければ伝言を承りましょうか。
>
> ○○은 출장 중이라서 오늘은 돌아오지 않습니다만, 괜찮으시면 전언을 여쭤봐도 될까요?

「後日、日を改めてお越しいただくわけにはいかないでしょうか」는 완곡하게 거절하는 표현이지만, 「社内が取り込んでおりまして」처럼 바쁘다는 것을 핑계로 '만날 수 없다'는 것을 완곡하게 표현하는 경우도 있다.

 **확실히 거절한다**

> 申し訳ございません、ただいま会議中でございまして席を外せません。
>
> 죄송합니다. 지금 회의 중이라서 자리를 비울 수 없습니다.
>
> 改めてお約束願えますでしょうか。　다시 약속을 부탁드릴 수 있을까요?
>
> 調べて参りましたが見当たりません。後ほどこちらからご連絡させていただきますので、お電話番号をお願いいたします。
>
> 조사해보았습니다만, 찾지 못했습니다. 나중에 저희 쪽에서 연락드릴 테니까 전화번호를 부탁드리겠습니다.
>
> 申し訳ございません、社内の規定によりお断りすることになっております。ご了承くださいませ。
>
> 죄송합니다. 사내규정에 따라 거절하게 되어있습니다. 양해해주시기 바랍니다.
>
> 誠に申し訳ございませんが、当社ではお約束のない方のお取り次ぎはできないことになっております。　대단히 죄송합니다만, 저희 회사에서는 약속을 하지 않은 분의 안내는 할 수 없게 되어 있습니다.

**1** 다음과 같은 경우 어떤 표현을 쓸까요? 알맞게 연결하세요.

1　贈答品を断るとき　・　・a　ぜひお供させていただきたいのですが

2　お茶を出されたときの遠慮　・　・b　ただ今取り込んでおりますので

3　忙しくて面会に応じられないとき・　・c　お引き留めできませんが

4　スケジュールが詰まっているとき・　・d　そのようなお気遣いは困ります

5　相手の誘いを断るとき　・　・e　お気遣いは無用に願います

**2** 아래에서 알맞은 어구를 골라 (1〜13)에 넣고 (○○→　)를 알맞은 비즈니스 표현으로
바꿔 대화를 완성하세요.

－ 1 －

(日を改めて / こちらでは / あいにく / 確かに / いつごろ / ご確認)

受付：ただ今(1　　　　　)いたしますので、少々お待ちください。

……（取り次ぐが、外出中）……

申し訳ございません。(2　　　　　)佐藤は外出しておりまして。

李　：(3　　　　　)(戻る→　　　　　)でしょうか。

受付：申し訳ございませんが、(4　　　　　)よく(わからない→　　　　　)。

李　：そうですか。では、後日、(5　　　　　)(来る→　　　　　)ので、A社の李が

来たと(伝える→　　　　　)願えませんか。

受付：(6　　　　　)、(受ける＜命を＞→　　　　　)。

－ 2 －

(よろしく / 誠に / お約束 / せっかく / 手が離せない / ただ今 / 突然)

李　：(7　　　　　)(来て→　　　　　)、申し訳ありません。

(8　　　　　)はないのですが、営業課の佐藤さんに(会いたい→　　　　　)ので

すが。

受付：(9　　　　　)、社内が取り込んでおりまして、(10　　　　　)申し訳ございませ

んが、佐藤も(11　　　　　)状態(です→　　　　　)。

李　：そうですか。

受付：(12　　　　　)(来てくれた→　　　　　)のに、申し訳ございません。

李　：では、佐藤さんには(13　　　　　)お伝えください。では、失礼します。

# Unit 32　応接室での応対 (1)
おうせつしつ　　　　おうたい

 **大切な来客を迎える**
たいせつ　らいきゃく　むか

孫　　いらっしゃいませ。白石様、お待ちしておりました。
　　　　　　　　しらいしさま　ま

白石　わざわざのお出迎え、ありがとうございます。
　　　　　　　　　で むか

孫　　ご案内いたします。どうぞこちらへ。
　　　あんない

　　　　　　……( 応接室の前で )……
　　　　　　　　　　まえ

　　　白石様、こちらでございます。

　　　　　　……( ドアを開ける )……
　　　　　　　　　　　あ

白石　失礼します。
　　　しつれい

孫　　どうぞ、こちらにおかけ下さいませ。
　　　　　　　　　　　くだ

白石　ありがとうございます。

孫　　社長の吉井はまもなくまいりますので、少々お待ちください。
　　　しゃちょう よしい　　　　　　　　　　　しょうしょう ま

　　　　　　……( 部屋を出る際 )……
　　　　　　　　　へ や で さい

　　　では、失礼いたします。

　　　　　　……( しばらくして )……

吉井　お待たせいたしまして、どうも申し訳
　　　　　　　　　　　　　　　　　もう わけ
　　　ございませんでした。

白石　いえいえ、そちらこそお忙しい中、
　　　　　　　　　　　　いそが　ちゅう
　　　私のために貴重なお時間を取って
　　　　　　　きちょう　じかん　と
　　　くださり、誠にありがとうございました。
　　　　　　　まこと

 중요한 손님을 맞이할 때는 회사의 현관입구까지 맞이하러 나온다. 면회를 요청받은 자사 사람이 응접실에서 기다리고 있을 때는 안내한 사람은 「○○様をご案内いたしました ○○님을 안내해드렸습니다」 라고 말하고 문이 바깥으로 열리는 경우에는 문을 열면서 2, 3걸음 물러나 손님에게 먼저 들어가도록 하고 안쪽으로 열리는 경우에는 안내인이 먼저 들어가서 손님을 맞아들인다.

---

**お出迎**でむかえ 마중

## 来社を要請した客への応対
らいしゃ　ようせい　　きゃく　おうたい

孫　社長。白石様がお見えになりました。
　　しゃちょう　しらいしさま　　み

吉井　ありがとう。第一応接室にお通しして。
　　　　　　　だいいちおうせつしつ　　　とお

　　　　　……( 応接室で )……

吉井　お呼び立てして、どうも申し訳ございませんでした。
　　　　よ　た　　　　　　　　もう　わけ

白石　いいえ。私の方からお願いしたことですので。
　　　　　　ほう　　ねが

吉井　いいえ、こちらこそ。ご足労いただき、恐縮です。
　　　　　　　　　　　　そくろう　　　　きょうしゅく

　　　　　……( 孫さんに向かって )……
　　　　　　　ソン　　　む

孫さん。白石様にお茶をお出しして。
　　　　　　　ちゃ　　だ

孫　はい、ただ今。
　　　　　　いま

白石　それで、早速ですが、先日お願いした件、ご検討いただけたでしょうか。
　　　　　　さっそく　　　せんじつ　　　　けん　けんとう

足労そくろう 걷는 수고, 왕림 | 早速さっそく 즉시, 당장 | 検討けんとう 검토

 **방문객을 맞이하는 측의 말**

방문객을 맞이하는 측이 먼저 「お待たせして、どうも申し訳ありませんでした 기다리게 해서 대단히 죄송합니다」 와 같이 바로 말을 꺼내 기다리게 한 실례를 사과하는 것이 중요하다. 약속의 유무에 상관없이 결코 손님 측에서 말하게 하지 않도록 하자. 자주 사용되는 것은 아래와 같은 말이다. 또한 「お呼び立てして〜 / ご足労いただいて〜 불러내서〜 / 오시게 해서〜」 는 상대측이 와 주었을 때의 인사의 표현이다.

> **お待たせして、どうも申し訳ありませんでした。**
>
> 기다리게 해서 대단히 죄송합니다.
>
> **お呼び立てして、どうも申し訳ありませんでした。**
>
> 불러내서 대단히 죄송합니다.
>
> **わざわざご足労いただき、どうも申し訳ありませんでした。**
>
> 일부러 와 주셔서 대단히 죄송합니다.

 **방문자의 유의사항** (응접실에서 기다리고 있을 때 방문자의 유의사항 세 가지 )

❶ 앉아서 기다리는 것이 기본이지만 서서 기다리지 않으면 안 되는 회사도 있다.

❷ 가방은 발밑에 두는 것이 기본이다.

❸ 상대가 입실하는 틈에 자료·명함 등을 준비해 두자.

또한 대화를 시작할 때 자주 사용하는 것은 다음과 같은 표현이다.

> **お忙しいところを突然お邪魔いたしまして、申し訳ありませんでした。**
>
> 바쁘신 중에 갑자기 방문해서 죄송합니다.
>
> **貴社の○○課にいらっしゃる△△さんには、いつもお世話になっています。**
>
> 귀사의 ○○과에 계시는 △△ 씨에게는 항상 신세를 지고 있습니다.

## 응접실에서의 좌석순위

회사 응접실에서는 방 입구에서 멀리임과 동시에 입구가 보이는 곳, 창에서 경치 등이 잘 보이고 방의 장식품이나 그림·꽃 등을 관람할 수 있는 자리가 상석이 된다. 그리고 방문객 측이 편안하게 앉도록 하기 위해 장의자나 소파를 배치하는 것이 예의이다. 출입구에 가까운 쪽이 말석인 것은 출입이 빈번하게 있으면 마음이 안정되지 않기 때문에 중요한 사람을 앉게 할 수는 없기 때문이다.

**1** 당신은 거래처 분들(사장·부장·과장 세 사람)을 응접실로 안내했습니다. 거래처 사장님은 어디에 앉게 합니까? 당신과, 당신의 회사 사장님은 어디에 앉습니까?

取引先の社長　　　　　（　　　　）

あなた　　　　　　　　（　　　　）

あなたの会社の社長　　（　　　　）

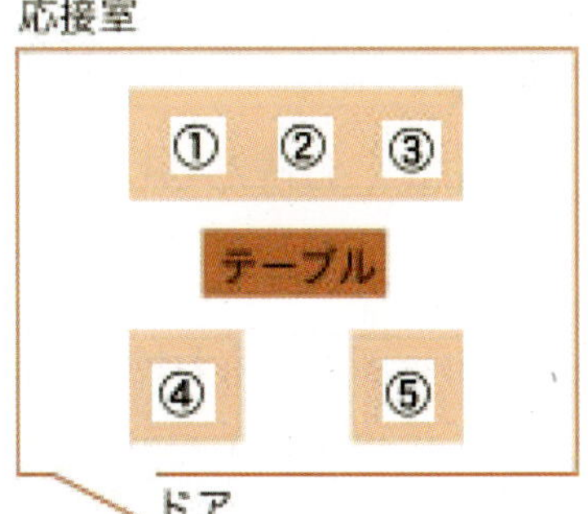



**2** 당신은 거래처 분들(사장·부장·과장 세 사람)을 응접실로 안내했습니다. 거래처 사장님은 어디에 서게 합니까? 당신은 어디에 섭니까?

取引先の社長　　　　　（　　　　）

あなた　　　　　　　　（　　　　）

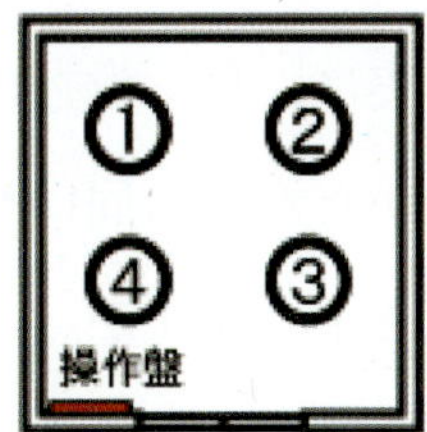



**3** 아래에서 알맞은 어구를 골라 (1~8)에 넣어 대화를 완성하세요.

（用件 / 足労 / 恐縮 / 至急 / 多忙 / 相談 / 案内 / 呼び立て）

受付：部長、ただ今、木村様をご(1　　　　　)いたしました。木村様、どうぞ。

木村：ありがとうございます。

部長：本日はわざわざご(2　　　　　)いただき、どうも申し訳ございませんでした。

　　　さあさあ、どうぞこちらにおかけください。

木村：では、失礼します。

部長：お(3　　　　)の中をお(4　　　　)いたしまして、(5　　　　)です。

木村：いいえ、こちらこそ。それで、お電話では、何か急なご(6　　　　)とのことでしたが、……。

部長：はい、(7　　　　)木村様にご(8　　　　)したいことがございまして。

# 応接室での応対 (2)
### おうせつしつ　　　　　おうたい

## 初対面の来客との応対
### しょたいめん　らいきゃく

**吉田**　お待たせして、どうも申し訳ありませんでした。営業二課の吉田
　　　　　　　　　　もう　わけ　　　　　　　　えいぎょうに　か　よしだ
です。

**李**　どうもお忙しいところを突然お邪魔いたしまして、申し訳ありません。
　　　　　　いそが　　　　　とつぜん　じゃま
私、木村社で営業を担当しております李と申します。貴社の営業
　　きむらしゃ　　たんとう　　　　　　　イ　　　　　きしゃ
一課にいらっしゃる木下さんには、いつもお世話になっています。
　　　　きのした　　　　　　　　　せ わ

**吉田**　ああ、木下とお知り合いでしたか。それで、本日わざわざお越し
　　　　　し　あ　　　　　　　　ほんじつ　　　　　こ
くださったのは、どのようなご用件で。
　　　　　　　　　　ようけん

**李**　実は、私、貴社の担当として新しく配属されましたので、ご挨拶
　　じつ　　　　　　　　　　　はいぞく　　　　　　　　あいさつ
かたがたお伺いしました。
　　　うかが

**吉田**　さようですか。これはどうもご丁寧に。
　　　　　　　　　　　　ていねい

이동인사로 거래처 손님을 방문했을 때의 대화다. 특별히 약속을 잡지 않아도 되는 예외의 경우인데, 역시 「お忙しいとこ
ろをお邪魔して、申し訳ありません 바쁘신 중에 찾아서 죄송합니다」이라고 제대로 사과를 하는 것이 예의이다. 또한
약속하지 않고 방문하거나 초면의 상대와 대화하거나 할 때 만약 상대방의 회사 안에 아는 사람이 있으면 「貴社の営業一課
にいらっしゃる△△さんには、いつもお世話になっています 귀사의 영업 1과에 계시는 △△ 씨에게는 항상 신세를
지고 있습니다」라고 한 마디 덧붙이면 상대방의 경계심도 풀리고 대화가 순조롭게 진행될 것이다.

---

**配属**はいぞく**する** 배속하다 ｜ **どうもご丁寧**ていねい**に** 대단히 정중하게

 ## セールスの来客との応対

吉田　お待たせしました。私、営業二課の吉田です。

李　はじめまして。私、木村社で営業を担当しております李と申します。

本日は貴重なお時間を割いていただき、申し訳ありませんでした。

　　……（名刺交換がされる）……

吉田　あのう、誠に申し訳ございませんが、いろいろ仕事が立て込んでいる

もので、手短にご用件をお願いできませんか。

李　はい、実はこの度当社が開発いたしましたDYPC － S( 商品名 ) に

ついて、御店でお取り引き願えないかと伺った次第です。

 일반적으로 「飛び込みセールス 방문세일즈」 라고 하는데 5건 신청해서 1건 만날 수 있을까 말까 하는 힘든 영업의 한 장면이다. 면회를 받아들이는 측도 「少し仕事が取り込んでいるもので、手短にご用件をお願いできませんか 조금 일이 어수선해서 그러니까 간단하게 용건만 부탁드릴 수 없을까요?」 하며 차가운 대응을 하고 있다. 그러나 지금부터가 세일즈의 기술인 것이다.

---

**時間じかんを割さく** 시간을 할애하다 ｜ **立たて込こむ** 일이 한꺼번에 겹치다 ｜ **手短てみじか** 간단하게, 간략하게 ｜ **～次第しだいだ** ～경위이다, 유래다, 나름이다

아래의 표현들은 약속을 하지 않은 방문객과 응접실에서 응대를 할 때 자주 사용하는 표현을 정리한 것이다.

お忙しいところを突然お邪魔いたしまして、申し訳ありませんでした。

바쁘신 중에 갑자기 방문 해서 죄송합니다.

貴社の○○課にいらっしゃる△△さんには、いつもお世話になっています。

귀사의 ○○과에 계시는 △△ 씨에게는 항상 신세를 지고 있습니다.

10分だけでも話を聞いていただけないでしょうか。

10분만이라도 이야기를 들어주실 수 없을까요?

どのようなご用件でしょうか。

무슨 용건이십니까?

お名刺を頂戴できますか。

명함을 받을 수 있을까요?

私がご用件を承りますが、…。

제가 용건을 여쭈어 봐도 될까요?

仕事が立て込んで(/取り込んで)おりますので、手短にお願いできますか。

여러 가지 일이 한꺼번에 겹쳐서(복잡해서) 그러는데요, 간단하게 용건을 부탁드릴 수 없을까요?

 **방문세일즈의 비결**

영업의 시나리오는 전화를 거는 일로부터 시작된다. 그러나 세일즈라는 것을 알자마자 전화가 끊기거나 매정하게 거절당하거나 한다. 그래서 「飛び込みセールス 방문세일즈」가 되지만 「飛び込みセールス 방문세일즈」라는 것은 생면부지의 상대에게 물건을 파는 일이기 때문에 간단한 일이 아니다. 물론 느닷없이 「買ってください 사주세요」라고는 하지 않는다. 예를 들면 「10分だけでも話を聞いてください 10분만이라도 이야기를 들어주세요」하고 상대(손님)의 형편을 묻는다. 상대도 10분정도라면 들어도 괜찮겠지하며 이야기를 들어주는데 능숙한 세일즈맨은 초면에는 열심히 물건을 팔지는 않는다고 한다. 초면인 날은 가능한 한 세상 돌아가는 이야기를 하고 그 회사가 어떤 기업으로부터 물품을 구입하고 있는지와 같은 정보를 수집하는 것으로 그친다. 그 대화 속에서 잘 되어갈지 안될지 대략적으로는 짐작이 간다고 한다. 그리고 두 번째 만날 때는 이제 초면이 아니므로 상대(손님)도 마음을 터놓는다고 한다. 비즈니스 이야기는 이 두 번째 이후의 일이 된다. 즉 초면일 때는 기를 쓰고 비즈니스 이야기를 하는 것보다 제일 먼저 아무렇지도 않게 자신의 존재를 어필하는 것이 중요하다. 요점은 초면에 어떻게 상대에게 자신의 존재를 심어줄 수 있을까다.

**1** 다음과 같은 경우에는 어떻게 말합니까? (　)안에 알맞은 표현을 써넣으세요.

1 仕事が忙しいことを伝えるとき　→ 仕事が(　　　　　　　　)ので

2 今日は都合が悪いとき　→ (　　　　　　　　)お越しいただけませんか。

3 来社を願ったとき　→ (　　　　　　　　)、申し訳ありませんでした。

4 用件を聞くとき　→ 私がご用件を(　　　　　　　　)が、…。

5 来客を待たせたとき　→ (　　　　　　　　)、申し訳ありませんでした。

6 訪問先に知り合いがいるとき　→ 総務課の山田さんには(　　　　　　　　)。

**2** (1～7)안에 알맞은 표현을 넣어서 대화를 완성하세요.

孫　　　：(1　　　　　　　　)を突然(2　　　　　　　　)、申し訳ございませ
んでした。

担当者：いいえ。(名刺を渡して) 私、総務課の田中と申します。

孫　　　：(3　　　　　　　　)。(名刺を渡して) 私、A社の孫と申します。

担当者：(4　　　　　　　　)。それで本日はどのようなご用件でしょうか。

孫　　　：ぜひ御社にご紹介したい商品がございまして、伺いました。10分で結構で
すので、お時間(5　　　　　　　　)か。

担当者：はい、10分ぐらいならかまいませんが、仕事が立て込んでおりますので、
(6　　　　　　　　)か。

孫　　　：はい。お時間は(7　　　　　　　　)ので。

　　　　　　　　…… (パンフレットを渡して) ……

実は、こちらは当社が開発いたしました新製品PSですが、…。

| | | | |
|---|---|---|---|
| 1 | (　　　　　　　) | 2 | (　　　　　　　) |
| 3・4 | (　　　　　　　) | 5 | (　　　　　　　) |
| 6 | (　　　　　　　) | 7 | (　　　　　　　) |

# Unit 34 　別れ際の応対
わか　　ぎわ　　おうたい

## 来社を願った客を見送る
らいしゃ　ねが　　きゃく　み おく

担当者　本日はお忙しいところをご足労いただき、誠にありがとうござい
　　　　ほんじつ　　いそが　　　　　　　そくろう　　　　まこと
　　　　ました。

李　　　いいえ、こちらこそ、ご多忙のところをお邪魔いたしまして。
　　　　　　　　　　　　　　　たぼう　　　　　　　じゃま

担当者　次回はこちらからお伺いさせていただきたいと存じますが、次の
　　　　じかい　　　　　　　　　うかが　　　　　　　　　　　　ぞん　　　　　つぎ
　　　　打ち合わせは、いつにいたしましょうか。
　　　　う　あ

李　　　そちらのご都合のよい日をご指定ください。
　　　　　　　　　つごう　　　ひ　してい

担当者　では、6月7日はいかがでしょうか。
　　　　　　　がつ か

李　　　6月7日ですね。

　　　　　　　……( 手帳を見る )……
　　　　　　　　　　てちょう み
　　　　はい、大丈夫です。2時以降でしたら、社におりますので。
　　　　　　　たいじょうぶ　　　いこう　　　　しゃ

担当者　では、6月7日の2時にお伺いしたいと思いますが、 よろしいで
　　　　　　　　　　　　　　　　　　　　　　　おも
　　　　しょうか。

李　　　はい、けっこうです。

担当者　では、6月7日に御社の方にお伺いいたしますので。
　　　　　　　　　　　　　おんしゃ　ほう

방문을 부탁한 상대와 헤어질 때 응대하는 방법인데 보통은 「本日はお忙しいところを、ありがとうございました。
오늘은 바쁘신 중에 감사합니다.」가 일반적인 인사표현이 된다.

多忙たぼう 매우 바쁨 ｜ 打うち合あわせ 협의 ｜ 指定していする 지정하다

## 話の切り上げ方
（はなし　き　あ　かた）

＜訪問者の側から切り出す＞
（ほうもんしゃ　かわ　き　だ）

李　　次の得意先回りも残っておりますもので、私はこれで失礼いたします。
（つぎ　とくいさきまわ　のこ　　　　　　　　　　　　　しつれい）
本日はお忙しいところをありがとうございました。
（ほんじつ　いそが）

担当者　そうですか。では、これをご縁に今後ともよろしくお願いいたします。
（えん　こんご　　　ねが）

＜接客者の側から切り出す＞
（せっきゃくしゃ）

担当者　もっとゆっくりお話ししたいのですが、あいにく今日は2時から
（はな　　　　　　　　　　　きょう）
会議が入っておりますもので、…。
（かいぎ　はい）

李　　さようですか。これをご縁に弊社をお引き立てください。
（えん　へいしゃ　ひ　た）

担当者　それでは、この話しの続きは、後日改めてということでよろしい
（つづ　　　ごじつあらた）
でしょうか。

李　　はい。また、こちらからお電話させて
（でんわ）
いただきます。

대화를 끝내는 말을 꺼내는 방법인데 이유를 반드시 정확하게 말할 필요는 없다. 비즈니스맨끼리라면 예를 들어 「もっとゆっくりお話がしたいのですが… 좀 더 천천히 이야기를 하고 싶습니다만…」과 같은 한마디를 꺼내면 상대가 대화를 끝내고 싶어 한다고 한 순간에 알아차린다. 그 때는 만약 당신이 좀 더 이야기하고 싶은 것이 있을 때라도 바로 떠나는 것이 중요하다.

---

**得意先回**とくいさきまわり 거래처 방문 ｜ **(ご)縁**えん 인연 ｜ **〜もので** 〜것으로(이유, 변명) ｜ **お引**ひき**立**たて 특별히 돌봐줌, 아껴줌

비즈니스에서는 헤어질 때의 인사를 소홀히 해서는 안 된다. 앞으로라도 양호한 거래관계를 지속하기 위해서는 상담이 성사되지 않았을 때라도 감사인사의 표현을 하고 그 다음에 헤어지는 인사를 하도록 유의하자. 헤어질 때의 인상은 성실한 응대와 관계있으니 마지막까지 성실하게 응대를 하는 것이 중요하다. 다음은 헤어질 때 자주 쓰는 표현을 정리한 것이다.

### 대화를 끝내고 싶을 때의 표현

次の得意先回りも残っておりますので、私はこれで失礼します。

다음 거래처방문도 남아 있어서 저는 이만 실례하겠습니다.

もっとゆっくりお話ししたいのですが、あいにく今日は○○時から会議が入っておりますもので、…。

좀 더 천천히 이야기하고 싶습니다만, 마침 오늘은 ○○시부터 회의가 있어서, …….

### 상대에게 감사인사를 하는 표현

本日は時間を割いていただきまして、ありがとうございました。

오늘은 시간을 할애해주셔서 감사합니다.

本日はお忙しいところを、ありがとうございました。 오늘은 바쁘신 중에 감사합니다.

本日はご足労いただき、ほんとうにありがとうございました。 오늘은 왕림해주셔서 정말로 감사합니다.

### 앞으로의 후의를 바라는 인사표현

これをご縁に今後ともよろしくお願いいたします。 이것을 인연으로 앞으로도 잘 부탁드립니다.

これをご縁に弊社をお引き立てください。 이것을 인연으로 우리 회사를 잘 돌봐주십시오.

### 헤어질 때의 표현

では、次回は○○日にまたお伺いします。 그럼, 다음에는 ○○일에 또 방문하겠습니다.

では、ご連絡をお待ちしております。 그럼, 연락을 기다리고 있겠습니다.

### 배웅매너

어디까지 배웅할지는 그 사람과의 관계나 당신의 시간형편에 달려있는데 원칙으로서는 「玄関まで、お送りします 현관까지 모셔드리겠습니다」라고 하고 현관 앞까지 배웅한다. 현관에 도착하면 「失礼します 실례하겠습니다」라고 하고 머리를 숙이고 배웅하도록 한다. 중요한 손님이 차로 온 경우는 그 쪽 차까지 배웅하고 차가 보이지 않게 될 때까지 인사를 계속한다. 단, 사무실이 빌딩의 상층에 있다면 엘리베이터 앞에서 「ここで、失礼します 이만 실례하겠습니다」라고 하고 손님이 안에 타는 것을 확인하고 엘리베이터 문이 완전히 닫힐 때까지 인사를 하고 배웅한다.

**1**　당신은 거래처 사람(사장·부장 두 사람)을 차로 공항까지 전송합니다. 다음과 같은 경우, 거래처 사장님과 당신은 어디에 앉습니까?

タクシー　　　　　社用車

①　Ⓓ　　　　　①　Ⓓ
③　④　②　　　③　④　②

Ⓓ＝運転手　　　Ⓓ＝自社の上司
　　　　　　　　　　が運転

取引先の社長　（　　　）　　　取引先の社長　（　　　）

あなた　　　　（　　　）　　　あなた　　　　（　　　）

**2**　(1～5) 안에 알맞은 표현을 넣어 대화를 완성하세요.

担当者：急ぎの電話が入ったようなので、ちょっと（　1　）。

李　　：あのう、お忙しいようなので、私はこれで失礼いたします。
　　　　本日は貴重な（　2　）、誠にありがとうございました。

担当者：そうですか。
　　　　せっかくお越しくださったのに、ご希望に添うことができず、（　3　）。

李　　：いいえ、こちらこそ。これをご縁に弊社を（　4　）ください。

担当者：こちらこそ。これに（　5　）、今後ともよろしくお願いします。

1　（　　　　　　　　　　　）

2　（　　　　　　　　　　　）

3　（　　　　　　　　　　　）

4　（　　　　　　　　　　　）

5　（　　　　　　　　　　　）

# 5 부

# Unit 35 自宅に招かれる
じたく　まね

 **会話 1**　部長宅に招待されて
ぶ ちょうたく　しょうたい

李　　ごめんください。李です。
　　　イ

奥さん　ようこそいらっしゃいました。

李　　部長にはいつもお世話になっております。本日は大勢で押しかけ
　　　　　　　　　　せ わ　　　　　　　　　　　　　　　おおぜい　　お
　　　まして、申し訳ございません。
　　　　　　もう　わけ

奥さん　いいえ、むさ苦しいところですが、さあさあ、どうぞお上がり
　　　　　　　　　　　　くる
　　　ください。

李　　では、お邪魔します
　　　　　　じゃ ま

奥さん　みなさん、どうぞ膝を崩してください。
　　　　　　　　　　　　ひざ　くず

李　　ありがとうございます。奥さま、これは私たちからのほんの気持ち
　　　　　　　　　　　　　　おく
　　　です。

奥さん　これはご丁寧に。では、遠慮なく。
　　　　　　ていねい　　　　えんりょ

部長　やあ、みんないらっしゃい。

李　　本日はお招きに預かりまして、ありがとうございます。
　　　　　　　　　あず

奥さん　今日は、ごゆっくりなさってくださいね。

 자택에 초대받고 현관입구에서 방에 들어갔을 때까지의 대화다. 가장 기본적인 주고받기이므로 그대로 익혀두자.

---

押おしかける 한꺼번에 밀어닥치다, 청하지도 않는데 일방적으로 찾아가다 ｜ むさ苦くるしい 지저분하다, 누추하다 ｜ 膝ひざを崩くず
す 정좌하지 않고 편히 앉다 ｜ ほんの気持きもち 그저 마음에 불과한 ｜ お招まねきに預あずかる 초대하다

 もてなしを受<sub>う</sub>けて

奥さん　何もありませんが、どうぞ召し上がってください。

孫　　　お言葉に甘えて、頂戴いたします。

奥さん　お口に合えばいいんですが、…。

孫　　　いいえ、とてもおいしいです。

　　　　　　　　……( 食事やお酒が進んで )……

奥さん　李さん、お酒、もう一本おつけしましょうか。

李　　　いいえ、もう充分いただきましたので。

　　　　　　　　……( 帰り際に )……

孫　　　では、私たち、そろそろ失礼いたします。

奥さん　そうですか。今日は何のおかまいもできませんで。

孫　　　いいえ、私たちこそ結構な奥さまの手料理、ほんとうにありがとう

　　　　ございました。では、これで失礼いたします。

奥さん　ぜひまた、お立ち寄りください。じゃ、お気をつけて。

tip　대접을 받고 돌아갈 때까지의 대화다. 이것도 가장 기본적인 주고받기이므로 외워 두자.

もてなし 대접 ｜ お言葉ことばに甘あまえて 말씀을 고맙게 받아들여서 ｜ 口くちに合あう 입에 맞다 ｜ おかまいもできなくて 대접도 못해서 ｜ 立たち寄よる 들르다

상사의 자택에 초대받거나 거래처 사람의 홈스테이에 초대받을 때가 있다. 먼저 여기에서는 이러한
가정에 초대받았을 때의 상투적인 표현을 익히도록 하자.

 **＜현관에서＞ 초대한 쪽의 인사**

> ようこそいらっしゃいました。 잘 오셨습니다.
>
> 遠いところをよくお越しくださいました。 먼 곳을 잘 오셨습니다.
>
> むさ苦しいところですが、どうぞお上がりください。 누추한 곳입니다만, 어서 들어오십시요.
>
> 取り散らかしておりますが、どうぞお上がりください。 어수선합니다만, 어서 들어오십시요.

 **＜현관에서＞ 접대를 받은 쪽의 인사**

> せっかくお休みのところ、恐縮です。 모처럼 쉬시는데 죄송합니다.
>
> お招きに預かりまして、ありがとうございます。 초대해 주셔서 감사합니다.
>
> (靴を脱ぐ前に)お邪魔します。 (신발을 벗기 전에) 실례하겠습니다.

**＜방 안에서＞ 초대한 쪽**

> どうぞ膝を崩してください。 부디 편하게 앉으세요.
>
> 粗茶ですが、どうぞ。 변변치 않은 차지만 어서 드십시오.
>
> (お茶菓子を勧めて)お口汚しでしょうけど、…。　(차과자를 권하고) 변변치 않지만, …….
>
> (手土産を受け取って)これはご丁寧に。 (선물을 받고) 이런 정중하시게도.

**＜방 안에서＞ 접대를 받은 쪽**

> いつも○○部長(様／さん……)にはお世話になっております。
>
> 항상 ○○부장(님 / 씨……)께는 신세를 지고 있습니다.
>
> (部屋での第一声)どうぞおかまいなく。 (방에서의 첫 발언) 부디 제 걱정은 마세요.
>
> つまらないものですが、…。　변변치 않은 것입니다만, …….
>
> ほんの気持ちばかりですが、…。　그저 마음뿐인 선물입니다만, …….

**＜방 안에서＞ 초대한 쪽**

> 何もありませんが、どうぞ召し上がってください。 별 거 없습니다만, 어서 드십시오.
>
> お口に合いますかどうか。 입에 맞을지 어떨지

 **＜식사할 때＞ 접대를 받은 쪽**

> お言葉に甘えて頂戴いたします。 말씀이 있었으니 호의를 받아들여 잘 먹겠습니다
>
> もう充分いただきましたので、…。　이제 충분히 먹었으니까, …….
>
> ごちそうさまでした。大変おいしくいただきました。 잘 먹었습니다. 정말 맛있게 먹었습니다.

**1** 다음과 같은 경우에는 어떻게 말합니까? (　　)안에 알맞은 표현을 써 넣으세요.

1 お客を迎えるとき　→　ようこそ(　　　　　　　　)。
2 招待客として招かれたとき　→　(　　　　　　　　)ありがとうございました。
3 個人宅に上がる前に　→　(　　　　　　　　)。
4 長居しないことを暗に示すとき　→　どうぞ(　　　　　　　)。
5 手土産を渡すとき　→　ほんの(　　　　　　)が、……。
6 自分の家を謙遜して言う　→　(　　　　　　　)ところですが、……。
7 食事を勧めるときとき　→　(　　　　　　　)が、どうぞ。

**2** 아래에서 알맞은 어구를 골라 ( 1 ～ 8 )에 넣어 대화를 완성하세요.

(遠慮 / お言葉 / ご挨拶 / ご無沙汰 / どちら様 / お上がり / お邪魔 / あいにく)

孫　　　：ごめんください。

奥さん：はい、(1　　　　)ですか。

孫　　　：私、Ａ社の孫と申します。部長はいらっしゃいますか。

奥さん：あっ、孫さん、お久しぶり。

孫　　　：こちらこそ、(2　　　　)しております。

奥さん：(3　　　　)、主人は外出しておりますが、今日はまた何か。

孫　　　：いいえ、近くまでまいりましたものですから、ちょっと(4　　　　)にと
　　　　思いまして。

奥さん：それは、どうも。

　　　　せっかくいらっしゃったんですから、どうぞ(5　　　　)ください。

孫　　　：でも、それはちょっと。

奥さん：(　6　　　)なさらないで、どうぞどうぞ。そのうち主人も戻ってくると
　　　　思いますから。

孫　　　：では、(　7　　)に甘えて。

奥さん：さあ、どうぞ。

孫　　　：では、(　8　　)します。

# Unit 36　取引先を接待する
とりひきさき　　せったい

 **会話 1**　接待の場で酒を勧める
　　　　　　　ば　　　すす

孫　ただ今、木村様がお見えになりました。
　　　　　　きむらさま　　み

部長　じゃ、こちらにお通しして。
　　　　　　　　　　　とう

木村　本日はお招きに預かり、ありがとうございます。
　　　ほんじつ　まね　　あず

部長　いいえ、こちらこそ、いつもお世話になりまして。さあさあ、どうぞ
　　　　　　　　　　　　　　　　せわ

　　　こちらにお座りください。
　　　　　　　　すわ

木村　じゃ、遠慮なく。
　　　　　えんりょ

部長　木村様は、確か「日本酒党」でいらっしゃいましたね。駆けつけ
　　　　　　　　たし　にほんしゅとう　　　　　　　　　　　　　か

　　　三杯と申します。まずは一献。
　　　さんばい　もう　　　　　　いっこん

木村　頂戴します。これはなかなかの味わいですね。
　　　ちょうだい　　　　　　　　　　あじ

部長　ええ、幻の銘酒と言われる雪桜ですが、お気に召していただけましたか。
　　　　　　まぼろし　めいしゅ　い　　　　ゆきざくら　　　　　き　め

木村　ええ、もちろんですとも。孫君、君もどう。
　　　　　　　　　　　　　　　くん　きみ

孫　申し訳ございません。私は不調法ですので。
　　わけ　　　　　　　　　　ぶちょうほう

접대 장면인데 접대에는 술을 따로 분리해서 생각할 수 없다. 문제는 술을 권유받았을 때 거절하는 법인데 술을 마실 수 없는 체질의 사람은 대화에도 나와 있듯이 「不調法ですので 술에 소질이 없어서」라고 거절하면 된다. 뭔가 마실 수 없는 사정이 있을 때는 「今日は車で来ておりますので 오늘은 차로 와서」와 같이 사정을 설명한다.

---

**日本酒党**にほんしゅとう 일본주당 (술을 좋아하는 모임) ｜ **駆**かけつけ**三杯**さんばい 벌주 삼배 ｜ **まずは一献**いっこん 우선은 한 잔 ｜ **幻**まぼろし**の銘酒**めいしゅ 환상의 명주 ｜ **お気**き**に召**めす 마음에 드시다 ｜ **不調法**ぶちょうほう 술이나 예능 등에 소질이 없음

## 取引先から接待を受けたとき
とりひきさき　　　　せったい　　う

取引先　この度はほんとうにありがとうございました。李さんのお力添えで、
　　　　たび　　　　　　　　　　　　　　　　　　　　　　　イ　　　　ちからぞ

　　　　無事契約にこぎ着けることができました。
　　　　ぶじけいやく　　　　　つ

李　　　いえいえ、私など何も…。
　　　　　　　　　なに

取引先　いいえ、李さんのおかげです。それで、お礼と言っては何ですが、
　　　　　　　　　　　　　　　　　　　　　　れい　　い　　　　　なん

　　　　今週の金曜日、一席設けたいと思いますが、ご都合はいかが
　　　　こんしゅう　きんようび　いっせきもう　　　　おも　　　　　つごう

　　　　でしょうか。

李　　　お気遣いいただき、ありがとうございます。上の者と相談してから
　　　　きづか　　　　　　　　　　　　　　　　うえ　もの　そうだん

　　　　ご返事させていただきます。
　　　　へんじ

取引先　わかりました。では、お返事をお待ちしております。
　　　　　　　　　　　　　　　　　　　　　ま

李　　　はい。では、これで失礼いたします。
　　　　　　　　　　　　しつれい

접대를 받았을 때에 어떻게 할 것인지에 대한 것인데 실례라고 해도 그 자리에서 즉답하지 않도록 한다. 업무상 지금 접대를 받아도 문제가 없는지, 자기가 접대를 받는 데에 적임인지 등을 곰곰이 생각한 후에 상사에게 의논해서 동의를 얻도록 하자. 접대는 어디까지나 회사와 거래처와의 이해관계 위에 성립되므로 「借り 빚」을 만들지 않는 것이 중요하다.

---

**お力添ちからぞえ** 원조, 조력 ｜ **こぎ着つける** 어떤 목표에 이르다 ｜ **～おかげだ** ～덕분이다 ｜ **一席いっせき設もうける** 술자리를 마련하다, 모임을 갖다 ｜ **気遣きづかい** 배려, 마음 씀

비즈니스에서는 상담과 거래처의 접대는 떼려야 뗄 수 없는 관계에 있다. 힘든 것은 접대역을 맡았을 때인데 포인트는 송영의 준비, 접대의 인선(접대역은 상대에게 실수가 없도록 상대보다도 동급이상의 직위를 가진 사람이 맡는다), 접대에 어울리는 장소(접대할 상대에게 맞춘 장소를 고른다. 술 취향, 음식, 취미 등을 접대하기 전에 조사해 두면 좋다), 접대하는 사람의 주의사항(상대 측을 제일로 생각하는 행동을 취한다)의 4가지이다. 그 이외에 자리 순서를 나타내는 상석과 말석에 대해서는 비즈니스나 격식을 차린 자리에서의 매너로서 반드시 익혀둘 필요가 있다.

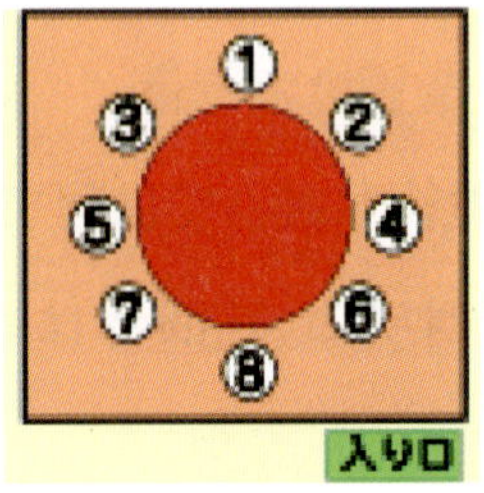

중화요리점 등의 턴테이블

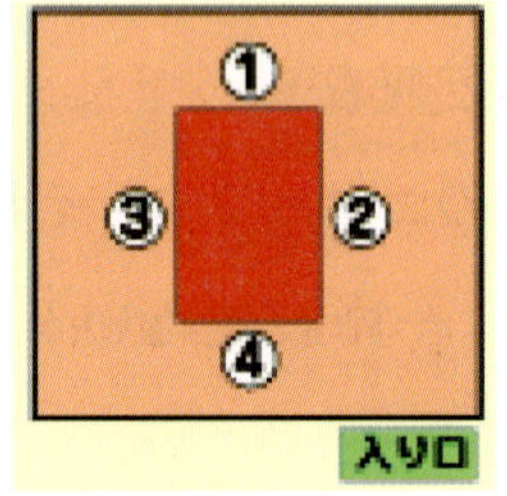

레스토랑 등의 테이블

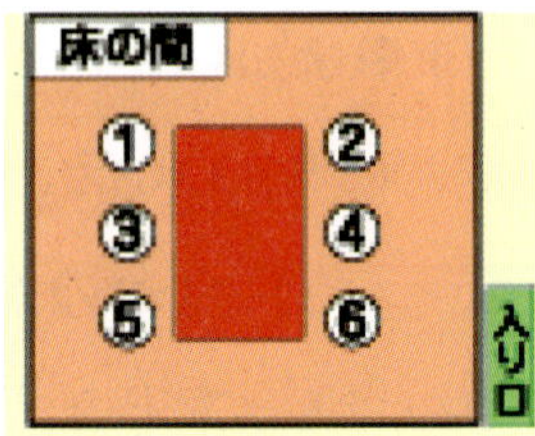

다다미 방의 좌석

인원수가 많은 테이블

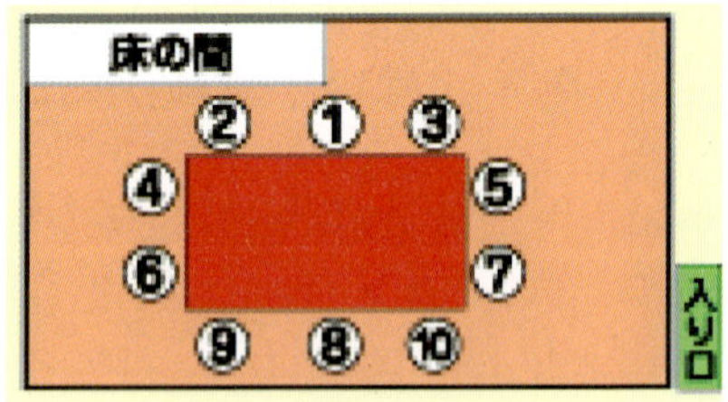

다다미 방에서 세 사람 앉을 때

 **생선 구이를 먹는 방법(일식)**

생선구이는 등뼈를 따라서 젓가락을 넣어 먼저 바깥 살의 상반신을 왼쪽에서부터 먹는다. 다음에 왼손으로 머리를 누르고 등뼈를 제거하고 뼈와 머리, 꼬리는 접시 위쪽에 둔다. 그리고 아래에 있는 살도 왼쪽에서부터 먹는다. 제발 뒤적거리며 먹지 않도록 한다.

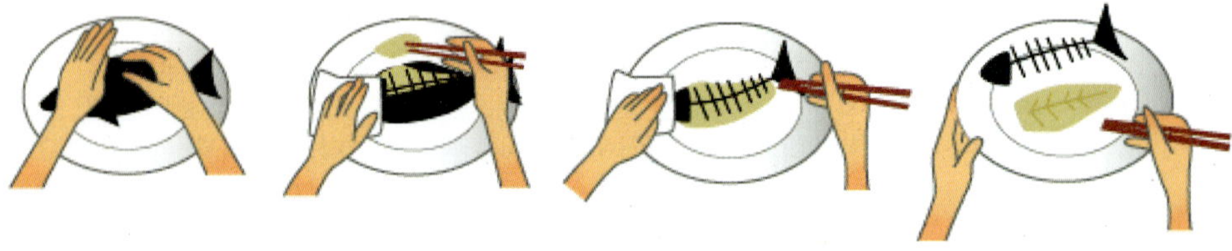

**1**　이것은 일본식 방입니다. 중요한 손님은 어디에 앉게 할까요?

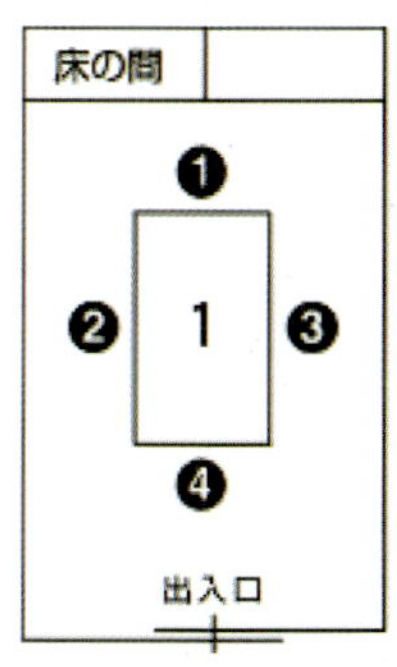
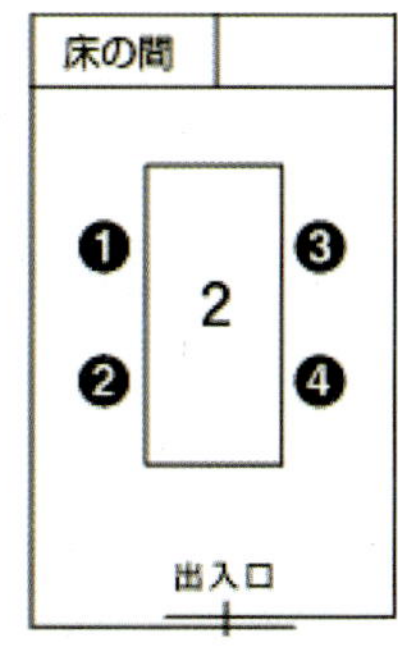
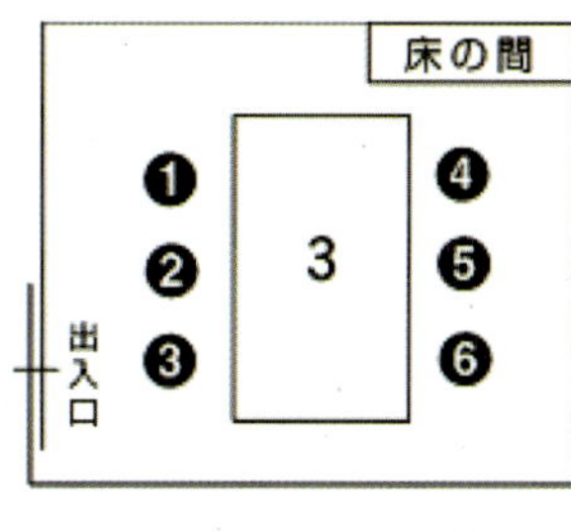

**2**　접대 방식으로서 잘못된 것은 어느 것입니까?

1　お酒に弱くとも、乾杯のときだけは口をつける。

2　接待の場では原則的に仕事の話はしない。

3　接待ゴルフや接待麻雀では、相手に勝たせるのがマナーである。

4　接待カラオケでは、最初に接待する側が歌って雰囲気を盛り上げる。

**3**　다음은 개인적인 제의를 받았을 때의 대화입니다. 아래에서 알맞은 어구를 골라 (1～6)에
넣어 대화를 완성하세요.

（おつきあい / またの機会 / 残念 / お近づきの印 / 割り勘 / せっかく）

取引先：いかがでしょう。

　　　　（1　　　　　　　　）に、今夜、軽く一杯(2　　　　　　　） 願えませんか。

　　　　＜受ける＞

李　　：そうですね。私も今日はこれで仕事もありませんし、喜んで

　　　　ご一緒させていただきます。ただ、(3　　　　　　　　)ということで。

　　　　＜断る＞

李　　：(4　　　　　　　)のお誘いですが、今日はこの後、他の得意先回りが残って

　　　　おりますので。

取引先：そうですか。(5　　　　　　　)ですねえ。

李　　：(6　　　　　　)に、ぜひ。

# 接待や贈り物の断り方
せったい　おく　もの　ことわ　かた

**会話 1**　接待を断るとき

取引先　いかがでしょう。場所を変えてこの話の続きをするということに
　　　　いたしませんか。会社では、どうしても本音のところが話せませんから。

<受ける>

李　　　ええ、でも、一応上の者と相談してからでないと。

　　　　電話しますので、ちょっとお待ちください。

……( 上司に電話をかける )……

　　　　上司の許可が得られましたので、お供させていただきます。

取引先　そうですか。では、早速でかけましょう。

<断る>

李　　　ええ、しかし、私は一営業担当に過ぎませんし、あいにく今日は
　　　　先約がございまして。申し訳ございません。お気持ちだけ頂戴
　　　　いたします。

取引先　そうですか。それでは無理にとは申せませんね。

李　　　申し訳ございません。

---

**本音ほんね** 본심 | **一応いちおう** 일단 | **上うえの者もの** 윗분, 상사 | **お供ともする** 함께 하다 | **〜に過すぎない** 〜에 불과하다, 지나지 않는다 | **先約せんやくがある** 선약이 있다

## 贈り物を断るとき
おく　もの　ことわ

**取引先** 今回はほんとうに孫さんにはお世話になりました。これ、当社から
こんかい　　　　　　　　　　　ソン　　　　　せ わ　　　　　　　　　　　　　とうしゃ
の心ばかりのものですが、…。
　こころ

**孫** このようなお気遣いは困ります。
　　　　　　　　き づか　　こま

**取引先** そんなことをおっしゃらないで、どうぞお受け取りください。
　　　　　　　　　　　　　　　　　　　　　　　　う　と

**孫** 申し訳ございませんが、当社の規則で受け取れないことになって
　　もう　わけ　　　　　　　　　　き そく
おりますので。

**取引先** そんなお堅いことをおっしゃらないで。
　　　　　　かた

**孫** いえ、やはり立場上いただくわけにはまいりません。
　　　　　　　たち ばじょう

**取引先** そうですか。それではいたしかたございません。今後ともよろしく
　　　　　　　　　　　　　　　　　　　　　　　　　　　こん ご
お引き立てのほど、お願いいたします。
　ひ　た　　　　　　　ねが

선물을 내밀었을 때의 대화인데 '뇌물' 이라고 오해 받거나 하는 일도 있으니까 기본적으로 이러한 선물은 받지 않는 쪽이 좋다.
단, 일본에서는 「お中元 오추겐(백중날의 선물」이나 「お歳暮 오세이보(연말선물)」 라고 하는 선물습관이 있으니까 이런 것은
안받을 수는 없다.

---

**心こころばかりの物もの** 마음만의 물건 ┃ **お気遣きづかい** 배려, 마음씀 ┃ **堅かたいこと** 딱딱한 말 ┃ **いたしかたがない** 어쩔
수 없다 ┃ **お引ひき立たて** 특별히 돌봐줌, 아껴줌

일본인이 「お近づきの印に 사귀게 된 표시로」 라든지 「場所を変えて 자리를 바꿔서」 라고 말할 경우 십중팔구 술자리 접대다. 신입사원이라고 하더라도 거래처로부터 여름이 되면 비어가든이나 연말이 되면 망년회에 가자고 하는 일도 생길 것이다. 그러나 이러한 접대를 받을 경우는 먼저 회사에 보고하는 것이 중요하다. 접대는 어디까지나 회사와 거래처와의 이해관계 위에 성립하고 있다는 것을 명심해 두자. 그러나 비즈니스라고 해도 인간관계가 기본이고 거래처에서 친해진 사람으로부터 개인적으로 제안을 받고 거절할 수 없을 때도 있을 것이다. 그 경우에도 「割り勘で飲みましょう 각자계산으로 마십시다」라고 회사 경비를 쓰지 않을 것을 약속해 두자. 거절할 경우에는 일을 핑계 대는 것이 제일 좋지만, 「不調法ながら私はお酒が飲めませんので 술에는 소질이 없어서 저는 술을 마실 수 없으므로」라든지 「あいにく、今日は息子の誕生日でして 마침 오늘은 아들 생일이라서」와 같이 개인적인 사정을 말하면 아마 상대는 그 이상 권하지 않을 것이다.

 **접대를 받을 때**

喜んで、ご一緒させていただきます。 기꺼이 함께 가겠습니다.

お供させていただきます。 동행하겠습니다.

ご相伴に預かります。 동행하겠습니다.

 **접대를 거절할 때**

せっかくですが、まだ仕事が残っておりますので。 모처럼입니다만, 아직 일이 남아 있어서.

せっかくですが、得意先回りが残っておりますので。 모처럼입니다만, 거래처방문이 남아 있어서.

あいにく、今日は息子の誕生日でして。 마침 오늘은 아들 생일이라서.

ぜひお供させていただきたいのですが、あいにく今日は……ので。

꼭 동행하고 싶습니다만, 마침 오늘은 …… 이므로.

不調法ながら、私はお酒が飲めませんので。 술에 소질이 없어서, 술을 마시지 못해서요.

 **선물을 거절할 때**

このようなお気遣いは困ります。 이런 배려는 난처합니다.

会社の規則で受け取れないことになっておりますので。 회사규칙으로 받을 수 없게 되어 있으므로.

お気持ちだけちょうだいいたします。 기분만 받겠습니다.

立場上、いただくわけにはまいりません。 입장상 받을 수는 없습니다.

**1**　**중화요리를 먹을 때의 매너에 어긋나는 행동은 어느 것입니까?**

1　ターンテーブルの料理を上座の人(主賓)から時計回りに順番に取り分けた。

2　スープの器に直接口をつけて飲んだ。

3　使い終わったお皿やグラスを、ターンテーブルの上に乗せた。

4　代表的な点心の一つである饅頭を、手で持って直接かぶりついて食べた。

5　料理の入った器やお皿を、手に持たずにテーブルに置いたままで食べた。

　　※ 点心중국요리에 마지막에 나오는 과자

**2**　**서양요리를 먹을 때의 매너에 어긋나는 행동은 어느 것일까요?**

1　椅子の左側から入って腰をかけた。

2　残り少なくなったスープにパンを浸して食べた。

3　出された肉料理を、初めに全部切り分けてから食べた。

4　ワインをそそいでもらうときに、グラスを置いたままにした。

**3**　**아래에서 알맞은 어구를 골라 (1～8)에 넣어 대화를 완성하세요.**

（せめて / ご相伴 / お礼 / お言葉 / お気持ち / ご尽力 / 大した物 / 立場上）

取引先：今回、無事に契約が終了いたしましたのも、李さんの(1　　　　　　)のお
　　　　かげです。これ、私からのほんの(2　　　　　　)の気持ちですが、受け取
　　　　っていただけませんか。

李　　：いや、それは困ります。

取引先：(3　　　　　　)ではございませんから、ぜひご家族で召し上がってください。

李　　：(4　　　　　　)はうれしいのですが、やはり(5　　　　　　)、いただくわけ
　　　　にはまいりません。

取引先：そうですか。それではいたし方ありません。では、(6　　　　　　)私に一杯
　　　　おごらせていただけませんか。そうでないと、私の気持ちが収まりません。

李　　：困りましたね。でも、そこまでおっしゃるなら、(7　　　　　　)に甘え
　　　　て、一杯だけ(8　　　　　　)に預かります。

# Unit 38 宴会でのスピーチ
えんかい

## 会話1 忘年会での幹事のスピーチ
ぼうねんかい　　　かんじ

　みなさんこんばんは。今日はお忙しいところご出席いただき、ありがとうございました。幹事の一人として厚くお礼を申し上げます。

　さて、あと僅かで平成二十年も終わろうとしています。ある人には楽しい幸福な一年であったでしょうし、またある人にとっては嫌な一年であったかも知れません。しかし去るものは去るものであって、私たちの希望は未来にあるものです。幸福な一年を過ごされた方も、たまたま良い年でなかった人も、未来に新しい夢を見ようではありませんか。

　申しおくれましたが、伊藤様から多額のお心づけをいただいていております。皆さんに代わってお礼を申し上げます。

　幹事の不行き届きのため、十分な支度はできませんでしたが、酒だけはふんだんに用意しております。大いに飲み、大いに楽しんでください。それではこれより宴会に移らせていただきます。

　では、乾杯の音頭を、部長に取っていただきたいと思います。


### 乾杯の音頭
かんぱい　　おんど

　幹事のお話にもありましたが、私たちの希望は未来にあるものです。今年は我が社にとっても、取引先の倒産という大変な出来事がありましたが、皆さんの努力のおかげで乗り越えることが出来ました。来年も力を合わせてがんばりましょう。

　では、僭越ながら、乾杯の音頭を取らせていただきます。ご用意ください。では、かんぱ〜い！

## 会話2　結婚式での乾杯のスピーチ
けっこんしき　　かんぱい

ご紹介にあずかりましたほしと申します。先輩方をさしおいて誠に僭越
しょうかい　　　　　　　　　　　　　　　　せんぱいがた　　　　　　　　まこと　せんえつ
ではございますが、ご指名ですので、乾杯の音頭をとらせていただきます。
　　　　　　　　　しめい　　　　かんぱい　おんど

　古賀君、京子さんおめでとうございます。ご両家のみなさま、心から
こがくん　きょうこ　　　　　　　　　　　　　りょうけ　　　　　　こころ
お喜び申し上げます。
よろこ　もう　あ

　わが部署の熱血漢である古賀君と、わが部署に咲く一輪の花、京子さんが
ぶしょ　ねっけつかん　　　　　　　　　　　　さ　いちりん　はな　きょうこ
愛を育み、今日という日を迎えられたことを、心からお喜び申し上げます。
あい　はぐく　きょう　　　　ひ　むか
文豪シェイクスピアは、「険しい山を登るには最初にゆっくりと歩くことが
ぶんごう　　　　　　　　　　けわ　やま　のぼ　　さいしょ　　　　　　　ある
必要である」と述べていますが、
　　　　　　　　の
お二人も二人三脚で幸せな家庭を
ふたり　ににんさんきゃく　しあわ　かてい
築いてください。
きず
　それでは新郎新婦の輝かしい未来と、
しんろうしんぷ　かがや　みらい
ご両家のますますの繁栄を祈念し、
はんえい　きねん
乾杯したいと思います。みなさま、
ご唱和をお願いいたします。
しょうわ　ねが
「乾杯！」ご唱和、ありがとう
ございました。

## 宴会のマナー編
### －　こんな時、あなただったらどうしますか　－

1. 取引先の忘年会に招待されましたが、上司は出席できません。上司は現金を包もう
　　とおっしゃっています。どうすればいいでしょうか。
　　　答え：「ご酒肴料」としてお金を包み、幹事の方に渡すといいでしょう。なお、「寸志」
　　　　　　とするのは目下の人にお金を包む場合なので、この場合はいけません。

2. 中華料理で取引先を接待した場合、料理を取り分けてあげるべきでしょうか？
　　　答え：いいえ、取引先の前に料理が回ったとき、「どうぞ」の一声をかけるといい
　　　　　　でしょう。基本的には相手の意志を尊重します。そうでないと、あなたの好意
　　　　　　はありがた迷惑になります。

3. 立食パーティーに席次はあるのでしょうか。
　　　答え：特別にありません。ただ、敢えて言えば、スピーチ台近くや、会場の奥を
　　　　　　上席と考えてよいでしょう。もしあなたが新入社員なら、出入り口付近に立つと
　　　　　　いいでしょう。

4. わが社の創立記念パーティーで、取引先の担当者とその上司に自分の上司を紹介し
　　する際に注意すべき点は何ですか。
　　　答え：自分の上司を先方に、先方の上司・担当者を上司に、この順番で紹介します。

5. どんなタイミングでお酌をすればいいのですか。
　　　答え：グラスや杯が空になったら、「いかがですか」と声をかけてお酌をします。
　　　　　　しかし、少しでも残っていた場合、全部飲みきるように強要しないようにします。

6. お客さまや目上の人からお酌を受ける時はどうすればいいのですか。
　　　答え：お酌を受けるときは、座敷の場合正座をし姿勢を正して、両手でグラスや

杯を持って受けます。立席の場合も、グラスや盃に片手をそえ、丁重にいただきます。

7. お酒が飲めない人はどうすればいいのですか。

　　答え：お酒を飲めない人は、もちろんお酌を断ってもかまいません。
　　　　　「申し訳ありません。私はお酒が飲めませんので」と明く断りましょう。

8. 上司から「今日は無礼講で飲もうと言われたのですが」、本当に上下の区別なくふるまっ
　　てもいいのですか。

　　答え：結論から言って、ノーです。その言葉は宴会の場を和らげるための方便であり、
　　　　　宴会とはいえ、仕事の延長線上であることを忘れないことです。あくまでもマナー
　　　　　と節度を守った言動を心がけましょう。全般的な注意点として、部署や上司等に対
　　　　　するため口や、後輩に対する説教はやめましょう。場の雰囲気を壊すだけです。

9. 食べ物を盛った大皿に取り箸がないときにはどうしたらいいですか。

　　答え：大皿に取り箸が添えられていないときは、お店の人に持ってきてもらいます。
　　　　　また、新しい割り箸を取り箸にしてもOKです。

10. 追加のオーダーをしたいときはどうしたらいいですか。

　　答え：幹事のいる宴会では、かならず幹事に相談します。予算の都合があるので
　　　　　勝手に追加注文するのはNGです。

11. 途中で帰りたいときにはどうしたらいいですか。

　　答え：どうしても用事があるときは、途中で退席するのはしかたないので、宴会の雰囲気
　　　　　に水を差さないようにそっと帰ります。ただし、幹事には、あいさつをしてから退
　　　　　席しましょう。

12. 二次会に誘われたら

　　答え：二次会は自由参加が原則なので、かならず出席しなければいけないものではあり
　　　　　ません。ただし、帰るときも、「お先に失礼します」とあいさつを忘れないようにしましょう。

# 6부

## 상담·교섭

# Unit 39 セールストーク

## 客の相談に応じる
きゃく　そうだん　おう

**店員**　いらっしゃいませ。

**客**　娘の高校進学のお祝いにパソコンを買ってやりたいと思っているん
むすめ　こうこうしんがく　　いわ　　　　　　　　か　　　　　　　　　　　　おも
ですが、適当なものはありませんか。
てきとう

**店員**　娘さんは今年高校生になられるんですか。おめでとうございます。
ことし こうこうせい
あのう、それでご予算はいかほどでございましょうか。
よさん

**客**　できれば、20万円程度で抑えたいんですが、…。
ていど　おさ

**店員**　何かご希望の機種がございますか。
なに　きぼう　きしゅ

**客**　子供部屋が狭いので、大きいパソコンを置くスペースがないんです。
こどもべや　せま　　　　おお　　　　　　　お

**店員**　でしたら、ノートブック型のパソコンがよろしいでしょうね。
がた
持ち運びにも便利ですから。
も　はこ　　　べんり

**客**　じゃ、そのパソコンを見せてください。
み

**店員**　はい、では、こちらにどうぞ。

<회화1>은 꽤나 충실하게 실제 컴퓨터매장에서의 대화를 재현한 것이다. 최근의 손님들은 눈도 높고 정보도 가지고 있기 때문에 무조건 물건을 팔려고 하기보다도 손님의 입장에 서서 어드바이스하는 편이 호감을 갖게 하고 또 매상도 늘 것이다.

---

**いかほど** 얼마, 얼마의 정중어 | **抑おさえる** 억제하다, 누르다 | **スペース** 스페이스, 공간

## 商品を紹介する
しょうひん　しょうかい

店員　ご予算から申しますと、この二種類の機種がお勧めですが、いかが
　　　よさん　もう　　　　　　　　しゅるい　きしゅ　　すす
　　　でしょうか。

客　　値段はあまり変わらないようですが、どう違うんですか。
　　　ねだん　　　　か　　　　　　　　　　　　ちが

店員　一番の違いは処理速度です。こちらの方がマシンの性能としては上に
　　　いちばん　　しょりそくど　　　　　　　ほう　　　　せいのう　　　　うえ
　　　なります。

客　　じゃ、どうして値段がほぼ同じなんですか。
　　　　　　　　　　　　　　　おな

店員　はい。こちらは性能面ではやや劣りますが、ワープロや、インター
　　　　　　　　せいのうめん　　　　おと
　　　ネット、メールといった普段よく使うソフトがセットでついていて、
　　　　　　　　　　　　　　　ふだん　つか
　　　買って帰ったその日から、すぐお使いになれます。
　　　か　　かえ　　　　ひ

客　　なるほど。

---

**マシン** 머신, 기계 | **ワープロ** 워드프로세서 | **インターネット** 인터넷 | **メール** 메일 | **ソフト** 소프트 | **セット** 세트

영업맨이나 판매원이 고객과 대면판매라는 장면에서는 고객이 요구하고 있는 것은 무엇인가를 생각하면서 정확하게 물건을 파는 세일즈토크가 필요해진다. 이 영업을 위한 대화법을 세일즈토크라고 하는데, 판매를 위해서는 전화로 약속을 할 때, 방문 시 회사를 안내할 때, 프레젠테이션을 할 때 등 모든 장면에서 고객을 잡는 세일즈토크가 중요해진다. 그를 위해서는 영업이라고 하는 것은 상품구입을 통해서 고객이 요구하는 '만족'을 제공하는 것이라는 사실을 명심할 필요가 있다.

## 「세일즈토크의 기초 기술」

[요미우리신문 (비즈니스 도장) 으로부터]

❶ 어프로치화법 「顧客との心理的距離をなくす 고객과의 심리적 거리감을 없앤다」
처음 상담할 때는 고객과의 심리적 거리가 있다. 고객의 '신뢰와 호의'를 얻는 것이 이 단계에서는 가장 중요하다. 공통입장에 서서 마음과 마음이 서로 통하는 것을 어떻게 해서 나타낼까 하는 점에 배려하는 단계다.

❷ 응수화법 「顧客との知識的距離感をなくす 고객과의 지식적 거리감을 없앤다」
상담의 중심이 되는 단계다. 상품에 관한 지식적 거리감을 극복하는 것이 중요하다. 풍부한 상품지식을 기반으로 시연, 셀링・포인트의 강조 등에 의해 고객의 지식을 깊게 해 나간다. 또, 반대 이유를 가정하고 그에 따른 반대처리방법도 준비해 둔다. 고객이 요구하는 '만족감'이 구매를 통해서 실현되는 것을 고객 자신에게 인식시키는 것이 중요하다.

❸ 크로싱화법 「顧客との行動的距離感をなくす 고객과의 행동적 거리감을 없앤다」
상담의 클라이맥스다. 「買ってほしい 샀으면 좋겠다」 라는 영업행동과 「買いたい 사고 싶다」라는 고객의 구매행동을 동조하게 하는 순간이다. 상담의 흐름에서 고객의 태도나 말에 구매 신호를 짐작하면 주저하지 말고 체결의 단계로 넘어가지 않으면 안 된다. 그러나 명심할 것은 결코 강제적인 인상을 주지 않을 것. 어디까지나 고객이 자신의 의사로 결정한 것이라고 믿게 하지 않으면 안 된다.

**1** 다음 비즈니스 용어의 의미를 일본어로 써보세요.

1 アフターサービス：

2 クロージング：

3 マーケティング：

4 ニーズ／シーズ：

5 顧客満足度(CS)：

**2** 다음 (○○→　　　)를 알맞은 비즈니스 회화로 바꿔 대화를 완성하세요.

> 店員：失礼ですが、娘さんは今までパソコンを(使った→　　　　　　)ことが(ありま
> 　　　　す→　　　　　)か。
>
> 客　：いいえ、初めてです。
>
> 店員：でしたら、ソフトがセットの方が(よいかと思う→　　　　　)。
> 　　　それに、別にソフトを買うとなると、結局、(高くついてしまう→　　　　　)から。
>
> 客　：確かにそうですね。でも、性能の差が気になりますねえ。
>
> 店員：あのう、最近のパソコンは性能が高くなっていますから、実際使ってみて、
> 　　　それほど差を感じることは(ありません→　　　　　)。ちょっと、(見てく
> 　　　ださい→　　　　　)。
> 　　　　　　……(実際にメールソフトを動かしてみる)……
> 　　　このように、ほとんど体感速度に差は感じられません。
>
> 客　：確かにそうですね。
>
> 店員：店員の私が(言う→　　　　　)のもなんですが、最近は毎年新機種が出て、
> 　　　性能がよくなるばかりか、お値段も安くなる傾向にあります。
> 　　　ですから、入門機として、あまり高い機種を(買う→　　　　　)のは(勧め
> 　　　られない→　　　　　)。
>
> 客　：これはご親切にどうも。じゃ、こちらのソフトつきの機種にします。
>
> 店員：どうもありがとうございました。これ、私の名刺ですが、使っている上で何
> 　　　か問題が(あったら→　　　　　)、こちらに(電話してください→　　　　　)。

# Unit 40 訪問販売
ほうもんはんばい

 **家庭訪問販売**
かてい

有馬　ごめんください。

主婦　どちら様ですか。
　　　　　　さま

有馬　お忙しいところを申し訳ございません。私、モーター社の者で、
　　　いそが　　　　　　もう　わけ　　　　　　　　　　　　　　　　しゃ　もの
　　　この地域の販売を担当している有馬と申します。
　　　ち いき　はんばい　たんとう　　　　　ありま

主婦　どんなご用件でしょうか。
　　　　　　ようけん

有馬　実はそちら様では、お車の買い換えのご予定はないかと存じ
　　　じつ　　　　　　　　　　　　　くるま　か　か　　　　よてい　　　　　　ぞん
　　　まして、…。

主婦　主人に聞いてみませんと、私にはちょっと…。
　　　しゅじん　き

有馬　でしたら、パンフレットだけでもご覧いただけないでしょうか。
　　　　　　　　　　　　　　　　　　　　らん
　　　ただ今お買い換えになるお客様には、旧車の買い取りサービスを
　　　いま　か　か　　　　　きゃく　　　きゅうしゃ　と
　　　いたしておりまして、大変お得になっております。
　　　　　　　　　　　　たいへん　とく
　　　　　　……( ドアが開く )……
　　　　　　　　　　　　あ

　　　こちらがそのパンフレットでござ
　　　います。あのう、ほんの2、3分で
　　　けっこうなんですが、お時間いた
　　　だけませんか。

---

パンフレット 팸플릿 | 買かい取とりサービス 매입 서비스

 **会話2**

## 会社訪問販売
かいしゃほうもんはんばい

木山　お待たせして、どうも申し訳ありませんでした。営業二課の木山です。
早速ですが、どのようなご用件で。

福田　お忙しいところを突然お邪魔いたしまして、申し訳ありませんでした。
私、ハンス社の者で、営業を担当している福田と申します。失礼
ですが、御社では、今、……といったことに困っていらっしゃい
ませんか。当社ではそんなお悩みを解決できる SPT という商品を
販売しております。もし、よろしければ、10分ほどお時間いただけ
ないでしょうか。

木山　ええ。手短にお願いできますか。

福田　はい、こちらはそのパンフレットでございますが、……。

---

**〜といった** 〜등, 〜라는 ｜ **悩なやみ** 고민 ｜ **手短てみじか に** 간단하게, 간략하게

외근 세일즈에서는 문전박대당하는 일도 많이 있을 거라고 생각한다. 이쪽에서 일방적으로 찾아가는 것이기 때문에 어떻게 하면 상품의 설명에까지 갈 수 있을까, 거기에는 세일즈맨의 여러 가지 노하우가 존재한다. 중요한 것은 상대방에게 불신감을 안겨주지 않도록 간단하게 자기소개를 하는 것이고, 그 다음에 미리 단시간에 이야기가 끝난다는 것을 어필해 두는 것이 이야기를 듣게 하는 비결이다. 그 때, 사용되는 것이 다음과 같은 표현인데, 상대방이 흥미를 보이면 다시 계속해서 상품설명과 판매를 해도 상관없다.

### 포인트 자기소개하기

○○社の者で、この地域の販売を担当している△△と申します。

○○사의 사원으로 이 지역의 판매를 담당하고 있는 △△라고 합니다.

○○社の者で、営業を担当している△△と申します。

○○사의 사원으로 영업을 담당하고 있는 △△라고 합니다.

### 포인트 단시간에 끝난다는 것을 전한다

ほんの2、3分でけっこうなんですが、お時間いただけませんか。

단 2, 3분이면 되는데, 시간 좀 내주실 수 없을까요?

10分ほど、お時間いただけないでしょうか。

10분 정도 시간 내주실 수 없을까요?

판매할 때 만약 상대방이 흥미를 보이면 개인적인 화제도 받아들이면서 상품판매로 연결해 가는 테크닉이 있다. 상대방의 마음을 끌거나 공감을 나타내거나 하면서 그것을 세일즈로 이어 가는 회화 표현를 정리 했다.

 ### 개인적인 화제로 끌어들이는 말

ところでご主人はどちらにお勤めですか。 그런데 주인(남편)께서는 어디에 근무하십니까?

つかぬことをお伺いしますが、……か。 갑자기 말씀드려서 죄송합니다만, ……까?

私事で恐縮ですが、実は私も……。 사적인 일로 죄송합니다만, 실은 저도 …….

 ### 상대방의 이야기에 공감을 나타내는 말

これも何かのご縁ですね。 이것도 뭔가의 인연이군요.

お互い父親というのは息子のことでは苦労させられますね。

피차 부모(아버지)라는 것은 자식 일로 고생하지 않으면 안 되는군요.

**1**　다음 비즈니스 용어의 의미를 일본어로 써보세요.

　1 コストわれ：

　2 シェア：

　3 オピニオン・リーダ：

　4 クライアント：

　5 クレーム：

**2**　다음 (○○→　　)를 알맞은 비즈니스 회화로 바꿔 대화를 완성하세요.

＜１＞

営業員：ところで、ご主人様はどちらに（勤めています→　　　　　　）か。

主婦　：主人は日本銀行に勤めています。

営業員：ああ、日本銀行さんですか。偶然ですね。

　　　　日本銀行さんは（我が社→　　　　　　）の取引銀行なんですよ。

主婦　：え。そうだったんですか。

営業員：これも何かのご縁ですねえ。

＜２＞

営業員：つかぬことを（聞きます→　　　　　　）が、お宅には息子さんが（います

　　　　→　　　　　　）か。

主人　：ええ、どうして（わかります→　　　　　　）か。

営業員：はい、玄関先に男性用のマウンテンバイクが置いて（ありました→

　　　　　）ので。

主人　：ええ、高校三年になる息子がいます。

営業員：そうでしたか。実は私にも今大学一年になる息子が（います→　　　　　　）

　　　　が、受験のことでは、さんざん心配させられましたよ。

主人　：ええ、うちの子もちっとも勉強しないので、手を焼いています。

営業員：お互い、息子のことでは苦労させられますね。ところで、ご主人様のお車
　　　　の話ですが、…。

# 商談の切り出し方
そうだん　　き　だ　かた

会話 1

## 新規取引を申し込む
しん き とりひき　もう　こ

李　　早速ですが、先日、お手紙いたしました新規取引のお願いの件、
　　さっそく　　せんじつ　　てがみ　　　　　　しんきとりひき　　ねが　　けん
　　ご検討いただけたでしょうか。
　　けんとう

取引先　はい。社内会議で検討いたしました。喜んでお取引をさせていただき
　　　　しゃないかいぎ　けんとう　　　　　よろこ
　　　　たいと存じます。

李　　お聞き届けいただき、心よりお礼申し上げます。
　　き　とど　　　　　　　　れいもう　あ

取引先　いいえ、こちらこそ。御社の業界における信用の高さは承っており、
　　　　　　　　　　おんしゃ　ぎょうかい　　しんよう　　　うけたまわ
　　　　この度のお申し入れは、弊社にとっても願ってもないことで
　　　　たび　もう　い　　へいしゃ
　　　　ございます。

李　　ところで、取引条件に関してですが、…。
　　　　じょうけん　かん

取引先　手形決済の件ですね。弊社に異存はございません。なお、こちらに
　　　　てがたけっさい　　　　　　　いぞん
　　　　弊社商品の価格表をお持ちいたしました。
　　　　かかくひょう　ま

李　　拝見させていただきます。改めて上司とも相談の上、お伺いする
　　はいけん　　　　　　　　あらた　じょうし　そうだん　うえ　うかが
　　ことになると思いますので、よろしくお願いいたします。
　　　　　　　おも

문서에 의한 신규거래를 제의한 후에 회사를 방문했을 때의 대화다. 회사와 회사의 상거래는 이 신규거래를 제의한 것에서부터 시작되고, 대화가 성사되면 다음에는 상사가 동행해서 가격확정이라는 순서가 된다.

---

新規取引しんきとりひき 신규거래 ┃ 聞きき届とどける 청을 들어주다, 듣고 승낙하다 ┃ 申もうし入いれ 제의, 신청 ┃ 取引条件
とりひきじょうけん 거래조건 ┃ 手形決済てがたけっさい 어음결제

 **会話2** 価格交渉に移る
かかくこうしょう　うつ

取引先　先日のお見積の件ですが、いかが相成りましたでしょうか。
　　　　せんじつ　みつもり　けん　　　　　　　あいな

李　　　はい。結論から先に申し上げます。実は御社のご提示された見積書を
　　　　　　けつろん　さき　もう　あ　　じつ　おんしゃ　ていじ　　みつもりしょ
　　　　検討させていただいたのですが、一、二ご再考願いたい点がござい
　　　　けんとう　　　　　　　　　　　　　　さいこうねが　　　　てん
　　　　まして、…。

取引先　と、おっしゃいますと。

李　　　まず、御社商品LP－2の仕入れ価格ですが、当社としては現行価
　　　　　　おんしゃしょうひん　　　しいれ　かかく　　とうしゃ　　げんこう
　　　　格ではとても採算がとれません。
　　　　　　　　　さいさん

取引先　では、率直なところをお聞かせいただけませんか。
　　　　　　そっちょく　　　　　き

李　　　当社としては、仕切値段を現行価格の5％割引きでお願いしたいの
　　　　　　　　　　　しきりねだん　げんこう　　　わりび
　　　　ですが、…。

 <회화 1>에 이어 구입가격 교섭에 들어가는 장면의 대화다. 비즈니스에서는 결론을 애매하게 하면 대화가 앞으로 진행되지 않으므로 '결론을 먼저' 말하고, 단번에 본제로 들어가는 편이 좋다.

---

見積みつもり 견적 ┃ 相成あいなる 되다. なる의 정중한 표현 ┃ 見積書みつもりしょ 견적서 ┃ 再考さいこうする 재고하다 ┃
仕入しいれ価格かがく 구입가격 ┃ 採算さいさんがとれる 채산이 맞다 ┃ 仕切値段しきりねだん 결산가격 ┃ ～割引わりび
き ~할인

상담프로세스란, 상담의 시작부터 성사(수주), 그리고 성사 후의 그 다음까지를 포함하지만, 큰 흐름은 〈약속획득 → 첫방문 → 상품시용 → 제안서제시 → 견적서제시 → 상사동행 → 가격확정 → 구두통지 → 주문서수령〉으로 이쪽이 상담을 확실하게 성사시키기 위해서 확보해야만 하는 과정이 된다. <회화 1 >은 이 상담프로세스로 말하자면, 제안서제시단계이고, <회화 2 >는 견적서제시단계에 해당한다. 서로 바쁜 비즈니스맨이니까 '용건의 설명은 간결하게'가 첫 번째 원칙이고 '먼저 용건을 마치게 한다' 가 두 번째 원칙이다. 서로가 얼굴도 모르는 사이라면 사교적인 대화는 필요 없고 단번에 본제로 들어가는 편이 좋다. 비즈니스 세계에서는 돌려서 말하지 말고, 확실하게 희망이나 조건을 제시하고 상담을 진행시키는 편이 효율적이다.

 **용건 꺼내기**

早速（さっそく）ですが、…。

본론으로 들어가서, 다름이 아니오라, 실례지만, …….

先日（せんじつ）お送（おく）りしましたお手紙（てがみ）の件（けん）ですが、…。

지난번에 보내드린 편지 건 말인데요, …….

結論（けつろん）から先（さき）に述（の）べさせていただきますと、…。

결론부터 먼저 말하자면, …….

 **용건 말하기**

率直（そっちょく）なところをお聞（き）かせいただけませんか。

솔직한 점을 들려주실 수 있겠습니까?

ご検討（けんとう）いただけないでしょうか。

검토해 주실 수 없을까요?

双方（そうほう）から案（あん）を持（も）ち寄（よ）って練（ね）り合（あ）わせをするということにいたしませんか

쌍방이 서로 안을 가지고 모여서 조율을 하는 것으로 하지 않겠습니까?

## 1　(1~9)안에 알맞은 어구를 골라 대화를 완성하세요.

(お願い/拝見/ご存じ/一存/おつきあい/この度/ご検討/お時間/貴社)

李　　：既に(1　　　　　)のこととは存じますが、(2　　　　　)当社が開発
　　　　いたしましたLP−2(商品名)につきまして、ぜひともその販売を(3
　　　　)にお願いできないかと思いまして、……。

取引先：こちらこそ、A社さんとは長い(4　　　　　)でございますので、ぜひそ
　　　　うさせていただけたらと望んでおりました。

李　　：ありがとうございます。実は当社の基本的なご提案を文書にしてまいりま
　　　　したので、(5　　　　　)いただけないでしょうか。

取引先：(6　　　　　)いたします。ただ、私の(7　　　　　)では決めかねま
　　　　すので、二、三日、(8　　　　　)をいただけないでしょうか。

李　　：はい、けっこうです。よろしく(9　　　　　)いたします。

## 2　(1~5)안에 알맞은 어구를 넣어 대화를 완성하세요.

李　　：(　1　)が、本題に移らせていただきます。

取引先：はい。

李　　：先日ご提案いたしました共同プロジェクトの件、いかが(　2　)でしょうか。

取引先：はい、重要なご提案でしたので、社内でも検討いたしましたが、役員一同
　　　　大変乗り気でして、ぜひご一緒にとの結論に達しました。出資条件も五分
　　　　五分の条件ということで、当社としても異存は(　3　)。

李　　：ありがとうございます。では、次回からは双方から案を持ち寄って、具体
　　　　的な企画案のすり合わせを行うということで(　4　)でしょうか。

取引先：はい、それで(　5　)。上司にもそのように報告いたします。

# Unit 42 照会と説明
しょうかい　せつめい

 **会話 1**

## 取引条件を尋ねる
とりひきじょうけん　　たず

**取引先** 先日は貴社の商品カタログをお送りくださり、ありがとうござい
せんじつ　きしゃ　しょうひん　　　　　　　おく
ました。それで検討させていただきましたが、ぜひ貴社の商品を
けんとう　　　　　　　　　　　　　　　　　きしゃ
取り扱いさせていただきたいと存じます。
と　あつか　　　　　　　　　　　　　　ぞん

**李** ありがとうございます。

**取引先** ところでお伺いしたいことがございます。
うかが

**李** と、おっしゃいますと。

**取引先** はい、　二点ございまして。一点目は代金支払い方法に関してです
にてん　　　　　　いってんめ　だいきんしはら　ほうほう　かん
が、手形決済にしていただくことは可能でしょうか。二点目は、
てがたけっさい　　　　　　　　　かのう
貴社カタログのうち、新製品DYPC−Sにつきましては多量の需要
しんせいひん　　　　　　　　　　　　たりょう　じゅよう
が見込まれますが、数量しだいでは正味価格の割引をお願いできます
みこ　　　　　　すうりょう　　　　しょうみ かかく　わりびき
かどうか、お伺いしたいのですが。

**李** 一点目の代金支払い方法に関してでございますが、現金決済は弊社
げんきんけっさい　へいしゃ
の創業当初からの方針でございまして、どうかご了承ください。
そうぎょうとうしょ　　ほうしん　　　　　　　　　　りょうしょう
二点目の価格割引に関しましては、取り扱い数量に応じて、勉強
あつか　　　おう　　べんきょう
させていただきたいと存じます。

 **tip** 거래조건을 둘러싼 대화다. 이러한 비즈니스상의 문의와 대답은 문서로 교환되는 경우도 많고 문의 문서를 '조회장'이라고 한다. 구두나 문서 모두 중요한 점은 '무엇에 대해서 알고 싶은가' '왜 알고 싶은가'의 두 가지 점을 명확하게 하는 것이다.

---

**カタログ** 카탈로그 | **手形決済**てがたけっさい 어음결제 | **需要**じゅよう 수요 | **見込み**こむ 전망하다 | **〜しだいで(は)**
명사에 접속되어 〜에 따라서(결정되다) | **正味価格**しょうみかかく 실가, 실제가격 | **現金決済**げんきんけっさい 현금결제 | **創業**
**当初**そうぎょうとうしょ 창업당초 | **了承**りょうしょう**する** 승낙·납득·양지하다 | **〜に応**おう**じて** 〜에 맞춰서, 적합하게 |
**勉強**べんきょう**する (= 安く売る)** 할인하다(= 싸게 팔다)

 提案書の説明をする
会話2　ていあんしょ　せつめい

孫　　この提案書につきまして、もしご不明な点がございましたら、遠慮
　　　　　　　　　　　　　　　　ふめい　　　　　　　　　　　　えんりょ
　　　なくご質問ください。
　　　　　　しつもん

取引先　まだ、ざっと見ただけですから、何とも言えませんが、二、三ご説明
　　　　　　　　　　　　　　　　　　なん　　い
　　　　いただきたい箇所がございます。
　　　　　　　　　かしょ

孫　　どの点でございましょうか。
　　　　てん

取引先　例えば、ここがよくわからないのですが、…。
　　　　たと

孫　　はい、確かにその点に関しましては、少しわかりづらいかと思い
　　　　　たし　　　　　　かん　　　　　　　　　　　　　　　　おも
　　　ますので、グラフでご説明いたします。

……(資料を提示して説明する)……
　　　しりょう　ていじ
　　　ご理解いただけたでしょうか。
　　　　りかい

제안서에 대해서 상대측의 질문과 그것에 답하는 대화다. 제안하는 측은 예측되는 질문에 자료나 그래프, 사진슬라이드 등을 사전에 준비해 둘 필요가 있다.

箇所かしょ 곳, 군데 | ざっと見みる 대충 보다 | ～づらい 동사의 ます형에 접속해서 ～하기 어렵다

상담프로세스 중에 생기는 여러 가지 의문이나 명확하지 않는 점에 대해서 거래하는 상대에게 문의하는 것을 '조회' 라고 하는데 여기에서는 조회 방법과 고객·거래처로부터의 조회나 질문에 대해 답하는 법을 정리해 보았다. 상담에는 독특한 말 표현이 있지만 이러한 응답을 순조롭게 진행하기 위해서는 손짓, 발짓, 시선처리와 목소리를 내는 법, 상품설명이라면 자료, 그래프, 사진이나 프로젝터 등의 도구를 어떻게 효과적으로 사용할 것인지와 같은 요소도 있으니까 말의 표현 문제만은 아니다. 또한 아래는 조회와 설명할 때에 자주 사용되는 상투적인 표현이므로 기억해 두자.

 **질문은 없는지 묻는다**

○○につきまして、不明な点がございましたら、遠慮なくご質問ください。

○○에 대해서 분명하지 않은 점이 있다면, 사양 마시고 질문해주십시오.

何か疑問点や問題点がございましたら、…。　뭔가 의문점이나 문제점이 있으시다면, …….

 **질문한다**

二、三お伺いしたいことがございます。　두세 가지 여쭈어 보고 싶은 점이 있습니다.

二、三気にかかる点 (／箇所) がございます。　두세 가지 마음에 걸리는 점(/군데)이 있습니다.

○○の点について、もう少し詳しくご説明いただけませんか。

○○의 점에 대해서 조금 더 자세하게 설명해 주실 수 없을까요?

○○の件ですが、いかが相成りましたでしょうか。(回答を求める)

○○의 건 말인데요, 어떻게 되셨습니까?(대답을 요구한다)

○○の件ですが、何か手違いでもあったのでしょうか。(事情を聞く)

○○의 건 말인데요, 뭔가 차질이라도 생겼습니까?(사정을 묻는다)

 **질문에 답한다**

ご説明いたします。第一の点に関しましては…。第二の点に関しましては…。

설명해드리겠습니다. 첫 번째 점에 관해서는 ……. 두 번째 점에 관해서는 …….

～に関しましては少しわかりづらいかと思いますので、グラフ(/数字/図)でご説明いたします。　～에 관해서는 조금 이해하기 힘드실 거라고 생각하기 때문에 그래프(숫자/그림)로 설명해 드리겠습니다.

今のご質問につきまして、かいつまんで申し上げますと、…。

지금 질문에 대해서 간추려서 말씀드리면 …….

申し訳ございません。実は…。　죄송합니다. 실은 …….

 **확인한다**

ご理解いただけましたでしょうか。 이해가 되셨는지요?

ご質問の内容は……ということでしょうか。 질문의 내용은 …… 라는 것입니까?

**1** 다음과 같은 경우 어떤 표현을 쓸까요? 알맞게 연결하세요.

1 前置き抜きで用件に入るとき　　　・　　・a かいつまんで申し上げますと

2 質問はないか尋ねるとき　　　・　　・b いかが相成りましたでしょうか

3 提案について回答を求めるとき　　　・　　・c お手数をおかけしますが

4 納品や入金の遅れの事情を質すとき・　　・d 何か不明な点がございましたら

5 要点を述べるとき　　　・　　・e これでよろしいでしょうか

6 相手の了解を求めるとき　　　・　　・f なにとぞご容赦ください

7 自社側のミスを詫びるとき　　　・　　・g 早速ですが

8 相手に負担をかける用件のとき　　　・　　・h 何か手違いでもあったのでしょうか

**2** 다음은 납기 지연에 대한 문의 전화에 응대하는 내용입니다. 알맞은 어구를 골라 (1～10)에 넣어 대화를 완성하세요.

(先日/納期/早速/ご迷惑/今後/手違い/実は/ご容赦/ご連絡/お詫び)

李　：おはようございます。A社です。

吉田：いつもお世話になっています。B社の吉田です。

李　：私、A社の李です。いつもお世話になっております。

吉田：(1　　　　)ですが、(2　　　　)注文いたしました商品LP－2が、いまだに届いておりません。(3　　　　)は昨日のはずでしたが、何か(4　　　　)でもあったのではないかと心配しております。

李　：(5　　　　)が遅くなって、誠に申し訳ございません。(6　　　　)製造元で工作機械の故障がございまして、製造に遅れが生じてしまいました。

吉田：それで、納品はいつになりますか。今月10日から始まる春の特別セールに間に合わないようですと、商品は不要になってしまいますので、…。

李　：(7　　　　)をおかけしまして、誠に(8　　　　)のしようもございません。一両日中には間違いなくお納めいたしますので、なにとぞ、(9　　　　)ください。

吉田：わかりました。今回にしてはやむを得ませんが、(10　　　　)はこのようなことがないよう、お願いいたします。

# Unit 43 依頼と承諾
いらい　しょうだく

 **会話 1** 売掛金の期日前支払いの依頼
うりかけきん　き じつまえ し はら

李　大変厚かましいお願いで誠に恐縮なのですが、先日、お手紙で
たいへんあつ　　　　　　ねが　　まこと　きょうしゅく　　　　　　せんじつ　　　　　て がみ
お願いした件でお伺いいたしました。
　　　　けん　　うかが

取引先　はい。御社のご事情は承っております。
　　　　おんしゃ　　じ じょう　うけたまわ

李　はい。当社の取引先であるモーター社の倒産という思いも寄らぬ
とうしゃ　とりひきさき　　　　　　　　しゃ　とうさん　　　おも　　よ
事態となり、当社の売掛金回収の見込みがなくなったばかりか、
じ たい　　　　　　　　うりかけきんかいしゅう　　み こ
資金計画も根底から崩れてしまいました。取引金融機関にも緊急融
し きんけいかく　こんてい　　くず　　　　　　　　　　　　きんゆう き かん　　　　きんきゅうゆう
資をお願いいたしておりますが、最大のお取引先である貴社
し　　　　　　　　　　　　　　　　さいだい　　　　　　　　　　　　き しゃ
におすがりして、とりあえず緊急事態を回避したいとお伺いした次
きんきゅう じ たい　かい ひ　　　　　　　　　　し
第です。つきましては、今月末にお支払いいただく売掛金のうち
だい　　　　　　　　こんげつまつ　　し はら
1000万円を、10日ほど早めにお支払いいただくわけにはまいらな
まんえん　　　　　　　　　はや
いものでしょうか。

取引先　ご安心ください。役員と相談した結果、当社にとっても重要な取
あんしん　　　やくいん　そうだん　けっ か　　　　　　　　　　　　じゅうよう
引先である御社の災難に対し、できる限りのご協力をすべきで
さいなん　たい　　　　　　　かぎ　　きょうりょく
あると意見が一致いたしました。
　　　い けん　いっ ち

李　ありがとうございます。お礼の言葉もございません。ご恩は決して
れい　ことば　　　　　　　　　　　おん
忘れません。
わす

 **tip** 거래처에 외상판매대금의 기일 전 지불을 의뢰하는 장면이다. 사정을 정확하게 전달하고 정중하게 부탁할 필요가 있지만, 이런 중대한 의뢰는 먼저 서장을 보내 두고 그 후에 방문하는 것이 예의이다.

---

思おもいも寄よらぬ 생각지도 못한, 뜻밖에 | 売掛金回収うりかけきんかいしゅう 외상거래대금회수 | 見込みこみ 전망 | ～ばかりか 명사수식형에 접속해서 ～뿐만 아니라 | 根底こんていから崩くずれる 밑바닥부터 무너지다 | 取引金融機関とりひききんゆうきかん 거래 금융기관 | 緊急融資きんきゅうゆうし 긴급융자 | すがる 매달리다, 의지하다 | お礼れいの言葉ことばもございません 감사드릴 인사말조차 없습니다 | (ご)恩おん 은혜

 **前金送付を依頼する電話**
まえきんそう ふ　　いらい　　　でんわ

孫　　この度は弊社の商品をお買いあげいただき、誠にありがとうござい
　　　たび　へいしゃ　しょうひん　　か　　　　　　　　　　　　まこと
　　　ました。

取引先　いえ、こちらこそ、お引き立てのほど、お願い申し上げます。
　　　　　　　　　　　　　ひ　た　　　　　　　ねが　もう　あ

孫　　つきましては、ご注文の品の配送の準備は整っておりますが、弊社
　　　　　　　　　　ちゅうもん　しな　はいそう　じゅんび　ととの
　　　では、ご新規にお取り引きいただく場合には、半額を前金にてお願
　　　　　　しんき　　と　ひ　　　　　　　ばあい　　　はんがく　まえきん
　　　いするシステムになっておりまして、はなはだ勝手なお願いで
　　　　　　　　　　　　　　　　　　　　　　　　　　かって
　　　はございますが、よろしくお取り計らいくださいますようお願
　　　　　　　　　　　　　　　　はか
　　　いいたします。

取引先　はい、承知しております。本日、送金いたしますので。
　　　　　　しょうち　　　　　　ほんじつ　そうきん

孫　　ありがとうございます。では、ご送金が確認でき次第、早急にご
　　　　　　　　　　　　　　　　そうきん　かくにん　　しあい　そうきゅう
　　　送品申し上げます。
　　　そうひん

---

**お引**ひき**立**たて 특별히 돌봐 줌 | **前金**まえきん 선금, 전도금 | **システム** 시스템 | **はなはだ** 매우, 심히, 몹시 | **勝手**かって 형편,
상황, 제멋대로 | **取**とり**計**はからう 처리하다, 배려하다

비즈니스에 있어서의 의뢰는 융자, 조사, 소개, 추천의 의뢰 등, 오로지 이쪽의 이익에 도움이 되는 의뢰도 있고 신규거래, 견적, 원고 · 강연의 의뢰 등, 상대에게도 이익을 가져오는 의뢰도 있다. 어느 쪽이든지 상대에게는 의무가 없는 것을 부탁하므로 예의를 다할 필요가 있다. 또한 친교가 있는 상대에게 극히 가벼운 부탁을 하는 경우라면 전화 등으로 끝내도 좋지만 다소나마 상대에게 수고나 시간을 들이는 용건을 의뢰하는 경우라면 먼저 의뢰장을 보내 검토하도록 하고 후일 방문해서 정식으로 의뢰하는 것이 예의이다.

 ### 격식을 차린 의뢰의 서두

本日は折り入ってお願いがございましてお伺いいたしました。

오늘은 긴히 부탁이 있어서 방문했습니다.

大変厚かましいお願いで、誠に恐縮なのですが、…。 뻔뻔한 부탁을 드려 대단히 죄송합니다만, …….

はなはだ勝手なお願いではございますが、…。 멋대로 부탁을 드려 대단히 죄송합니다만, …….

……のお願いをすることは、はなはだ心苦しいことですが、 …… 의 부탁을 하는 것은 심히 괴롭지만, …….

誠に唐突なお願いで申し訳ございませんが、…。 정말 갑작스러운 부탁이어서 죄송합니다만, …….

 ### 의뢰의 용건을 말한다

(ご理解／ご高配／お引き立て……) のほど、お願い申し上げます。

(이해/배려 /특별히 돌봐줌 ……)하도록 부탁드리겠습니다.

(……につきまして、切にお願い申し上げます。 ……에 대해서 진심으로 부탁드립니다.

……につきまして、お願いできないものでしょうか。 ……에 대해서 부탁드릴 수 없을까요?

 ### 강하게 의뢰한다

ご無理は承知の上で、そこをなんとかお願いできないものでしょうか。

무리라는 것은 알지만 그 점을 어떻게 부탁할 수 없을까요?

<両手をついて頭を下げる>この通りです。 <양손을 짚고 머리를 숙인다>이와 같습니다.

○○様のほかに、おすがりできる方もおりませんので、……

○○ 님 외에는 기댈 수 있는 분도 없어서……

只今のところ実情を打ち明けてお頼みできるのは貴社だけですので、どうかよろしくご賢察くださいませ。

지금 실정을 털어놓고 부탁할 수 있는 것은 귀사뿐이므로, 부디 잘 헤아려주십시오.

決して貴社にご迷惑はおかけいたしませんので、なにとぞ……の件をご承諾くださいますよう切にお願い申し上げます。

결코 귀사에 폐는 끼치지 않을 테니까 아무쪼록 …… 의 건을 승낙하시도록 진심으로 부탁드리겠습니다.

**1** 다음과 같은 경우에 어떤 표현을 쓸까요? 알맞게 연결하세요.

1 相手の繁栄などを祝う言葉　　　　　・　　　・ a ご来臨

2 配慮や心配りのこと　　　　　　　　・　　　・ b ご鞭撻

3 人がある場所へ来ること　　　　　　・　　　・ c ご高配

4 依頼・要求などを引き受けること　　・　　　・ d ご清栄

5 怠らないようにと強く励ますこと　　・　　　・ e ご承諾


**2** 다음 대화는 (회화1)에 앞서서 보내온 의뢰장입니다. 알맞은 어구를 골라 (1~9)에 넣어 대화를 완성하세요.

(ご無理/ご清栄/ご高配/所存/お慶び/ご承諾/恐縮/お引き立て/ご賢察)

拝啓
春暖の候、貴社のますます(1　　　　)のことと(2　　　　)申し上げます。平素は格別の(3　　　)にあずかり厚くお礼申し上げます。

さて、当社の取引先であるC社がこのほど倒産いたしまして、当社の売掛金回収の見込みがなくなりました。日頃何かとお世話になっている貴社にこうしたお願いをいたしますのは、はなはだ心苦しいことですが、長い不況からの脱出をねらい、営業の拡大に乗り出した矢先のことで、当社創業以来の緊急事態に追い込まれました。

このため大変厚かましいお願いで(4　　　)なのですが、貴社に対する当社の売掛金につきまして、格別の(5　　　)をもちまして、今月末にお支払いいただく売掛金のうち1000万円を10日ほど早めにお支払いいただくわけにはまいらないものでしょうか。

取引金融機関にも緊急融資をお願いいたしておりますが、当社にとりまして、このような(6　　　)なお願いができますのは、御社をおいて他にございません。貴社との長いお取引関係に甘えるようですが、なにとぞ事情を(7　　　)の上、特別のご配慮をもって(8　　　)賜りますようお願い申し上げます。

後日お願いに伺う(9　　　)でございますが、とりあえず書面にてお願い申し上げます。

敬具

# 依頼と断り
いらい　　　ことわ

**会話1** 融資の依頼を断る
　　　　ゆうし　　　ことわ

部長　9月24日付のご書面、確かに拝見いたしました。
　　　　　　しょめん　　たしか　　はいけん

取引先　はなはだ身勝手なお願いで恐縮しております。この度は弊社では
　　　　　　　　みがって　　ねが　　きょうしゅく　　　　　　　　　　たび　へいしゃ

新製品の開発にあたり、多大な設備投資をいたしましたのですが、
しんせいひん　かいはつ　　　　　　ただい　せつびとうし

ご承知のとおり折からの不況に巻き込まれまして、全くの販売不振に
　しょうち　　　おり　　ふきょう　ま　こ　　　　　　まった　はんばいふしん

みまわれ、大きな打撃を被るに至りました。機械などの設備投資に
　　　　　おお　　だげき　こうむ　いた　　　　　きかい　　　せつびとうし

多額の銀行融資を限度まで受けておりますので、もはや金融機関
たがく　ぎんこうゆうし　げんどう　う　　　　　　　　　　　　きかん

からの借り入れは無理かと存じます。そこで、貴社との長いお取
　　か　　　　むり　　ぞん　　　　　　　きしゃ　　なが　　とり

引関係に甘えるようですが、ご無理を承知の上で、ご融資のお願
ひき　　あま　　　　　　　　しょうち　うえ

いに伺った次第です。
　うかが　しだい

部長　ご苦衷のほど、お察し申し上げます。当社といたしましても、平素の
　　　　くちゅう　　　さっ　　　　　　とうしゃ　　　　　　へいそ

ご厚情にお応えする意味でも、なんとかご希望にお応えしたいと
こうじょう　　　　いみ　　　　　　きぼう　こた

役員会でも検討したのでございますが、あいにく当社も近来にない
やくいんかい　けんとう　　　　　　　　　　きんらい

資金繰り難で四苦八苦している状態でございます。ご融資申し上げ
しきんぐ　なん　しくはっく　　じょうたい

たい気持ちは山々でございますが、現状ではお力になれず、申し
　　きも　　やまやま　　　　　げんじょう

訳ありません。

---

設備投資せつびとうし 설비투자 | 折おりからの不況ふきょう 때마침의 불황 | 巻まき込こまれる 말려들다, 휩쓸리다 | 販売不振はんばいふしん 판매부진 | みまう 반갑지 않는 것이 찾아오다 | 打撃だげきを被こうむる 타격을 입다 | もはや 이제, 벌써, 이미 | (ご)苦衷くちゅう 고충 | (ご)厚情こうじょう 후의, 후정 | 資金繰しきんぐり難なん 자금마련난, 자금운용난 | 四苦八苦しくはっく 몹시 고생함, 갖은 고생을 겪음 | 山々やまやま ～たいのは～だ 의 형태로 ~하고 싶은 마음은 태산같다, 굴뚝같다

 **会話2** **講演依頼を断る**
こうえんいらい ことわ

孫　はじめまして。私、先日お手紙を差し上げました木村社の孫と申
せんじつ てがみ さ あ きむらしゃ ソン もう
します。

取引先　はい、確かにお手紙は拝見しました。
たし てがみ はいけん

孫　早速でございますが、お願い申し上げたご講演のお願いの件、お引
さっそく ねが こうえん けん ひ
き受け願えますでしょうか。
う

取引先　今日にでもお返事しようと思っていたのですが、あいにく当日は
きょう へんじ おも とうじつ
学会の総会とぶつかっていましてね。報告者の一人である私が出席
がっかい そうかい ほうこくしゃ ひとり しゅっせき
しないわけにはいかないんですよ。そういうわけで、誠に申し訳
まこと
ありませんが、今回はご辞退させてください。
こんかい じたい

孫　さようですか。そういうご事情でしたら、残念ですが、いたしか
じじょう ざんねん
たございません。こちらこそ、お忙しい先生にご無理をお願いいた
いそが せんせい むり
しまして。

取引先　いいえ、こちらこそ、自宅までご足労いただきまして、申し訳なく
じたく そくろう
思っております。どうか、あしからずご了解ください。
りょうかい

 **tip**　강연의뢰를 거절하는 장면인데, 이 대화처럼 거절할 때는 거절하지 않을 수 없는 사정을 확실히 상대에게 전달하는 것이 무엇보다도 중요하다.

---

**引き受ける**
ひ う
맡다, 인수하다 | **いたしかたない** 어쩔 수 없다 | **あしからず** 언짢게 생각지 마시기를, 양해해 주시기를

당신이 친한 사람과 신세를 진 사람으로부터 빚 의뢰를 받았을 때(만약 거절해야 한다면) 대놓고 거절하는 것은 무척 서운하다는 생각을 할 것이다. 말을 실수하면 지금까지의 소중한 관계가 한 순간에 무너져 버리는 위험을 초래한다. 그것은 비즈니스에서도 마찬가지다. 상대로부터 의뢰나 신청을 능숙하게 거절할 때는 상대를 상처주지 않도록 예의를 다해서 말을 선택할 필요가 있는데 그 때 주의할 점은 다음과 같다.

❶ 거절한다고 하기보다도 기대에 부응하지 못한 것을 사과하는 태도로 말한다.

❷ 왜 거절하지 않으면 안 되는지, 그 이유를 솔직하게 말한다.

❸ 「考えておきましょう 생각해 두겠습니다」「検討させてください 검토하게 해 주세요」 등은 상거래에서는 상투적인 표현이지만 중대한 의뢰일수록 확실히 결론을 말할 필요가 있다. 특히 3은 중요하다. 그것은 상대도 기대를 걸고 기다리고 있기 때문에 시간만 경과하면 상대는 거절당한 경우에 다음 대책을 쓸 수 없기 때문이다.

 ### 거절할 때의 서두

> **せっかくのご依頼にお応えできず、なんとも心苦しいのですが、…。**
>
> 모처럼의 의뢰에 응할 수 없어서 정말로 마음이 괴롭습니다만,…….
>
> **ご希望にそいたいと努力したのですが、…。**　희망에 부응하고 싶어서 노력했습니다만,…….
>
> **ご信頼に背くようで、誠に申し訳なく存じますが、…。**　신뢰를 저버리는 것 같아서 대단히 죄송합니다만,…….
>
> **何のお力添えもできず、誠に不本意でございますが、…。**
>
> 아무런 힘도 되어주지 못하고, 정말로 본의가 아닙니다만,…….
>
> **私でお役に立てることでしたら喜んでお引き受けしたいのですが、…。**
>
> 제가 도움이 될 수 있는 일이라면 기꺼이 맡고 싶습니다만,…….
>
> **他ならぬ孫様のご依頼ですから、何とかお力になりたいと存じましたが、…。**
>
> 다른 사람 아닌 손○○ 씨의 의뢰니까 정말로 힘이 되고 싶었습니다만,…….

 ### 이유를 말한다

> **残念ながら……もので。**　유감이지만……해서.
>
> **お恥ずかしいことながら……もので。**　부끄럽지만……해서.

 ### 용건을 말한다

> **事情をご賢察の上、悪しからずご了解(/ご了承)ください。**
>
> 사정을 헤아리신 후에 언짢게 여기지 마시고 부디 양해해주십시오.
>
> **お申し越しの件ですが、残念ですが、貴意にそいかねます。**
>
> 말씀하신 건 말인데요, 유감입니다만, 귀하의 뜻을 받들기가 어렵습니다.
>
> **不本意ながら、お断りせざるを得ませんが、何とぞご了承のほど、お願い申し上げます。**
>
> 본의는 아니지만, 거절하지 않을 수 없습니다. 아무쪼록 양해해주시도록 부탁드리겠습니다.

**1** 알맞은 어구를 골라 (1~3)에 넣고 (○○→　)를 알맞은 비스니스 회화로 바꿔 대화를 완성하세요.

(つきましては/あしからず/あいにく)

李　　：弊社におきましては、営業社員研修の一環として、日ごろ販売に当たっております御社製品の生産過程を見学し、商品知識を身につけたいと思っております。(1　　　　)、今月、御社のご都合のいい日に、工場見学をお願いできないでしょうか。

取引先：普段であれば喜んで(受ける→　　　　　　)のですが、(2　　　　)現在、工場の補修工事を行っておりまして、今月はちょっと……。補修工事は今月の下旬まで続きますので、それ以降で(よければ→　　　　　)、(大歓迎する→　　　　　)が……

李　　：そうですか。来月以降ですか。

取引先：はい。今月ということであれば、申し訳ございませんが、ご要望には(添えません→　　　　　)。(3　　　　)、ご了承ください。

**2** 다음은 융자의뢰 거절장입니다. (1~10)안에 알맞은 어구를 골라 넣어 문장을 완성하세요.

(拝察/ご容赦/ご書面/山々/折/ご融通/ご賢察/ご厚情/弊社/ご依頼)

拝復

4月14日付の(1　　　　)、確かに拝見いたしました。諸事不況の(2　　　　)から、何かとご困窮のこと、(3　　　)申し上げます。

さて、(4　　　)の件ですが、平素の(5　　　)に対しましても、ご融資申し上げたい気持ちは(6　　　)でございます。しかしながら、(7　　　)もまた運転資金に難渋いたしておりまして、(8　　　)できる余裕がまったくない状態でございます。せっかく内情を打ち明けてご相談くださいましたのに、何ともご援助できず、誠に心苦しい限りでございますが、なにとぞ事情を(9　　　)の上、(10　　　)のほど、お願い申し上げます。

まずは、取り急ぎご返事申し上げます。

敬具

# Unit 45　交渉する (1)
こうしょう

## 会話1　卸値下げの要請
おろしねさ　　ようせい

取引先　本日は折り入ってご相談したいことがあり、お伺いしました。
　　　　ほんじつ　お い　　　　そうだん　　　　　　　　　　　うかが

孫　　　と、おっしゃいますと。

取引先　昨今、大型店や量販店の進出もございまして、私ども中小の小売店と
　　　　さっこん　おおがたてん　りょうはんてん　しんしゅつ　　　　　　　　　　　ちゅうしょう　こうりてん

　　　　いたしましては、日々、大型店、量販店の価格引下げ攻勢にさら
　　　　　　　　　　　　ひ び　おおがたてん　りょうはんてん　かかくひきさ　こうせい

　　　　され、苦戦を強いられている状態です。私どもといたしましては、
　　　　　　　く せん　し　　　　　　　　じょうたい

　　　　これまでの顧客を引止めるためには大型店との対抗上、小売価格の
　　　　　　　　　　こきゃく　ひきと　　　　　　　　　　　　　たいこうじょう　　　かか く

　　　　引下げしかない状況でございます。長いお取り引き関係にある
　　　　ひきさ　　　　　　　　　　　　　　なが　　　　　　　かんけい

　　　　貴社に、卸値の引下げをお願いするのは忍びないことでございますが、
　　　　きしゃ　　　　　　　　　　　　　　しの

　　　　なにとぞ苦境にあえぐ私どもの事情をご理解賜り、なんとか卸価格の
　　　　　　　　く きょう　　　　　　　　じじょう　りかいたまわ　　　　　　　　かか く

　　　　再検討をお願いできないものでしょうか。
　　　　さいけんとう

孫　　　ご事情は重々承知しております。ただ、私の一存では決めかねる
　　　　　　じゅうじゅうしょうち　　　　　　　　　いちぞん　　き

　　　　ことでございまして。

取引先　そちら様のお立場は十分承知しております。なにとぞ、上司の方に
　　　　　　さま　たちば　じゅうぶんしょうち　　　　　　　　　　じょうし　かた

　　　　お口添え願います。当方もこのままでは経営が立ちゆかないもので、
　　　　くちぞ　　　　とうほう　　　　　　けいえい

　　　　ただただお願いするしかございません。

소매점이 제조사에 도매 가격 인하를 요청하는 장면이다. 가격교섭의 일종이지만 요구하는 근거 및 자사의 사정을 자세하게 설명하는 것이 가장 중요한 일이다. 그러나 상대에 대한 배려를 잊지 않도록 하자.

---

量販店りょうはんてん 양판점 | 価格引かかくひき下さげ攻勢こうせい 가격인하공세 | さらす 위험한 상태에 놓이다 | 苦戦くせんを強しいられる 고전을 강요받다 | 引ひき下さげる 인하하다 | 小売価格こうりかかく 소매가격 | 卸値おろしね 도맷값 | 苦境くきょうにあえぐ 곤경에 처하다 | 重々じゅうじゅう 거듭거듭, 충분히 | (お)口添くちぞえ 말을 거듦, 조언 | 立たちゆく 사업이나 생활이 그럭저럭 되어나가다 | ただただ ただ의 강조, 단지, 그저

## 会話 2 納期変更の要請
のう き へんこう　ようせい

取引先　先日注文いたしました貴社商品DYPC－Sの件なのですが、…。
　　　　せんじつちゅうもん　　　　　　　　　　き しゃしょうひん　　　　　　けん

李　　　はい、なんでしょうか。

取引先　当初の予定では、10月9日に間に合わせて、3000個納品していただく
　　　　とうしょ　よてい　　　　　　　　　　　　ま あ　　　　　　このうひん

　　　　予定になっておりましたが、当社の予定が急遽変更になりまして、
　　　　　　　　　　　　　　　　　　とうしゃ　　　　　　きゅうきょ

　　　　最初の納期を1週間早めて10月2日にしていただくわけにはいか
　　　　　　のう き　　しゅうかんはや

　　　　ないでしょうか。

李　　　急なお申し入れですね。
　　　　きゅう　もう い

取引先　ご無理なお願いで、ほんとうに申し訳なく存じておりますが、なんとか
　　　　　む り　　　　　　　　　　　　わけ　ぞん

　　　　各工程を短縮して、納期変更をご了承くださいますよう、お願い申し
　　　　かくこうてい　たんしゅく　　　　　　りょうしょう

　　　　上げます。

李　　　お話、承りました。工場担当者とも相談の上、後ほどご連絡させて
　　　　　　うけたまわ　　　こうじょうたんとうしゃ　そうだん　うえ　のち　　れんらく

　　　　いただきますので、1、2時間お待ちください。
　　　　　　　　　　　　　　じ かん　ま

取引先　ありがとうございます。では、お返事お待ちしております。
　　　　　　　　　　　　　　　　　　へん じ

납기 변경을 요청하는 장면이다. 이런 종류의 교섭은 상대도 담당자나 상사와 의논하고 나서가 아니면 결정할 수 없는 경우가 대부분이니까 조금이라도 빨리 제의할 필요가 있다.

急遽きゅうきょ 갑작스럽게, 서둘러 ┃ 早はやめる 앞당기다, 서두르다

교섭이라도 해도 형태상으로는 의뢰·부탁의 형태를 취한다. 중요한 것은 거래처와는 오랜 거래관계를 맺을 것이므로 상거래에 있어서의 교섭은 '이겼나, 졌나'를 경쟁하는 것이 아니고 그 목적은 서로가 납득해서 합의에 이르는 데에 있다. 예를 들면 자신의 요구만을 밀고 나가려고 해도 교섭은 결렬될 것이다. 상대가 희망하는 일이나 상대가 필요로 하는 것에 대한 이해와 공감이 없으면 교섭은 성사되지 않는다. 예를 들면 매입 값 인하를 부탁하는 것만으로는 상대가 납득해 줄 리가 없다. 가격인하의 필요성이나 그 메리트를 이론적으로 설명하는 것이 포인트다.

**교섭에서 주의할 것**

❶ 성의를 담아 예의 바르게

❷ ○○을 요구하는 근거 및 자사의 사정을 자세하게 설명

❸ 교섭상대에 대한 배려를 잊지 않는다

❹ 결코 강제적인 표현을 쓰지 않는다

 **강하게 요청할 때**

そこを何とかお願いできないでしょうか。

그 점을 어떻게 부탁드릴 수 없을까요?

無理を承知の上で、そこを何とかお願いいたします。

무리라는 것은 알고 있지만 그 점을 어떻게든 부탁드리겠습니다.

当方の事情もお察しください。

저희 쪽의 사정도 헤아려주십시오.

 **회신을 보류할 때**

私の一存では決めかねますので、…。　저 혼자만의 생각으로는 결정하기 어려우므로,…….

上司とも相談の上、お返事させていただきます。　상사와도 의논한 후에 답해드리겠습니다.

この件に関しては、少し検討させてください。　이 건에 관해서는 조금 검토하게 해주십시오.

この件に関しては、もう少しお時間をいただけないでしょうか。

이 건에 관해서는 조금 더 시간을 주실 수 없을까요?

 **부드럽게 거절할 때**

今回は見送らせてください。　이번에는 보류하게 해주세요.

検討してはみますが、…。　검토는 해보겠습니다만,…….

この件に関しては、また次回にということで。　이 건에 관해서는 또 다음에 하는 것으로.

結構なお話だとは思いますが、現状ではちょっと…。

괜찮은 이야기라고는 생각합니다만, 현 상태로는 좀 …….

**1**　알맞은 어구를 골라 (1～7)안에 넣어 대화를 완성하세요.

(お時間/承知/申し訳/ご考慮/検討/一存/お察し)

取引先：卸値の値下げの件、なんとかお願いできないでしょうか。

李　　：ご事情は(1　　　　)しますが、私の(2　　　　)では決めかねますので。

取引先：ご無理は(3　　　　)の上で、そこをなんとかお願いします。

李　　：そう言われましても、私の立場も(4　　　　)いただいて。

取引先：さようですか。

李　　：(5　　　　)ございません。この件につきましては、もう少し(6　　　　)を
　　　　ください。本社に持ち帰り、(7　　　　)させていただきますので。

**2**　알맞은 어구를 골라 (1～7)안에 넣고 (○○→　)를 비즈니스 문서에 알맞은 표현으로
바꿔 다음 E메일을 완성하세요.

(実は/後ほど/そのため/つきましては/さて/また)

無限社佐藤様

いつもお世話になっています。B社の山田です。

(1　　　　)、本日(メールした→　　　　)のは、先日(送ってもらった→
　　　　)御社製品△△の見積書の(件です→　　　　)。

(2　　　　)、御社の製品と同種の商品がC社から発売され、大型店では御社商品よ
りも50円以上も安く販売されています。(3　　　　)、当社としても最大限の営業努
力を(してきた→　　　　)が、御社製品△△の売り上げは落ち込んでいます。

しかし、当社としては、御社の製品の見積価格を50円ほど(値下げしてもらえれば→
　　　　)、販売価格を下げることが可能となり、C社商品にも十分対抗で
きる競争力を持つと(考えています→　　　　)。(4　　　　)、そのことで売り上げ
が伸びれば、お互いにとってメリットが (あります→　　　　)。

(5　　　　)、見積価格の値下げの件で、ぜひ御社と(相談したい→　　　　)と(希
望しています→　　　　)。(6　　　　)、当社の担当者からお電話を(あげる→
差し上げる)と(思います→存じます)が、ご高配のほど(お願いする→　　　　)。

B社営業部長　山田

# Unit 46 交渉する (2)
こうしょう

 **会話 1** 価格交渉が不調のとき
かかく　　　　　ふちょう

取引先　このくらいでいかがでしょうか。

李　　　この額では、ちょっと…。当方の事情もお察しください。
　　　　がく　　　　　　　　　　とうほう　じじょう　　さっ

取引先　そう言われましても、当社もぎりぎり勉強させていただきました
　　　　　い　　　　　　　　とうしゃ　　　　　　　べんきょう
　　　　ので、これ以下では採算われになってしまいます。
　　　　　　　いか　さいさん

李　　　そこをなんとか、ご再考願えないでしょうか。
　　　　　　　　　　　さいこうねが

取引先　申し訳ございませんが、この線は当社としてもお譲りするわけには
　　　　もう　わけ　　　　　　せん　　　　　　　ゆず
　　　　まいりません。

李　　　そうですか。誠に残念ですが、この条件では当社としてはお受けで
　　　　　　　　　　まこと　ざんねん　　　　　じょうけん　　　　　　　　う
　　　　きないので、今回のお取引は見送りということにさせてください。
　　　　　　　　こんかい　とりひき　みおく

取引先　残念ではございますが、今回はご縁がなかったということで。
　　　　　　　　　　　　　　　　えん

李　　　そうですね。今回のことはともかくとして、次の機会にはぜひ
　　　　　　　　　　　　　　　　　　つぎ　きかい
　　　　よろしくお願いします。

 가격　교섭이 순조롭지 못하게 끝났을 때의 상담이다. 가령 이번의 교섭이 성사되지 않아도 다음 기회가 있으니까 그 배려의
한 마디 「今回のことはともかく、次の機会にはぜひ、… 이번 일은 어찌 되었든 간에 다음 기회에는 꼭,……」 를 빠
뜨릴 수 없다.

---

**不調**ふちょう 순조롭지 않음 ｜ **察**さっ**する** 헤아리다 ｜ **ぎりぎり** 빠듯함, 간신히 ｜ **勉強**べんきょう**する** (= **値引**ねびき**する**)
값을 싸게 해서 팔다 ｜ **譲**ゆず**る** 양보하다 ｜ **見送**みおく**り** 보류 ｜ **〜はともかくとして** 〜은 어쨌든 간에, 좌우지간

 **会話2**

## 卸値の値下げ要請を断る
おろしね　ねさ　ようせい　ことわ

**李**　御社からの卸値の値下げのお申し出の件なのですが、…。
おんしゃ　　　　　　　　　　もう　で　けん

**取引先**　いかが相成りましたでしょうか。
あいな

**李**　誠に申し上げにくいことですが、役員会議の決定で、お断りすることに
まこと　あ　　　　　　　　やくいんかいぎ　けってい

なりました。御社のこれまでのご尽力には多大なものがございますし、
じんりょく　ただい

ご事情も誠にごもっともと存じます。しかしながら、価格面での
じじょう　　　　　　ぞん　　　　　　　　　　　　　かかくめん

対処はいたずらに値引き競争を招くだけの結果しか出ないことは火を
たいしょ　　　　ねび　きょうそう　まね　　　けっか　　　　　　　　　ひ

見るより明らかですし、弊社といたしましては、製品は品質の差
み　　あき　　　　　　へいしゃ　　　　　　せいひん　ひんしつ　さ

で勝負したいと考えております。このような結果になりましたこと
しょうぶ　　かんが

は、担当者の私としても誠に心苦しいのでございますが、なにとぞご理
たんとうしゃ　　　　　　　こころぐる　　　　　　　　　　　　り

解のほど、お願いいたします。
かい

**取引先**　いたしかたございません。今後ともご厚情のほど、よろしくお願
こんご　こうじょう

いいたします。

도맷값 인하의 요청을 거절하는 대화다. 동정만으로 비즈니스는 할 수 없으니까 이런 거절이 필요해질 때도 있겠지만 '거절한다'는 것이 아니라 희망에 부응할 수 없는 것을 사과하는 자세를 잊지 않도록 하자.

---

ごもっとも 지당함, 사리에 맞음 ｜ いたずらに 쓸데없이, 공연히 ｜ 火ひを見みるより明あきらか 불을 보듯이 뻔하다, 확실하다 ｜ 心苦こころぐるしい 마음이 괴롭다, 안타깝다

# Unit 46  포인트

여기에서는 상담이 성사되지 않았을 때의 표현을 정리했다. 강하게 상대에게 양보를 다그칠 때의 표현, 그것을 확실히 거절하는 경우의 표현, 그리고 상담이 결렬되었을 때의 표현 등을 익히자. 또한 「今回は～ 이번에는 ～」나 「今回の件に関しては～ 이번 건에 관해서는 ～」는 다음에 여운을 남긴 거절방법이다. 또 헤어질 때에 「またのご縁があろうかと思いますので、その節はよろしくお願いいたします 또 인연이 있을테니까 그때는 잘 부탁드립니다」와 같이 한 마디 덧붙이면 거래처와의 관계는 지속된다. 이들의 배려 한 마디는 비즈니스에 관계되는 사람의 수칙이다.

 **금액제시에 자주 사용되는 표현**

> このくらいでいかがでしょうか。　　이 정도로 괜찮으실까요?
>
> この線でお願いしたいのですが、…。　　이 선에서 부탁드리고 싶습니다만, …….
>
> このくらいで折り合えないでしょうか、…。　　이 정도로 절충할 수 없을까요?
>
> これで何とかお願いしたいのですが、…。　　이것으로 어떻게든 부탁드리고 싶습니다만, …….

 **확실히 거절한다**

> ご希望には添いかねます。　　희망에는 부응할 수 없습니다.
>
> ご無理をおっしゃらないでください。　　무리한 말씀 하지 마십시오.
>
> これではとても話になりません。　　이래서는 도저히 대화가 되지 않습니다.
>
> これではお受けいたしかねます。　　이래서는 받아들일 수 없습니다.
>
> 今回の件に関しては見送らせてください。　　이번 건에 관해서는 보류하게 해 주십시오.
>
> 今回は見送りということにさせてください。　　이번에는 보류하는 것으로 하게 해주십시오.

 **상담결렬 시의 헤어질 때의 말**

> 今回につきましては、ご無理を申し上げて、誠に申し訳ございませんでした。
>
> 이번에 관해서는 무리하게 말씀드려서 대단히 죄송합니다.
>
> 今回はこういう結果になりましたが、私の立場もご理解ください。
>
> 이번에는 이런 결과가 되었습니다만, 제 입장도 이해해주십시오.
>
> これに懲りずに今後ともよろしくお願いいたします。
>
> 이번 일에 놀라지 마시고 앞으로도 잘 부탁드립니다.
>
> 今回のことはともかく、次の機会にはぜひ、…。
>
> 이번 일은 어쨌든간에 다음 기회에는 꼭, …….
>
> またのご縁があろうかと思いますので、その節はよろしくお願いいたします。
>
> 다음에 인연이 있으리라 생각되므로 그 때는 잘 부탁드립니다.

**1**　다음과 같은 경우에 어떤 표현을 쓸까요? 알맞게 연결하세요.

1　金額を提示するとき　　　　　　　　・　・a　今回に関しては見送らせてください。

2　立場上しかたなく断るとき　　　　　・　・b　検討させてください。

3　はっきり相手の要請を断るとき　　　・　・c　勝手を言って申し訳ございません。

4　結論を保留したいとき　　　　　　　・　・d　このくらいでいかがでしょうか。

5　自分側の一方的な理由で断るとき　　・　・e　ご希望には添いかねます。

6　この事案に限って断るとき　　　　　・　・f　私の立場もご考慮いただいて。

**2**　알맞은 어구를 골라 (1〜8)안에 넣어 대화를 완성하세요.

(必ず/今回/上で/なにとぞ/確かに/ほど/ごもっとも/なんとか)

取引先：本日はご叱責を覚悟の(1　　　　　)、納期猶予のお願いに伺いました。

李　　：ご書面、(2　　　　　)拝見いたしましたが、結論から申しまして、ご承諾いたしかねます。

取引先：お叱りは(3　　　　　)と存じますが、当社は原材料のすべて輸入にを頼っているため、先方での出荷が遅れ、いかんともしがたい状況でございます。

李　　：そう言われましても、私どもも納期に間に合わなければ、お得意様への配送計画に重大な支障を来し、当社の信用問題となりますので。

取引先：御社にご迷惑をおかけすることになり、大変申し訳なく思っております。私どもも製造は昼夜兼行で急がせ、8月9日には(4　　　　　)納入させていただきますので、(5　　　　　)事情をご賢察賜り、二週間のご猶予の (6　　　　　)、お願い申し上げます。

李　　：困りましたね。では、納期をもう少し早めることはできますか。

取引先：わかりました。(7　　　　　)一週間で間に合わせるようにいたします。

李　　：それでは、(8　　　　　)に限って、一週間ということで了承いたしますが、今後このようなことがないよう、お願いいたします。

取引先：ありがとうございます。二度とこのようなことがないようにいたします。

# 催促する
さいそく

 **会話 1** 支払いを督促する
しはら とくそく

**孫** 10月15日付をもってご注文いただきました商品LPにつきましては、昨日がご入金いただくお約束の日だったと思いますが、何か手違いでもございましたでしょうか。

**取引先** 申し訳ありません。近日中にはなんとかいたしますので、今少しご猶予ください。

**孫** 誠に申し上げにくいことなのですが、これ以上お支払いが遅延するようですと、貴社とのお取引関係にも支障をきたすことにもなりますので、ご高配のほど、お願い申し上げます。

**取引先** お詫びの言葉もございません。一両日中に、必ず御社の口座の方に振り込ませていただきますので。

**孫** お話、確かに承りました。では、ご入金の件、よろしくお願いいたします。

 **tip** 대금 지불을 재촉하는 첫 번째 전화다. 첫 번째 재촉은 이 대화처럼 상대의 잘못을 책망하지 말고 정중한 의뢰의 형태를 취하는 것이 보통이다.

---

**手違**てちがい 착오, 차질 | **猶予**ゆうよ**する** 유예하다 | **遅延**ちえん**する** 지연하다 | **支障**ししょう**を来**きたす 지장을 초래하다 | **口座**こうざに**振**ふり**込**こむ 구좌에 넣다, 입금하다

## 支払いの三度目の督促
しはら　　さんど　め　　とくそく

李　先日、一両日中には振り込むとおっしゃいましたが、あれから一週
　　せんじつ　いちりょうじつちゅう　　ふ　こ　　　　　　　　　　　　　　　　　　いっしゅう
　間近くになります現在に至っても、まだお支払がございません。
　かんちか　　　　　　　げんざい　いた
　いったいどういうことでしょうか。

取引先　申し訳ありません。当社も大口の取引先が倒産し、多額の売掛金が
　　　　もう　わけ　　　　　　とうしゃ　おおぐち　とりひきさき　とうさん　　た　がく　うりかけきん
　回収不能となっておりまして難渋しております。しかし、今月に
　かいしゅうふ　のう　　　　　　　　　　　なんじゅう　　　　　　　　　　　こんげつ
　入って、何とか資金繰りの目処も立ってまいりましたので、今月末日
　はい　　なん　　しきんぐ　　めど　た　　　　　　　　　　　　　　まつじつ
　までにはお支払いできる見込みです。なにとぞ、今しばらくのご猶
　　　　　　　　　　　　　み　こ　　　　　　　　　　　　　　　　　　　　ゆう
　予をお願いいたします。
　よ

李　今月末ですね。わかりました。しかし、それ以上の猶予はできかね
　　　　　まつ
　ます。もし今月の末日までにご送金いただけない場合は、遺憾ながら
　　　　　　　　　　　　　　そうきん　　　　　　　　ばあい　　いかん
　最終的手段をとらざるを得ませんので、あらかじめご承知おき願い
　さいしゅうてきしゅだん　　　　　　え　　　　　　　　　　　　　　しょうち
　たいと存じます。
　　　　ぞん

tip　대금 지불을 재촉하는 세 번째 전화다. 일본에서는 두 번째 재촉까지는 일방적인 비난은 피하고 재촉하는 쪽도 의리의 자세를
무너뜨리지 않는다. 그러나 세 번째는 최종 독촉으로 지불이 없는 경우에는 법적수단을 취할 것을 독촉장에도 쓰게 된다.

---

**難渋なんじゅうする** 어려움, 고생스러움 ｜ **資金繰しきんぐり** 자금회전, 자금마련 ｜ **目処めどが立たつ** 목표가 서다 ｜ **遺憾いか
んながら** 유감이지만 ｜ **あらかじめ** 미리

 아무리 재촉이라고는 하지만 상대의 잘못을 고압적인 태도로 책망하는 것 같은 말은 역효과가 나고 거래처와의 관계가 무너져버린다. 마지막까지 정중하고도 정중한 대화로 이끌어가자. 그래서 이행하지 못한 원인을 상대의 태만이나 성의가 없기 때문이라고 일방적으로 단정 짓지 말고 「何かの手違いかと存じますが 뭔가 차질이 생겼다고 생각합니다만」이라고 선의로 해석하거나 「催促がましくて、誠に恐縮なのですが、 재촉하는 것 같아서 대단히 죄송합니다만,」으로 미안한 마음을 표현하는 등, 상대의 감정을 해치지 않는 배려가 중요하다. 예를 들면 <회화 1 >의 「何か手違いでも 뭔가 차질이라도」는 응용도가 높은 말솜씨로 상대에게 잘못이 있어도 그것을 책망하지 않고 상대를 배려하고 상대방의 사정을 제일 먼저 묻는 표현이 된다. 그 편이 상대의 마음을 울리는 것이다. 다시 말해서 직접적인 표현을 피하고 완곡한 표현을 쓰는 쪽이 일본어다워지고, 또 비즈니스세계에서는 적절하다. 또한 재촉·독촉이라는 것은 상대가 이행하지 않은 경우에는 소송까지도 가게 되니까 반드시 먼저 서장을 보내고 그 후에 만나거나 전화하거나 해서 구두로 재촉하도록 하자.

 **재촉할 때의 서두의 말**

> **催促がましくて、誠に恐縮なのですが、…。**
>
> 재촉하는 것 같아서 대단히 죄송합니다만,…….
>
> **大変申し上げにくいことなのですが、…。**
>
> 대단히 말씀드리기 어렵습니다만,…….

**상대측의 사정설명을 요구하는 말**

> **先日お願いしましたサンプルの件ですが、そのどうなっておりますでしょうか。**
>
> 지난번에 부탁드린 샘플건 말인데요, 그거 어떻게 되셨습니까?
>
> **○○の件、確か今週中にお返事いただけるとのことだったと思いますが。**
>
> ○○ 건, 분명 이번 주 중에 회신을 주신다고 하셨는데.
>
> **10日がご入金いただくお約束の日だったと思いますが、何か手違いでもございましたでしょうか。**
>
> 10일이 입금해주신다는 약속 날이었습니다만, 뭔가 차질이라도 생기셨습니까?

**제일 먼저 덧붙이는 말**

> **至急……ますよう、お願い申し上げます。** 급히……하시도록 부탁드리겠습니다.
>
> **至急善処のほど、お願いいたします。** 급히 선처해주시도록 부탁드리겠습니다.
>
> **早急な対処をお願い申し上げます。** 조속한 대처를 부탁드리겠습니다.
>
> **折返しご回答を承りたく存じます。** 즉시 회답을 받고 싶습니다.

# Unit 47 확인문제

**1** 알맞은 어구를 골라 (1~7)안에 넣어 대화를 완성하세요.

(社内/結論/お返事/恐縮/ご検討/お電話/催促)

李　　：あのう、(1　　　　　)がましくて誠に(2　　　　　)なのですが、融資の件について、確か今週中に(3　　　　　)をいただけるとのことだったと思いますが、…。

取引先：あっ、連絡が遅れまして、申し訳ございません。

李　　：いいえ。それでどのような(4　　　　　)になりましたでしょうか。

取引先：それが、まだ(5　　　　　)で検討中でございまして、…。

李　　：そうですか。それで、目処としてはいつごろになるでしょうか。

取引先：もう、二、三日お待ちいただけませんか。

李　　：では、その頃もう一度(6　　　　　)さし上げますので、よろしく(7　　　　　)をお願いいたします。

**2** 알맞은 어구를 골라 (1~7)안에 넣고(○○→　　)를 비즈니스 문서에 알맞은 표현으로 바꿔 다음 독촉장을 완성하세요.

(さて/つきましては/あしからず/あるいは/毎度/いまだに/なお)

拝啓

(　1　)お引立てにあずかり、厚くお礼申し上げます。

(　2　)、12月9日付番号B4号貴書にてご注文いただき、12月12日ご決済のお約定をいただいております納入代金102万円につきまして、支払いのお約束期限を過ぎて１ヵ月近くになりますが、現在に至っても(　3　)お支払いが(ない→　　　　　)。

(　4　)何かの手違いかと(察する→　　　　　)が、当社といたしましては今月が決算月となりますので、今月末までにお支払いをいただき、帳簿の整理をいたしたく、再度(請求した→　　　　　)次第でございます。

(　5　)、至急(調べてもらい→　　　　　)、(支払ってくれる→　　　　　)ようお願い申し上げます。

(　6　)、万一、本状と行き違いにお支払いがお済みの際は、(　7　)(許してくださる→　　　　　)よう、お願い申し上げます。

敬具

# Unit 48 抗議する
こうぎ

 会話 1 **納品の遅れを抗議する**
のうひん　おく

孫　10月12日が御社商品ZP－Sの納入のお約束の日だったはずで
　　おんしゃしょうひん　　のうにゅう　　やくそく　ひ
すが、納期を一週間過ぎたにもかかわらず、いまだに納入いただけ
のうき　いっしゅうかん　す
ないばかりか、何のご連絡もいただけません。これはいったいど
なん　れんらく
ういうことなのでしょうか。

取引先　申し訳ございません。ZP－Sは新発売しましてから予想以上の売
　　　　もう　わけ　　　しんはつばい　　　　　よそういじょう　う
れ行き好調で、弊社工場でもフル生産に励んでおりますが、需要
ゆ　こうちょう　へいしゃこうじょう　　せいさん　はげ　　　　　　じゅよう
に応じきれない状態でございます。そういうわけで、もうしばら
おう　　じょうたい
くお待ちいただけないでしょうか。
ま

孫　それはあまりに一方的すぎます。こちらは予約のお客様から、「ど
　　　　　　いっぽうてき　　　　　よやく　きゃくさま
うなっているのか」と強い催促を受け、ほとほと困っております。
つよ　さいそく　う　　　　こま
このままでは当社の信用問題に関わります。一両日中にお納めいた
しんようもんだい　かか　いちりょうじつちゅう　おさ
だけない場合は、不本意ながら法的措置も考えざるを得ませんの
ばあい　ふほんい　ほうてきそち　かんが　え
で、ご承知おきください。
しょうち

取引先　申し訳ございません。担当者とも相談の上、至急納品できるよう
　　　　　　　　　　　　たんとうしゃ　そうだん　うえ　しきゅうのうひん
にいたします。

 납기지연을 항의하는 전화인데 「いったいどういうことなのでしょうか 도대체 어떻게 된겁니까?」라는 말은 정중하지만 상대를 추궁하는 강한 표현이 된다. 법적조치(=손해배상)에 대해서 말한 것은 최후통첩이라고도 할 수 있는 것으로 강한 항의의 의사표명이 되고 있다.

---

**～にもかかわらず** ~임에도 불구하고 | **～ばかりか** ~뿐만 아니라 | **売うれ行ゆき好調こうちょう** 매상호조 | **フル生産せいさん** 풀 생산 | **励はげむ** 힘쓰다, 노력하다 | **応おうじきれない** 다 따를 수 없다 | **一方的いっぽうてきすぎる** 지나치게 일방적이다 | **ほとほと** 몹시, 정말로, 히마터면 | **～に関かかわる** ~에 관계되다 | **損害賠償そんがいばいしょう** 손해배상

 **不良品の混入を抗議する**
ふ りょうひん　こんにゅう　こう ぎ

李　10月14日付にてご注文申し上げました御社製品 ZP－S、250台に
つきまして、本日着荷いたしましたが、検品いたしましたところ、
そのうちの3台に破損および塗装部分に損傷がございました。

取引先　誠に申し訳ございません。早速お取り替えいたしますので。

李　もちろんそうしていただきますが、破損や塗装の損傷の原因は梱包の
不備によるものと思われますので、今後は梱包の際にご注意ください
 Pますよう、僭越ながらご忠告申し上げます。

取引先　恐縮です。以後、このようなことのないよう、厳しく指導いたします
ので、なにとぞご寛恕のほど、お願いいたします。

불량품의 혼입에 대한 항의전화다. 어디에도 항의의 말은 들어가 있지 않지만 「今後は梱包の際にご注意くださいます
よう、僭越ながらご忠告申し上げます 앞으로 포장하실 때에는 주의하시도록 외람되지만 충고드리겠습니다」 라는 충고의 말 속에 항의의 의미가 담겨져 있다. 이 표현은 무척 일본적인 항의방법이다.

---

**着荷ちゃっかする** 착하하다 **| 検品けんぴんする** 검품하다 **| 破損はそん** 파손 **| 塗装部分とそうぶぶん** 도장부분 **| 損傷
そんしょう** 손상 **| 梱包こんぽうの不備ふび** 포장의 불비, 포장이 제대로 갖추어지지 않음 **| 僭越せんえつながら** 주제넘지만, 외람되
지만 **| (ご)寛恕かんじょ** 관용, 너그럽게 용서함

 비즈니스 세계에서는 계약을 둘러싼 트러블은 따르기 마련이지만, 상대에게 전혀 성의가 보이지 않을 때는 항의로 이어지게 된다. 그 때의 최초의 항의시작으로 쓰이는 것이 다음의 「問いただす 추궁하다」는 표현이다. 만약 상대측이 계약을 이행할 의지가 보이지 않는 경우에는 서면에서도 강경수단으로 나올 수도 있다는 것을 확실히 하고 단호한 태도를 취하는 것이 필요하다. 그래도 상대가 계약을 이행하려 하지 않으면 손해배상 등의 법적수단을 취하게 된다. 소송이 될 경우도 생각해서 서면뿐만 아니라 구두로도 분명하게 해야만 할 것은 다음과 같은 점이다.

❶ 항의해야만 하는 사항과 이유를 명확히 한다.
❷ 이쪽이 입은 피해와 손해상황을 명시한다.
❸ 그 책임을 요구하고 계약사항의 이행이나 선처를 요망한다.
❹ 신속한 회답을 요구한다.
❺ 악질적인 상대에 대해서는 법적수단에 호소할 준비가 되어 있다는 것도 시사한다.

 **추궁하는 말**

お支払い(納品・お約束…)今日のはずですが、いったいどういうことなのでしょうか。

지불(납품・약속…)이 오늘일 터인데 대체 어떻게 된 겁니까?

再三の申し入れにも関わらず、お聞き届けいただけないのはどういうわけでしょうか。

재삼 제의에도 불구하고 들어주시지 않는 것은 어쩔 셈이십니까?

 **사정이나 입장을 전하는 말**

ご無理はおっしゃらないでください。 무리한 말씀은 하지 말아주십시오.

それはあまりに一方的すぎます。 그것은 너무나도 일방적입니다.

私の身にもなってください。 제 입장도 생각해주십시오.

当社もほとほと困っております。 우리 회사도 몹시 난처해하고 있습니다.

当社の信用問題に関わります。 우리 회사의 신용문제에 관계됩니다.

 **최후통첩**

貴社とのお取り引きは、今後できないことになりますので。

귀사하고의 거래는 앞으로 할 수 없게 되므로.

こちらといたしましては法的処置も考えざるを得ません。

저희로서는 법적조치도 생각하지 않을 수 없습니다.

**1** (○○→  )를 알맞은 비즈니스 회화로 바꿔 대화를 완성하세요.

取引先：あのう、お支払いの件ですが、もうしばらく ( 猶予してもらう→        )
わけにはいかないでしょうか。
李　　：ご無理は ( 言わないでください→        )。こちらは今月中に ( 支
払ってもらえる→        ) というお約束でしたから、一ヶ月 ( 待っ
た→        ) のです。上司にこの話を持っていった私の身にもなっ
てください。
取引先：ご無理なお願いであることは、重々承知しておりますが、そこをなんと
か ( 願う→        ) できないものでしょうか。
李　　：申し訳ございませんが、これ以上はもう私の力ではどうにもなりません。
もし、( 支払う→        ) いただけなければ、法的処置も考えざる
を得ませんので、あらかじめ ( 知っておいてください→        )。

**2** 알맞은 어구를 골라 (1〜6)안에 넣고 (○○→  )를 알맞은 비즈니스 회화로 바꿔
다음 항의장을 완성하세요.

( なにとぞ / すでに / 取り急ぎ / つきましては / しかしながら / また )

前略
(　　1　　) 用件のみ申し上げます。
去る6月1日付貴信により ( 注文してもらいました→        ) 標記商品「○○」
50台につき、本日、貴社より注文を取り消したいとのご連絡を受けました。
(　　2　　)、6月15日の納期を二日後に控えた今日に至って、突然の解約のご
通知を受けましても、当社といたしましては、はなはだ困惑するのみでございま
す。貴社の取引先の ( 事情だそうです→        ) が、(　　3　　) ご注文の商品は
梱包も終了し、製品発送の準備を整えております現在、ご注文取消しには ( 納得
できません→        )。
(　　4　　)、このような一方的な解約のお申し出は、商取引の信義にも反する
ことではないでしょうか。当社といたしましては、御社に誠意が見られない場合
は、不本意ながら、損害賠償の訴訟も辞さない ( つもりです→        )。
(　　5　　)、当該品は貴社にてお引き取りになるのが筋ではないかと ( 思います
→        ) 故、(　　6　　) しかるべき善処方をお願い申し上げます。

草々

 **会話 1** 納品の遅れを詫びる
（のうひん　おく　わ）

孫　昨日がお約束のはずですが、商品が届いておりません。どういう
（さくじつ　やくそく　　しょうひん　とど）
わけでしょうか。

取引先　誠に申し訳ございません。早速確認いたしましたところ、発送係の
（まこと　もう　わけ　　さっそくかくにん　　はっそうかかり）
手違いから発送が遅れたことが判明いたしました。当社の責任で
（てちが　　はっそう　おく　　はんめい　　たんとう　せきにん）
あることは間違いなく、心よりお詫び申し上げます。
（まちが　　こころ　　あ）

孫　このような納期の遅れは一度二度ではありません。気をつけてい
（のうき　おく　いちどにど　　き）
ただかないと困ります。
（こま）

取引先　私の監督不行届でご迷惑をおかけしまして、申し訳ございません。
（かんとくふゆきとどき　めいわく）
係りの者にもきつく言っておきますので、何とぞご容赦のほど、
（かか　もの　　い　　なに　　ようしゃ）
お願い申し上げます。ご注文の品につきましては、先ほど発送
（ちゅうもん　しな　　さき　はっそう）
いたしましたので、よろしくご査収のほど、お願いいたします。
（さしゅう）

孫　わかりました。以後お気をつけください。
（いご）

取引先　はい。今後はこのようなことのないよう、厳重に注意いたしますので、
（げんじゅう　ちゅうい）
変わらぬお引き立てのほど、お願い申し上げます。
（か　ひ　た）

 납품지연을 사과하는 장면인데, 부하의 실수를 어떻게 사과하는지, 이 대화를 참고 하자. 이 「私の監督不行届でご迷惑を おかけしまして 제 감독 부주의로 폐를 끼쳐드려서」 외에도 「係りの者の手違いで、大変なご迷惑をおかけしまして 담당자의 실수로 대단한 폐를 끼쳐드려서」 등이 자주 쓰인다.

---

**〜た・ところ** 〜했더니 | **監督不行届 かんとくふゆきとどき** 감독소홀, 감독의 손길이 골고루 미치지 못함 | **係かかりの者もの** 담당자 | **きつい** 심하다, 엄하다 | **(ご)査収さしゅう** 사수, 잘 조사하여 받음

 客に失礼を詫びる
きゃく　しつれい　わ

お客　……( 怒っている )……
　　　おこ

店長　お客様、担当者の鈴木が失礼なことを申しましたそうで、誠に申し
　　　きゃくさま　たんとうしゃ　すずき　　　　　　　　　もう　　　　　　まこと
　　　訳ございませんでした。
　　　わけ

お客　こちらではどんな社員教育をなさっているんですか。まるで私が悪い
　　　　　　　　　　　しゃいんきょういく　　　　　　　　　　　　　わる
　　　ような言い方をするもんだから、…。
　　　　　　い　かた

店長　お客様に不愉快な思いをさせてしまって、お詫びのしようもござい
　　　　　　　ふゆかい
　　　ません。本人にかわって、心からお詫び申し上げます。鈴木にも厳しく
　　　　　　ほんにん　　　　　　　　　　　　　　　　　　　　　　きび
　　　申し聞かせておきますので、ここはなにとぞお許しください。
　　　き　　　　　　　　　　　　　　　　　　ゆる

お客　失礼にもほどがあります。本人を呼んで、きちんと私の前で謝罪さ
　　　　　　　　　　　　　　　　　　　　　　　　まえ　しゃざい
　　　せてください。

店長　かしこまりました。ただ今、呼んでまいりますので。
　　　　　　　　　　　　　よ

 가게에서 화가 난 손님을 달래는 장면이다. 상대가 화를 내고 있을 때는 불만이 있어도 서툴게 변명하지 말고 사과하는 것이
가장 좋다. 변명하는 것은 손님이 진정되고 나서 해도 된다.

~にかわって ~을 대신하여 ｜ 申もうし聞きかせる 알아듣도록 말하다, 타이르다 ｜ ~にもほどがある ~에도 정도가 있다

이쪽의 과실이나 실례에 의해서 손님을 화나게 하거나 고객이나 거래처에 폐나 피해를 초래했을 때의 사과하는 방법을 정리했다. 사과하는 것은 상대와의 관계 수복이 목적으로 비즈니스세계에서는 불미스러운 일이 생긴 경우 원인이나 이유가 어떤 일이라도 얼마간의 책임을 질 필요가 생긴다. 그러므로 불만인 듯한 표현은 피하고 솔직하게 사과하고 앞으로의 대응책을 보이고 신속하게 그 대응책을 실행하는 것을 약속하는 것이 중요하다.

## 포인트 자신의 실수를 사과할 때

私の不注意でご迷惑をおかけしてしまって、誠に申し訳ございません。
저의 부주의로 폐를 끼치게 되어서 대단히 죄송합니다.

この度の不手際につきましては、お詫びのしようもございません。
이번 실수에 대해서는 사과드릴 방법조차 없습니다.

気がつきませんで、申し訳ございませんでした(失礼いたしました)。
알아차리지 못해서 죄송합니다.(/실례했습니다)

先ほどは感情的になって言い過ぎてしまいまして、申し訳ございませんでした。
좀 전에는 감정적으로 되어 말이 지나쳐서 죄송합니다.

## 포인트 부하의 실수를 사과할 때

○○に代わってお詫び申し上げます。 ○○을 대신해서 사과드리겠습니다
○○が大変ご迷惑をおかけしました。 ○○가 대단히 폐를 끼쳐드렸습니다
私どもの社員がとんだ手違いをいたしまして、申し訳ございません。
우리 사원이 어처구니없는 착오를 저질러서 죄송합니다.

私の監督不行届でご迷惑をおかけしまして、誠に申し訳ございません。
제 감독소홀로 폐를 끼쳐드려서 대단히 죄송합니다.

担当者にも厳しく申し聞かせましたので、…。 담당자에게도 엄중하게 주의를 주었으니까,…….

本人にもきつく言っておきますので、…。 본인에게도 엄하게 말해 둘 테니까,…….

本人も十分に反省しておりますので、何とぞご容赦ください。
본인도 충분히 반성하고 있으니까 제발 용서해주십시오.

## 포인트 정중하게 사과할 때

この度は、ご迷惑をおかけすることとなり、心からお詫び申し上げます。
이번에는 폐를 끼쳐드리게 되어서 마음으로부터 사과드리겠습니다.

お詫びの申し上げようもございません。 사과드릴 방법조차 없습니다.
弁解の余地もございません。 변명의 여지도 없습니다.
伏してお詫び申し上げます。 고개 숙여 사과드립니다.
ご寛恕のほど、伏してお願い申し上げます。 너그러이 용서하시도록 고개 숙여 부탁드립니다.
慚愧にたえぬ次第でございます。 부끄럽기 한량없을 따름입니다.

**1**　다음과 같은 경우 어떤 서두의 말을 쓸까요? 알맞게 연결하세요.

1 在庫がないことを詫びるとき　・　・a 先ほどは失礼なことを申しまして、……。

2 礼儀を欠く発言を詫びるとき　・　・b 不愉快な思いをさせてしまって、……。

3 応接室でお茶をこぼしたとき　・　・c ただ今品切れになっておりまして、……。

4 部下のミスを詫びるとき　・　・d 粗相をいたしまして、……。

5 上司としての責任を詫びるとき　・　・e 山田がとんだ手違いをいたしまして、……。

6 お客を怒らせたとき　・　・f 私の指導が至りませんで、……。

**2**　알맞은 어구를 골라 (1〜9) 안에 넣어 대화를 완성하세요.

(際 / ばかり / とのこと / として / よう / であれ / に関しまして / つもり / ほど)

取引先：当社の納入した商品に多くの不良品がございました (1　　　　)、ただただ
恐縮する (2　　　　) でございます。

李　：貴社のことを伝統あるメーカー (3　　　　) 信頼してまいった弊社といた
しましては、はなはだ残念に存じます。

取引先：誠に申し訳ございません。この度の件 (4　　　　) は、当社の倉庫より出荷
の (5　　　　) に起きたものと思われます。たまたまこの時期が繁忙期で臨
時にアルバイトを使用していたために、慣れぬ作業から傷つけたものらし
く、今後はこうした事故を絶対に起こさぬよう倉庫係に厳しく申し渡しま
した。平素より検品には十分注意を払ってまいった (6　　　　) でございま
したが、いずれにせよ、当社の管理体制がまだまだ不十分なことが原因で
あり、深く反省いたしております。

李　：たとえ1個 (7　　　　) 不良品があれば当社の信用にかかわりますので、
ご注意願います。このようなことが繰り返されますと、貴社とのお取り引
きは、今後できないことになりますので。

取引先：はい、肝に銘じます。今後再びこのようなことのない (8　　　　)、厳重に
監督いたしますので、なにとぞご寛容の (9　　　　)、切にお願いいたします。

# Unit 50　お祝いとお悔やみ

**会話1**　昇進祝賀パーティーで

孫　　部長ご昇進、おめでとうございます。

岡本　ありがとうございます。ただ私のような者に、このような大任が

　　　務まるかどうか、心配しております。

孫　　いえいえ、岡本部長のこれまでの豊富なご経験と、卓越した

　　　ご手腕によるものであり、ご謙遜には及びません。会社の発展に

　　　数々の貢献をなされた岡本部長のご功績に対しまして、私どもも

　　　常々敬服をいたし、今日あることを予期しておりました。

岡本　身にあまるお言葉、恐縮です。微力ながら、今後とも皆様のご期待に

　　　そうよう職務に精励いたす所存でございますので、お引き立ての

　　　ほど、よろしくお願い申し上げます。

孫　　一層のご活躍を期待しております。

승진축하파티에서 축하인사를 하는 장면이다. 또한 「倒れる 쓰러지다 / 消える 사라지다 / 閉じる 닫다」와 같은 말은 결코 승진이나 영전, 개업이나 개점 등의 축하 자리에서 하지 않도록 하자.

---

(ご)昇進しょうしん 승진 | 卓越たくえつする 탁월하다 | (ご)手腕しゅわん 수완 | (ご)謙遜けんそん 겸손 | 〜には及およばない 〜할 필요는 없다 | 貢献こうけん 공헌 | (ご)功績こうせき 공적 | 常々つねづね 항상, 언제나 | 敬服けいふくする 탄복하다 | 身みにあまる 분에 넘치다 | 微力びりょくながら 미력하나마 | 〜にそう 〜에 따르다 | 職務しょくむ 직무 | 精励せいれいする 부지런히 힘쓰다, 정려하다

 **会話2** お通夜の席で
<つや><せき>

李　営業部の李でございます。部長には生前大変お世話になっておりました。
<えいぎょうぶ><イ>　　　　　<ぶちょう>　<せいぜんたいへん><せわ>

　　心よりお悔やみ申し上げます。
　　<こころ>　<く>　<もう><あ>

遺族　この度はご多忙の中、ご弔問を賜りまして、ありがとうございます。
　　　<たび>　<たぼう><ちゅう>　<ちょうもん><たまわ>

李　これからもご活躍されるべき方でしたのに、このようなことになって
　　　　　<かつやく>

　　誠に残念に存じます。せめての恩返しに、私でお役に立てることが
　　<まこと><ざんねん><ぞん>　　　　　<おんがえ>　　　<やく><た>

　　ございましたら、何なりとお申しつけください。
　　　　　　　　<なん>

遺族　ありがとうございます。

문상자리에서 유족에게 문상을 드리는 장면이다. 이런 장면의 표현은 정해져 있으니까 이대로 익혀서 사용하면 된다. 또한 제발 주의해 줬으면 하는 것은 장례식장에서의 꺼리는 말로 반복을 의미하는 「たびたび 번번이 / またまた 또또 / 返す返す 거듭거듭 / 重ね重ね 거듭거듭 / 再び 다시……」와 같은 말은 절대 사용하지 않는다.

---

**生前**せいぜん 생전 ｜ **お悔**くやみ 뉘우침, 후회 ｜ **(ご)弔問**ちょうもん 조문, 문상 ｜ **せめて** 적어도, 하다못해 ｜ **恩返**おんがえし 보은, 은혜갚음 ｜ **何**なんなりと 무엇이든지 ｜ **申**もうしつける 분부하다, 명령하다

## 1 축하

개업 , 결혼 , 표창 등 축하 인사를 하거나 감사해야 할 기회는 많다 . 축하자리에서 「やめる 그만두다 / 崩れる 무너지다 / 壊れる 부서지다 / 失う 잃다 / 落ちる 떨어지다 / 終わる 끝나다 / 倒れる 쓰러지다 / 消える 사라지다 / 閉じる 닫다 / さびれる 쓸쓸해지다 / つぶれる 부서지다 , 무너지다 / 破れる 깨지다 / 敗れる 패하다 / 負ける 지다 / 傾く 기울다」 와 같은 말은 절대 쓰지 않는다 .

 **축하의 말**

> ご昇進 ( ご栄転 / ご就任 ) おめでとうございます。승진 (영전 / 취임) 축하드립니다 .
>
> ご昇進 ( ご栄転 / ご就任 ) 心からお喜び ( お祝い ) 申し上げます。
>
> 승진 ( 영전／취임 ) 진심으로 축하드립니다 .
>
> 新会社設立 ( ご開店 / ご開業 )、心からお喜び ( お祝い ) 申し上げます。
>
> 새 회사설립 ( 개점／개업 ), 진심으로 축하드립니다 .

 **인사하기**

> 身にあまるお言葉をいただき、誠にありがとうございました。
>
> 분에 넘치는 말씀을 들어서 대단히 감사합니다 .
>
> ご丁重なるご祝辞をいただきまして、誠にありがとうございました。
>
> 정중한 축사를 받아서 대단히 감사합니다 .
>
> 過分なるお祝いの品をいただきまして、誠にありがとうございました。
>
> 과분한 축하선물을 받아서 대단히 감사합니다 .

## 2 문상

통지를 받고 조문한 경우는 영전에 분향하지만 , 그 정도의 교제가 없는 경우에는 현관 앞에서 문상을 드리고 돌아가도록 하자 .

 **문상의 말**

> この度は誠にご愁傷さまでございました。ご冥福をお祈りいたします。
>
> 이번에는 정말 참 안되셨습니다 . 명복을 빌겠습니다 .
>
> 心からお悔やみ申し上げます。ご生前中は、何かとお世話になりまして、ありがとうございました。마음으로부터 문상드립니다 . 생전에는 여러모로 신세를 져서 감사했습니다 .
>
> ご遺族の皆様にはさぞやお力落としのことと深くお察し申し上げます。
>
> 유족 여러분께서는 필시 낙담이 되시리라 깊이 미뤄 짐작합니다 .

 **금구**

> いよいよ / またまた / それぞれ / いろいろ ( 以上のような畳語 )/ なお / 追って / 重ねて / 再三 / また 드디어 / 또또 / 각각 / 여러 가지 / ( 이상과 같은 첩어 ) / 또한 / 나중에 / 거듭해서 / 재삼 / 또

**1** 다음은 사장취임을 축하하는 축사입니다. 알맞은 어구를 골라 (1~8)안에 넣어 축사를 완성하세요.

(時宜 / ご活躍 / ご就任 / ご期待 / お祝い / ご手腕 / ご抱負 / ご留意)

> この度は社長（1　　　　）誠におめでとうございます。常日ごろ、貴台のご人格やご識見に接していて、いずれは社長として（2　　　　）を振るわれる日の来ることを念じwておりました。
>
> 業界は今まさに多事多難で、この時期ほど社長としての見識が求められることはございません。このことを思いますとき、貴台の代表取締役ご就任は（3　　　　）を得たものと存じます。今後、日ごろの（4　　　　）を実現され、御社がますますご発展なさいますことを大いに（5　　　　）申し上げます。
>
> なお、社長職は激務でありますから、くれぐれもご健康に（6　　　　）なされまして、ますます（7　　　　）されることを祈念申し上げ、（8　　　　）のご挨拶とさせていただきます。

**2** 다음은 사장 취임 축하 파티에서 본인의 인사 스피치입니다. 알맞은 어구를 골라 (1~9)에 넣어 스피치를 완성하세요.

(ご鞭撻 / 所存 / お言葉 / 全力 / ご芳志 / お世話 / ご臨席 / 一層 / おかげ)

> このたび図らずも A 社の取締役に選任され、（1　　　　）になっている皆様からご丁寧なお祝いや励ましの（2　　　　）を賜り、心から感謝申し上げます。
>
> 不肖な私がこのような大任を担うに至りましたのも、永年にわたり非才な私をご支援ご指導くださった皆様方の（3　　　　）でございます。その皆様方の（4　　　　）に報いるためにも社業に（5　　　　）を尽くす覚悟でございます。
>
> とはいえ、当業界は何かと前途多難な時期を迎えております。責務の重大さは身に染みておりますが、この難局に際して私だけでうまく舵をとれるとは思っておりません。そのためにも私の行動が独断に陥り空回りして皆様方のご支持を失うことのないよう、皆様方の変わらぬご指導（6　　　　）を受けながら、努力してまいる（7　　　　）でございます。
>
> なにとぞ今後とも（8　　　　）のご協力を賜りますよう、重ねてお願い申し上げます。
>
> 本日は（9　　　　）くださり、誠にありがとうございました。

# New Business

# 비즈니스 회화

## 해석&정답

## Unit 01   존경 표현

###  손님의 주문받기

점원 어서오십시오. 주문은 무엇으로 하시겠습니까?

손님 메뉴를 보여주세요.

점원 예, 이쪽에 있습니다. 정해지면, 불러주십시오.

손님 저, 물 좀 부탁드립니다.

점원 예, 지금 가져다 드리겠습니다.

…… (잠시 후) ……

손님 이 중화요리 풀코스로 주세요.

점원 예, 마실 것은 무엇으로 하시겠습니까?

손님 그럼, 쇼코슈 한 병 주세요.

점원 알겠습니다. 그럼 잠시만 기다려주십시오.

### 회화2 상사에게 방문객이 왔음을 알리기

손 부장님, 손님이 오셨습니다.

부장 누구시지?

손 다나카 상사의 고토 님이라고 하셨습니다.

부장 아, 그래. 그래서 지금 고토 님은 어디에 계시지?

손 응접실에서 기다리십니다.

부장 알았어. 금방 갈게.

### 확인문제

1　1　**部長を駅までお送りになりましたか**
부장님을 역까지 바래다준다

　2　**課長に資料をお渡しになりましたか**
과장님에게 자료를 건네준다

3　**社長にお伝えなりましたか**
사장님에게 전한다.

4　**教授をパーティーにお呼びになりましたか**
교수님을 파티에 부른다

5　**お得意様を空港までお見送りになりましたか**
단골손님을 공항까지 전송한다

6　**会長にご連絡になりましたか**
회장님께 연락한다

7　**校長にその件をご質問になりましたか**
교장선생님께 그 건을 질문한다

8　**お客様をご案内になりましたか**
손님을 별실로 안내한다

2　1　아침식사로는 항상 무엇을 (드십니)까?
빵과 야채샐러드를 먹습니다
　…▶ **めしあがります**

　2　오늘아침 신문을 (보셨습니)까?
예, 봤습니다
　…▶ **ご覧になりました**

　3　저 분을 (아십니)까?
아니요, 모릅니다
　…▶ **ご存じです**

　4　선생님은 몇 시에 온다고 (하셨습니)까?
9시까지 온다고 했습니다
　…▶ **おっしゃいました**

　5　무엇으로 (하시겠습니)까?
커피로 하겠습니다
　…▶ **なさいます**

# Unit 02   겸양 표현

 **처음뵙겠습니다**

회화 1

손 　처음뵙겠습니다. 저는 기무라 상사의 손○○이라고 합니다.

　　…… (명함을 건넨다) ……

다나카 　잘 받겠습니다. 저는 이 회사 영업부의 다나카라고 합니다.

　　…… (명함을 건넨다) ……

손 　잘 받겠습니다. 실례지만, 이름은 뭐라고 읽으면 좋을까요?

다나카 　'도시오' 라고 읽습니다.

손 　'다나카 도시오' 님이시군요. 앞으로도 잘 부탁드리겠습니다.

다나카 　저야말로, 잘 부탁드리겠습니다.

회화 2 **상사를 거래처에 소개하기**

다나카 　이○○ 씨, 소개하겠습니다. 이쪽이 우리 회사의 사토 영업부장님이십니다.

부장 　처음 뵙겠습니다. 사토라고 합니다.

　　…… (명함을 건넨다) ……

이 　잘 받겠습니다. 기무라 상사의 이○○라고 합니다. 잘 부탁드리겠습니다.

　　…… (명함을 건넨다) ……

부장 　잘받겠습니다. 그럼 오늘은 무슨 일로 오셨습니까?

이 　예. 이번에 귀사담당이 되서 인사차 방문했습니다.

부장 　그래요? 기무라 상사와의 거래에 관해서는 여기 있는 다나카 군이 담당할 테니까 소홀한 점도 많이 있겠지만 아무쪼록 좋은 친분을 쌓을 수 있도록 부탁드리겠습니다.

**확인문제**

1 1 **傘をお貸しいたしましょうか**
우산을 빌려준다

2 **駅までお送りいたしましょうか**
역까지 바래다준다

3 **荷物をお持ちいたしましょうか**
짐을 든다

4 **お手伝いいたしましょうか**
돕다, 거들다

5 **住所をお教えいたしましょうか**
주소를 가르쳐준다

6 **私から木村さんにお電話いたしましょうか**
내 쪽에서 기무라 씨에게 전화한다

7 **もう一度ご説明いたしましょうか**
다시 한 번 설명한다

8 **私が山田専務にご連絡いたしましょうか**
내가 야마다 전무에게 연락한다

9 **この町をご案内いたしましょうか**
이 동네를 안내한다

2 1 **先生のお宅にいらっしゃいますか／まいります**
선생님 댁에 간다

2 **ビールを召し上がりますか／いただきます**
맥주를 마신다

3 **明日は会社にいらっしゃいますか／おります**
내일은 회사에 있는다

4 **刺身を召し上がりますか／いただきます**
회를 먹는다

5 **A画伯の絵をご覧になりましたか／拝見しました**
A화백 그림을 봤다

6 **木村社長をご存じですか／存じ上げています**
기무라 사장님을 알고 있다

7 **そのことを教授におっしゃいましたか／申し上げました**
그 일을 교수님께 말했다

8 **テニスをなさいますか／いたします**
테니스를 친다

## Unit 03  상사와 거래처 호칭 방법

### 회화 1  상사를 부르는 호칭

손　계장님, 기획서가 완성되어서 가지고 왔습니다.

계장　응, 보여주게.

　　　……(훑어보고)……

　　　수고했어. 상당히 잘 되어 있군. 단, 여기는 눈으로 봐서 금방 알 수 있게 그래프로 해 두는 편이 좋지 않을까?

손　예, 알겠습니다. 그렇게 하겠습니다.

계장　그리고 이것을 와타나베 과장님께도 보여드리고 의견을 여쭤보는 것이 좋을 거야.

손　예, 그렇게 하겠습니다.

### 회화 2  거래처를 부르는 호칭

이　이쪽의 제품 DYPC는 저희 회사가 수 년 동안에 걸친 연구 끝에 개발한 것으로 성능, 연비 어느 것을 따져봐도 타의 추종을 불허한다고 자부하고 있습니다.

거래처　예, 저희 회사로서도 전부터 귀사의 제품 DYPC에는 강한 관심을 갖고 있어 꼭 판매하고 싶다고 생각하고 있었습니다.

이　그건 정말 더 바랄 나위 없습니다.

### 확인문제

1　1　奥様、お伝えください
　　　부인께도 안부 전해주세요

　　2　あなた様・貴台、お体にお気をつけください
　　　당신도 아무쪼록 몸조심하세요

　　3　わたくし、お会いできる、おります
　　　저도 선생님을 만날 수 있는 날을 기대하고 있습니다

　　4　幸子様、ご結婚式、伺いたい、存じます
　　　사치코 씨 결혼식에는 가족이 모두 함께 가고 싶다고 생각합니다

5　私ども、お役に立てる、ございましたら、おっしゃってください
　　저희들이 도움이 될 수 있는 일이 있으면 뭐든지 말씀하세요

2　1　当社・弊社、しております、申します
　　　이 회사 사장인 요시다라고 합니다

　　2　おかげをもちまして・おかげさまで、私どもの店・当店
　　　덕분에 저희들 가게도 개점 10주년을 맞이할 수가 있었습니다

　　3　御地、うかがって、御社（貴社）、いかがか、心配いたしております
　　　그 쪽에서 큰 지진이 일어났다는 것을 듣고 당신 회사는 어떻게 되었을까 걱정하고 있습니다

　　4　わたくしどもの会社・当社・弊社、更に・一層、努力してまいる所存です
　　　저희들 회사로서는 좀 더 서비스향상에 노력해 갈 생각입니다

　　5　でございます、御社（貴社）、納入しております、いただきたく存じます
　　　도저히 말하기 어렵지만 ……의 이유로 당신 회사에 납입하고 있는 상품（○○○○） 가격을 500엔 인상했으면 합니다

## Unit 04  정중 표현

### 회화 1  승진 축하하기

이　이번 사장취임 정말로 축하드립니다.

다케다　감사합니다. 과연 풋내기인 저 같은 사람이 사장이라는 임무를 감당해낼 수 있을지 어떨지 걱정하고 있습니다.

이　아닙니다. 다케다 씨의 젊은 에너지와 정열에 참신한 기획력이 성장의 원동력이 되어가겠지요. 저희들도 귀사가 더욱 발전할 수 있도록 기원하고 있습니다. 아무쪼록 앞으로도 좋은 친분을 쌓을 수 있도록 부탁드리겠습니다.

다케다　감사합니다. 저희야말로 잘 돌봐주시도록 부탁드리겠습니다.

 **면회 요청하기**

이　죄송합니다만 인사부의 요시다 님을 만나고 싶습니다만…….

접수처　실례합니다만, 누구십니까?

이　말씀드리는 것이 늦었습니다. 저는 기무라 상사의 이○○라고 합니다.

접수처　마침 요시다는 자리에 없습니다만, 뭔가 급한 용무라도 있으십니까?

이　예, 급히 의논드리고 싶은 일이 있어 방문했습니다만…….

**확인문제**

1　1　よろしいです、はい、けっこうです
　　"이것으로 됐습니까?" "예, 됐어요"

　　2　ご病気、ご入院中、伺い、おります
　　병으로 입원 중이라는 것을 듣고 놀랐습니다

　　3　この度、まいりました、申します、どうぞよろしくお願いいたします
　　이번에 이쪽으로 전근해 온 이○○라고 합니다. 잘 부탁드립니다

　　4　こちら、いかがでしょうか、お似合いだ、存じます
　　"이 양복은 어떠세요?" "무척 잘 어울린다고 생각합니다"

　　5　さきほど、吉田様、お電話、ございました
　　아까 A사의 요시다 씨로부터 전화가 왔습니다

　　6　近日中に、御社・貴社、ご挨拶、伺います
　　가까운 시일내에, 그쪽 회사로 인사하러 가겠습니다

　　7　ご無沙汰しております、皆様、お変わりございませんか
　　오랜만입니다. 여러분 잘 지내셨어요?

2　1　私どもの結婚に際しましては、心のこもった祝いの品を賜り、誠にありがとうございました。
　　우리 결혼 때 마음이 담긴 축하 선물을 줘서 정말 고마워.

　　2　この度の件では、取引先の皆様に大変なご迷惑をおかけいたしまして、誠に申し訳ございませんでした。今後このようなことが発生いたしませぬよう、万全を期する所存でございます。
　　이번 건에서는 거래처 여러분에게 대단히 폐를 끼쳐서 정말로 죄송합니다. 앞으로 이런 일이 발생하지 않도록 만전을 기할 생각입니다.

## Unit 05　경어의 오용

 **상사 댁으로 전화하기**

이　여보세요. 요시다 부장님 댁이십니까?

사모님　예.

이　부장님 계십니까?

사모님　저, 실례합니다만, 누구십니까?

이　아, 죄송합니다. 영업부의 이○○라고 합니다.

사모님　이○○ 님이시군요. 잠깐만 기다려주세요. 금방 바꿔드리겠습니다.

**레스토랑에서**

점원　주문하신 물건은 이것으로 다 맞습니까?

손님　예, 저 이 참기름은 무엇에 쓰는 것입니까?

점원　예, 이 요리에 참기름을 조금 넣으면 무척 맛있게 드실 수 있습니다.

손님　아, 그래요. 그리고 남은 요리는 가지고 갈 수 있나요?

점원　예, 가지고 가실 수 있습니다. 손님 재떨이는 사용하십니까?

손님　아니요, 됐습니다.

**1** 1  召し上がる  드시다

2  吉田社長／社長の吉田様  요시다 사장님

3  お客様がおいでになりました
손님이 오셨습니다

4  ……とおっしゃっていました
……라고 말씀하고 계십니다

5  早速お迎えにまいります／早速お迎えに上がります
금방 맞이하러 가겠습니다

6  先生、お疲れ様でした
선생님, 수고하셨습니다

7  社長はもうお帰りになりました
사장님은 벌써 돌아가셨습니다.

8  お世話になっております  신세졌습니다

**2** 1  <거래처 사람에게>
あなた様のおっしゃったことは当然だと、当社の社長の木村が申しておりました。
당신이 말씀하신 것은 당연하다고 저희 회사 기무라 사장님이 말씀하셨습니다.

2  <사원이 과장에게>
課長もコーヒーをお飲みになりますか。
과장님도 커피 드시고 싶으세요?

3  <상사에게 가족에 관한 일을 이야기한다>
部長、母が部長によろしくと申しておりました。
부장님, 어머니가 부장님께 안부 전해달라고 하셨어요.

4  <부장으로부터 사장에게 전하는 전언을 부하가 전한다>
社長、吉田部長が新しい企画のことでご相談に伺いたいと申しておりました。
사장님, 요시다 부장님이 새 기획에 관한 일로 의논하러 가고 싶다고 말씀하셨습니다.

5  <가게 사람이 손님에게>
本日はご来店くださいまして、ありがとうございます。
오늘은 저희 가게를 찾아주셔서 감사드립니다.

---

# Unit 06  인사(1)

 **안녕하세요**

이  부장님 안녕하십니까?

부장  좋은 아침.

이  에가와 씨 좋은 아침.

에가와  좋은 아침이야.

### 먼저 실례하겠습니다.

이  부장님 먼저 실례하겠습니다.

부장  수고했어.

이  그럼 모두 먼저.

동료들  수고하셨습니다.

**회화 2  야근하고 있는 동료에게 한 마디**

이  손○○ 씨 뭔가 도와줄 일 있어?

손  아니 혼자서 괜찮아. 이제 금방 끝나니까.

이  그래. 그럼, 난 먼저 실례할 테니까 너무 무리하지 말라고.

손  응, 고마워.

이  그럼 먼저 갈게.

손  그럼 내일 보자고.



**1** 1  おはようございます  아침인사

2  ただいま戻りました
출장지에서 회사로 돌아왔을 때

3  お先に失礼します  먼저 퇴근할 때

4  行ってらっしゃい  동료가 외출할 때

5  お帰りなさい  동료가 출장지에서 퇴근할 때

6  失礼します  노크하고 방에 들어올 때

2　1　恐れ入りますが　죄송합니다만

　　2　いかがですか　어떻습니까?

　　3　いたしかねます　할 수 없습니다

　　4　～賜ります　～해받는다, 해주신다

　　5　席を外しております　없습니다

　　6　どのようなご用件でしょうか　뭡니까?

　　7　ご足労願えませんでしょうか　와주세요

　　8　承っております　듣고 있습니다

　　9　申し伝えます　전하겠습니다

　　10　とのことです　～라고 합니다(전문)

3　계장: 과장님 (① 죄송하지)만, 오늘은 딸 생일이라서(②
　　　　먼저 실례하겠)습니다.
　　과장: 그런가. (③ 수고했어).
　　계장: 손〇〇 씨 난 먼저 갈 테니까 너무 (④ 무리하지
　　　　말라고).
　　손 　: 예, 계장님, 이제 금방 끝나니까요.
　　　　　(⑤ 수고하셨)습니다.

　　① 申し訳ございませんが
　　② お先に失礼させて
　　③ ご苦労様・お疲れ様
　　④ 無理をしないように
　　⑤ お疲れ様

## Unit 07　인사(2)

### 조회에서의 스피치

여러분 안녕하세요. 오늘은 저번에 읽은 책의 한 구절에 대해서 말씀드리고 싶습니다. 제가 감명을 받은 것은 "인생은 돈을 남겨서 삼류, 일을 남겨서 이류, 사람을 남겨서 일류"라는 말이었습니다. 생각해보면 설사 거액의 재산을 남긴다고 해도 그 사람의 이름을 남기지 못하면 존경받는다고는 할 수 없습니다. 그렇기는 커녕 유산을 둘러싼 분쟁이 일어나기 쉽습니다. 그러나 우리 회사는 건축회사로 후세에 남는 건물을 남길 수 있습니다. 그러나 형태가 있는 것은 언젠가 반드시 부서지고 사라져갑니다. 이러한 것을 생각하면 사람을 남기는 것이야말로 그 생각이나 기술이 자자손손 이어져가고 새로운

창조를 만들어내는 힘이 되는 것은 아닐까요? 저는 "사람을 남겨서 일류"라는 저자의 말을 생각하면서 과연 저는 사람을 남길 수 있는 인간이 될수 있을 것인지 그런 것을 생각했습니다. 이상입니다. 오늘 하루도 분발합시다.

### 외출시의 인사

손　과장님 견적서 건으로 시부야 상사까지 다녀오겠습니다.

과장　다녀오게.

손　뭔가 그쪽에 전할 말씀이라도 있으십니까?

과장　특별히 없지만 만약, 시부야 상사와의 교섭이 난항이 될 것같으면 한 번 회사에 전화를 주게.

손　알겠습니다.

　　……(외출처에서 돌아온다)……

손　과장님 다녀왔습니다.

과장　어서 오게. 그래 시부야 상사와의 협의는 어떻게 되었나?

### 확인문제

1　1　昨日(さくじつ)　어제

　　2　明日(みょうにち)　내일

　　3　明後日(みょうごにち)　내일 모레

　　4　昨年(さくねん)　작년

　　5　一昨年(いっさくねん)　재작년

　　6　ただ今(いま)　지금

　　7　先(さき)ほど　좀전, 아까

　　8　これより　지금부터

　　9　先日(せんじつ)　일전, 요전

　　10　この度(たび)　이번

2　1　いらっしゃいませ　어서오세요

　　2　ご注文は何になさいますか
　　　주문은 무엇입니까?

　　3　お待たせいたしました　오래 기다리셨습니다

　　4　かしこまりました　알겠습니다

　　5　100円のお返しです　잔돈은 100엔입니다

　　6　またどうぞお越しくださいませ　또 오세요

**3** 외출시의 대화

이 : 손○○ 씨 견적서 건으로 시부야 상사까지 다녀올
　　테니까 잘 부탁해.

손 : 몇 시쯤 돌아올 것같아?

이 : 점심 전에는 돌아올 수 있을 거라고 생각해.

손 : 알았어. (① 잘 다녀와).

이 : 그럼 (② 다녀올게).

…… (외출처에서 돌아와서)……

이 : (③ 다녀왔어).

손 : (④ 어서와).

이 : 내가 없는 사이에 뭔가 별일 없었지?

손 : 응, 별로 없었어.

① いってらっしゃい
② 行ってきます
③ ただいま戻りました
④ お帰りなさい


# Unit 08　맞장구 · 노고를 위로하기

 **맞장구치기**

부장　요즘 주가하락이 멈추지 않네.

과장　예, 그렇네요.

부장　우리 회사 괜찮을까?

과장　그렇게 말씀하시면?

부장　우리 회사 자산운용으로 주식투자를 하고 있어.

과장　과연. 그렇습니까?

부장　큰 손실을 내지 않으면 좋겠는데 …….

과장　예, 걱정이네요.

 **부하의 노고를 위로하는 한 마디**

<격려하기>

부장　모두 수고했어. 아침부터 분발하고 있군.

이　　부장님, 안녕하십니까?

부장　연말상업경쟁까지 마음을 놓지 말고 분발하자.

이　　알겠습니다.

---

<노고를 위로하기>

과장　꽤 잘 되어 있네. 여기까지 하는 것은 힘들었지?

손　　감사합니다.

과장　앞으로 조금만 더 하면 되니까, 이 기세로 분발해.

손　　예.


**확인문제**

**1**　1　グラスはいくつお持ちしましょうか。
　　（그룹으로 온 손님께) 컵은 몇 개 가지고 올까요?

　　2　１０００円お預かりします。
　　（손님으로부터 대금 1000엔을 받고)1000엔 받았습니다.

　　3　お箸は一膳でよろしいでしょうか。
　　（손님께) 젓가락은 한 벌로 괜찮으시겠습니까?

　　4　少々お待ちいただくことになりますが、よ
　　ろしいでしょうか。
　　（손님을 기다리게 할 필요가 있을 때) 잠시 기다리셔
　　야 되는데 괜찮으시겠습니까?

**2**　1　(밝은 마음으로)　　　a　감사합니다.
　　　　　　　　　　　　　　　ありがとうございます

　　2　(순수한 마음으로)　　b　어서, 아무쪼록, 제발
　　　　　　　　　　　　　　　どうぞ

　　3　(적극적인 자세로)　　c　죄송합니다.
　　　　　　　　　　　　　　　申し訳ございません

　　4　(반성의 태도로)　　　d　예.
　　　　　　　　　　　　　　　はい

　　5　(겸허한 마음으로)　　e　오래 기다리셨습니다.
　　　　　　　　　　　　　　　お待たせしました

　　6　(감사의 마음으로)　　f　어서 오십시오.
　　　　　　　　　　　　　　　いらっしゃいませ

답　1f　2d　3b　4c　5e　6a

**3**　과장: (① 예, 무슨 일이십니)까?
　　부장: 실은 우리 회사 신제품 (② 말인데) 다른 회사에서
　　　　같은 종류의 상품이 가까운 시일 내에 판매된(③
　　　　다고 해). 그래서 판매를 서두를 필요가 있다고 생
　　　　각하는데. 어떻게 다음 주에 가게 앞에 내 놓을 수
　　　　있도록 늦지 않게 준비해 줄 수 있겠나?
　　과장: (④ 예, 알겠습니다). (⑤ 그럼 바로) 준비에 착수하
　　　　겠습니다.

부장: 응, 그렇게 해주게. 선수필승이니까.

① はい、何でしょうか
② 件
③ とのことだ
④ はい、かしこまりました
⑤ では、早速

## Unit 09　지시·의뢰하기(1)

###  회화 1　부하에게 지시하기

과장　손 ○○ 씨, 바쁜 중에 미안한데 …….

손　예, 무슨 일이십니까?

과장　회의 자료를 급히 서둘러서 20부 만들어 줄 수 없나?

손　예, 알겠습니다. 그래서 몇 시까지 보내드리면 될까요?

과장　2시까지 부탁해도 되겠나?

손　예, 알겠습니다. 회의자료를 20부, 2시까지 작성해드리겠습니다.

…… (작업이 완성되서) ……

손　회의자료가 완성되어서 가지고 왔습니다. 이것으로 됐습니까?

과장　고마워 이것으로 됐어. 서두르게 해서 미안했어.

손　아니요, 천만에요.

###  회화 2　선배에게 의뢰하기

이　선배님, 좀 부탁이 있는데요, …….

선배　응, 무슨 일?

이　이 복사, 과장님에게서 부탁받은 것입니다만 거래처까지 나가지 않으면 안되는 급한 일이 생겼어요. 그래서 죄송합니다만 제 대신 복사해주실 수는 없을까요?

선배　응, 알았어. 그런데 몇시까지?

이　과장님께서는 2시까지 20부를 하라고 하셨어요.

선배　응, 알았어. 2시까지 20부를 하라는 말이지.

해둘게.

이　고맙습니다. 그럼 부탁드리겠습니다.

### 확인문제

1　1　알리다
知らせてもらえない、知らせていただけませんか、お知らせ願えませんか

　2　대답하다
答えてもらえない、答えていただけませんか、お答え願えませんか

　3　이야기하다
話してもらえない、話していただけませんか、お話願えませんか

　4　보내다
送ってもらえない、送っていただけませんか、お送り願えませんか

　5　가르쳐주다
教えてもらえない、教えていただけませんか、お教え願えませんか

　6　연락하다
連絡してもらえない、連絡していただけませんか、ご連絡願えませんか

　7　전화하다
連絡してもらえない、連絡していただけませんか、お電話願えませんか

　8　지도하다
指導してもらえない、指導していただけませんか、ご指導願えませんか

2　과장: 손○○ 씨, (① 바쁜 중에)미안한데, 좀 도와(주다 → 줄 수 없을까)?

손　: 예, (② 무슨 일이십니)까?

과장: 이 서류를 2부 복사해서, 부장님께 보내(주다 → 주겠니)?

손　: 과장님, (서두르다 → 서두를)까요?

과장: 응, 서둘러 부탁해.

손　: 예, (③ 알겠습니다). 그럼, 완성되면, 바로(보내주다 → 보내드리겠)습니다.

과장 : 그럼, 부탁할게.

① 忙しいところを

② 何でしょうか

③ かしこまりました／承知しました
（もらう→もらえない／もらえませんか）
（くれる→くれない／くれませんか）
（急ぐ→お急ぎ）（届ける→お届け）

## Unit 10　지시·의뢰하기(2)

### 회화 1　곤란한 일 지시하기

**과장**　이○○ 씨, 실은 자네에게 부탁하고 싶은 게 있는데.

**이**　예, 뭔데요?

**과장**　이번 신제품 판매기획의 책임자를 꼭 자네가 해주었으면 하는데 어떤가?

**이**　그렇게 중대한 역할을 제가 처리할 수 있을까요?

**과장**　자네를 믿고 내가 부탁하는 거야. 나도 많은 것을 도울 것이고 무슨일이 있으면 내가 책임질거니까.

**이**　그렇게까지 말씀하시면, 힘들지만 제 나름대로 최선을 다하겠습니다.

**과장**　그럼, 잘 부탁해. 기획서가 완성되면 가져 오도록.

**이**　알겠습니다.

### 회화 2　상사에게 신원보증인 의뢰하기

**손**　과장님, 오늘은 긴히 부탁 드릴게 있습니다.

**과장**　'긴히' 라니 너무 과장하는 거 아냐. 뭔데?

**손**　실은, 저의 남동생이 교토대학을 졸업하고, 도쿄의 대선주식회사에 입사하게 되었는데요…….

**과장**　정말 축하하네.

**손**　감사합니다. 그런데, 보증인이 필요한데, 그 조건이 도쿄에서 거주하는 일본인 만이 된다고 합니다. 그래서, 뻔뻔스러운 부탁인줄 알면서도, 과장님께서 동생의 보증인이 되어 주실 수 없을까 해서…… 이런 부탁을 드릴 수 있는 것은 과장님밖에 없어서…….

**과장**　알겠네. 나로 된다면 얼마든지.

### 확인문제

**1**
1　급한 용건을 부탁할 때
2　간단하게 처리할 수 있는 일을 부탁할 때
3　적임자라고 여기는 사람에게 부탁할 때
4　어려움이 따르는 일을 부탁할 때
5　바쁜 듯한 부하에게 부탁할 때
6　급하지 않은 일을 부탁할 때

a　조금만 도와줄래?
b　책임은 내가 질 테니까
c　틈이 날 때에 하면 되는데
d　이것, 급하게 부탁하고 싶은데
e　야마다 (씨)이니까, 부탁하는 건데…….
f　바쁜데 미안하지만

**답**　1d　2a　3e　4b　5f　6c

**2**
1　어려운 일을 들어줄 때
2　다른 용건과 겹쳐 있을 때
3　시간적으로 어려울 때
4　맡는 조건이 있을 때

a　××의 일이 있습니다만
b　…의 문제가 해결되어 있다면
c　지금 바로는 어렵습니다만
d　힘들 것 같습니다만, 제 나름대로

**답**　1d　2a　3c　4b

**3**　이노우에 아키라 씨 위로회 안내
(이번에) 영업부에 이노우에 씨가 헤이세이 20년 5월 25일 만 60세를 (맞이하여) (정년퇴직하십니다.) 이노우에 씨는 쇼와 53년에 저희 회사에 (입사하셔서) 지금까지 30년 이라는 오랜 세월에 걸쳐 영업 제 일선에서 보통 이상의 실력으로 전력을 다해주셨습니다.
이에 대해서는 이노우에 씨에게 감사와 위로 이후로도 더 많은 활약을 기원하는 조촐한 자리를 (기획했으니) 꼭 (참석바랍니다).
일정 등은 밑에 기입되어 (있습니다). 참가자는 별도 첨부 용지에 성명을 기입하시고 5월 20일 (수)까지 간사에게 (돌려주십시오). 또한, 업무로 인한 사정으로 나중에 참석이 어렵게 되었을 때에는 간사에게 (연락 주시도록) (부탁)드리겠습니다.

(今度→この度)
(迎える→迎えられて・お迎えになって)
(定年退職します→定年退職なさいます)
(入社して→入社されて)
(企画しました→企画いたしました)
(出席してください→ご出席ください)
(います→おります)
(戻してください→お戻しください)
(連絡してくれます→ご連絡くださいます)
(願います→お願い)

## Unit 11　지시·의뢰를 거절하기

### 회화 1　상사로부터의 지시 거절하기

**부장**　다음달, 미국의 JCT 사 사장이 오셔. 그래서 자네에게 도쿄에서의 접대역을 맡겼으면 하는데, 어떤가?

**이**　부장님께서 지명해주신 것은 대단히 기쁘지만, 그러한 대임은 저로서는 짐이 너무 무겁습니다. 좀 더 적임자를 찾으시면 안될까요?

**부장**　자네는 영어도 잘하고 과장도 접대역으로는 자네가 최적임자라고 추천했는데 …….

**이**　감사합니다. 하지만, 부장님과 회사에 폐를 끼치는 일이 되어서는 안되니까 이 건은 역시 사퇴시켜주십시오. 정말로 죄송합니다.

### 회화 2　동료·선배로부터의 의뢰 거절하기

**손**　미안한데 이거 복사 좀 해주지 않을래?

<의뢰자가 동료·선배일 때>

**동료**　미안, 지금 급한 일을 맡고 있어. 누군가 다른 사람에게 부탁해줘.

**손**　알았어. 그럼, 그렇게 할게.

<의뢰자가 선배일 때>

**후배**　죄송해요. 지금 급한 일을 맡고 있어서 누군가 다른사람에게 부탁해주시지 않겠습니까?

**손**　알았어. 그럼 그렇게 하지.

### 확인문제

**1**　1　상사로부터의 제안을 거절할 때
　　2　선물을 정중히 거절할 때
　　3　바빠서 응대할 수 없을 때
　　4　일단, 그 건을 보류할 때
　　5　다음번 가능성을 남기고 거절할 때
　　6　능력부족을 이유로 거절할 때

　　a　지금 복잡해서
　　b　도움이 되고 싶은 마음은 굴뚝같지만
　　c　조금 검토하게 해주세요
　　d　마음만 받겠습니다
　　e　꼭 함께 하고 싶은데요
　　f　이번에는 보류시켜주세요

| 답 | 1 e | 2 d | 3 a |
|---|---|---|---|
|  | 4 c | 5 f | 6 b |

**2**　1　誠に残念ですが、いたしかねます。
　　　　정말로 유감인데요. 할 수 없습니다.

　　2　ご事情はお察しいたしますが
　　　　사정은 알겠습니다만 …….

　　3　あいにく持ち合わせがなくて
　　　　마침 가지고 있는 돈이 없어서

　　4　このようなお気遣いは困ります。
　　　　이러한 증답품은 받을 수 없습니다.

**3**　(실은/긴히/무리한 말은 할 수 없습니다/유감입니다/대단히 영광이다/미안하지만)

과장: 부장님, 오늘은 (① 긴히) 부탁이 있는데요.
부장: 자네한테서 부탁이라니 별일이군. 그래 무슨 일인데?
과장: (② 실은), 올 가을 11월에 저희 장남이 결혼하게 되어서 그래서 부장님께 중매를 부탁드릴 수 없을까 해서.
부장: 그것은 (③ 대단히 영광이지)만 지난주에 비공식적으로 미국 출장통지를 받아서 다음달 초에 현지로 부임하게 되었다네. 그래서 11월은 일시귀국하는 것도 무리야. (④ 미안하지만) 그래서 중매 역할은 다할 수 없을 것 같네.
과장: 그렇습니까? (⑤ 유감입니다)만 그러한 사정이라면 (⑥ 무리한 말은 할 수 없네요).

　　① 折り入って　　　　② 実は
　　③ 光栄の至りだ　　　④ 申し訳ないが
　　⑤ 残念です　　　　　⑥ ご無理は言えません

## Unit 12　보고하기(1)

### 　회화 1　상사에게 업무보고하기

이　과장님, 바쁘신 중에 죄송합니다.

과장　무슨 일인가?

이　DYPC의 판매 상황에 대해서 보고드리려 왔습니다만, 지금 시간 괜찮으시겠습니까?

과장　응, 괜찮아.

이　올해 4월에 발매한 DYPC의 판매 상황에 대해서 말인데요 올해 9월부터 10월에 걸쳐서 실시한 조사 결과 도쿄의 도시에서의 점유율은 80%로 순조로운 성장을 보이고 있습니다만 지방에서는 50%로 저조하다는 것이 판명되었습니다.

과장　이○○ 씨는 이 결과에 대해서 어떻게 생각하고 있나?

이　상품에 대한 선전이 지방에는 아직 미치지 못하고 있는 것에 원인이 있다고 생각합니다. 지방의 판매대리점과도 협력해서 연말을 목표로 지방에 핵심을 짜낸 캠페인을 실시할 필요가 있지 않을까라고 생각합니다.

#### 사내문서(업무보고서)예

□□ 판매 상황에 대해서

올해 4월에 발매한 □□의 판매 상황에 대해서 각 지점, 대리점에서 데이터를 집계한 결과는 아래에 쓰여져 있는 바와 같으므로 보고합니다.

기

1　조사기간　헤이세이(평성) 20년 9월~10월

2　판매실적　××××××엔(×××케이스)

3　개　　황　도시에서의 점유율은 80%로 순조로운 성장을 보이고 있지만 지방에서는 50%로 성장율이 낮다.

4　소　　감　지방에서의 상품에 대한 선전이 침투되어 있지 않다는 것이 원인이라고 생각된다. 지방의 판매대리점과도 협력해서, 연말을 목표로 지방의 목표를 짜낸 캠페인을 실시할 필요가 있다고 생각된다.

5　첨부자료　유　·　무

이상

---



1　1　ご理解いただけましたでしょうか。
　　알겠습니까?

　　2　もしご不明な点がございましたら、遠慮なくご質問ください。
　　만약 모르는 점이 있으면 질문해주세요.

　　3　詳しくは後ほどレポートにてご報告いたします。
　　자세한 것은 나중에 레포트로 보고하겠습니다.

　　4　以上で私の説明は終わらせていただきますが、何か質問はございますか。
　　이상으로 제 설명을 마치겠습니다만 뭔가 질문 있습니까?

2　상사에게 업무보고하기

이　：과장님, (① 바쁘신)중에 죄송합니다.

과장：응, 무슨 일인가?

이　：××의 판매 상황에 대해 보고하러 (② 왔습)니다. 지금, (③ 시간) 괜찮으시겠습니까?

과장：곧 동경 상사의 야마시타 씨가 오시니까 보고서로 해서 제출해 놓을 수 있겠나? 자세한 보고는 나중에 듣도록 하지.

이　：예, (④ 알겠습니다 ).

상사에게 보고서 제출하기

손　：과장님, 지금 (⑤ 시간)괜찮으시겠습니까?

과장：응, 무슨 일인가?

손　：××의 판매 상황에 관한 보고서가 완성되서 가지고 (⑥ 왔습니다). (⑦ 봐)주실 수 없겠습니까?

과장：응. 그럼 오전 중에 훑어보도록 하지.

손　：잘(⑧ 부탁드리겠습)니다.

① お忙しい　　　② 上がり

③ お時間　　　④ かしこまりました

⑤ お時間　　　⑥ まいりました

⑦ ご一読／お目通し　　⑧ お願い

# Unit 13  보고하기(2)

## 사내문서

출장보고서

1 목 적   신상품 DYPC의 판매촉진을 위해

2 기 간   헤이세이 20년 11월 2일부터 헤이세이 20년 11월 5일

3 출장처   시즈오카 현 시즈오카 시

　　　　　(*방문처는 별지첨부자료 일람표대로)

4 내 용

　1) 동시는 인구 20만명, 샐러리맨세대가 60%를 차지한다.

　2) 동시는 중앙부의 유행에 민감한 것으로 알려져 있다.

　3) 선전매체의 점유율은 신문 30%, 텔레비전 40%, 잡지 20%, 그 외 10%이다.

　4) 판매대리점을 통해서 실시한 고객앙케이트 결과 올해 4월 발매한 P3에 대해서 동시에서의 P3의 지명도는 30%에 미치지 못한다는 사실이 판명되었다.

5 소 감

동시를 포함한 지방 도시에서의 선전에 관해서는, 종래의 텔레비전 커머셜뿐 만이 아니라 지방 신문이나 잡지, 전단지 등에 의한 광고를 좀 더 중시해야만 한다고 생각한다.

6 첨부자료   2부

이상

### 회화 1  상사에게 출장보고

이　지금 시즈오카 현 시즈오카 시 출장에서 돌아왔습니다. 과장님, 지금 시간 괜찮으십니까?

과장　응, 괜찮아. 어서 상황을 보고해주게.

이　예. 이쪽에 출장보고서가 완성되어 있습니다. 먼저, 한번 읽어주세요.

　　　……(보고서를 읽고)……

과장　역시 그다지 상황은 좋지 않군.

이　예. 결론부터 먼저 말씀드리면, 당사의 제품 P3의 상품명, 가격과 성능의 우위성 등, 시즈오카 시 소비자에 대한 심투도는, 타사제품과 비교해도 낮고, 아직도 30%에도 미치지 못하고 있습니다.

### 포인트　판매선전회의의사록

1. 일 시　○월 ○일(○요일)오후 ○시 ~ 오후○시

2. 장 소　본사회의실

3. 의 제　신제품 ㅁㅁ의 선전계획에 대해서

4. 참석자　○○○○영업본부장(의장)

　　　　　○○○○영업부장

　　　　　○○○○판매부장

　　　　　○○○○재무부장

5. 의 사　신년도의 주력제품으로서 대대적으로 판매하기 위한 효과적인 선전계획에 대해서 영업부의 방침설명, 재무부의 상황설명, 판매부의 요청을 중심으로 총합적으로 검토했다.

6. 결 정　1) 스케줄에 대해서는 합의

　　　　　2) 선전매체의 비율은 텔레비전5(전국), 신문4(전국지3, 지방지1), 라디오·잡지 2의 비율로 한다.

　　　　　3) 예산안은 보류. 다음에 사장실, 경영기획의원회의 스탭 동석하에서 재검토한다.

이상

### 확인문제

1 1 すでにご存じのこととは存じますが

　이미 알고 있으리라고 생각합니다만 …….

　2 私事で恐縮ですが

　개인적인 이야기로 죄송합니다만 ……

　3 結論から先に申しますと

　결론부터 먼저 말하자면 ……

　4 もしご不明な点がございましたら、（遠慮なく）ご質問ください。

　모르는 점이 있으면, 질문해주세요.

2 회의에서 보고하기

이: 시즈오카 현의 시즈오카 시로 (출장갔습니다)만 먼저 그 건에 관해서 (보고해)드리겠습니다. 만약 명확하지 않는 점이 (있으시면) 사양마시고 (지적해)주세요. 그리고 (이번에) 출장간 아이치 현 나고야 시에서는 …(중략)… 이 점에 관해서는 이해하기 어려울 거라고 생각하기 때문에 그래프를 이용해서(설명하자)면 …(중략)…
이상으로 제 보고와 제안을 (마치겠)습니다만 뭔가 질문 (있습니)까?

손: 예. 질문 있습니다.

이: 예, 말씀하세요

손: 시즈오카 시의 선전매체의 점유율에 대해서 말입니다만 각 텔레비국별 시청률의 비율에 대해서는 조사가 끝났습니까?

이: 예. 하지만 아직 최종 집약이 (끝나지 않았기) 때문에 자세한 것은 다음번 회의에서(보고드리겠)습니다.

(出張した→出張いたしました)
(報告する→報告させて)
(あったら→ございましたら)
(指摘する→ご指摘)
(今度→この度)
(説明する→説明いたします・ご説明いたします)
(終わる→終わらせて)
(ある→ございます)
(終わっていない→終わっておりません)
(報告する→報告させて)

## Unit 14  연락하기

### 회화 1  병으로 회사를 쉼(전화 연락)

**손**　과장님, 죄송합니다. 어젯밤부터 갑자기 열이 나서요. 감기인 것 같은데 오늘 하루 쉴 수 없을까요?

**과장**　알겠네. 인플루엔자가 유행하고 있는 것 같으니까 아무쪼록 몸조심하게나.

**손**　감사합니다. 그리고, 제 책상 위에 어제 작성한 신신 사 앞으로 보내는 견적서가 놓여 있는데요, 오늘 중으로 보내주기로 되어 있습니다. 그래서 죄송합니다만, ……

**과장**　알겠네. 견적서는 이○○ 씨에게 부탁해서, 보내도록 할 테니까 안심하고 오늘은 푹 쉬도록 하게.

### 회화 2  외출시 연락

**이**　신신 사로 견적서를 전하러 다녀오겠습니다. 2시까지는 돌아오겠습니다.

**과장**　알겠네. 다녀와.

*…… (오후 1시 반쯤, 회사동료에게 전화)……*

**이**　여보세요. 요시이 씨. 도로가 정체되서, 늦을 것 같은데, 과장님께 말 좀 해줘. 그리고, 만약 단골거래처에서 나한테 뭔가 연락이 있으면, 사정을 설명해 줘.

**요시이**　알았어. 그래서, 몇 시쯤 될 것 같은데?

**이**　2시 반에는 돌아갈 수 있을 거야.

**요시이**　그럼 과장님께도 그렇게 전해둘게.

### 사무소에서의 철저한 에너지절약을 부탁(통지문)

매년, 여름철에는 에어컨 사용 때문에 전력소비량이 증대하고 있습니다. 본격적인 여름을 맞이하여 다시 한번 여름철, 철저한 에너지절약대책을 도모하고 더 많은 협력을 부탁드립니다.

1. 냉방의 설정온도는 28도로 한다.

2. 사용하고 있지 않는 장소의 전기를 끈다.

3. 외출이나 장시간 데스크를 떠날 경우 컴퓨터의 전원을 끈다.

4. 퇴실시의 프린터, ＰＣ, 환풍기, 에어컨 등 끄는 것을 잊지 않도록 한다.

5. 점심시간은 가능한한 소등한다.

이상

### 확인문제

**1**　　상사에게 전화연락

상사: 안녕하세요. 신신 사입니다.

사원: 여보세요. 저는 ① 이)입니다만.

상사: 아, ② 이 씨). 무슨 일인가?

사원: 실은 ③ 전철 사고)가 있어서, 출근이 ④ 늦어)져서 연락드렸습니다.

상사: 알겠네. 그래 회사에 도착하는 것은 ⑤ 몇 시정도나 될 것 같은)가?

사원: 아마 9시반 쯤에는 도착할 수 있을 것같습니다.

상사: 그럼, 만약 늦어질 것 같으면 또 ⑥ 전화)주게.

① 李＜自分の姓＞
② 李さん
③ 電車で事故
④ 遅れそうな／遅れます
⑤ 何時ごろになりそう
⑥ 電話して

**2**　　　　구두연락

과장: 여러분, 잠시 들어주세요. ① 회의)를 열겠습니다. 의제는 ② 신제품의 연말캠페인에 대해서)입니다. 당일 ③ 담당자)는 자료를 갖추어 전원 모여 주십시오. 또한 사정으로 ④ 참석할 수 없는) 사람은 반드시 ⑤ 이유서를 제출)하도록 해주세요.

월례영업회의개최 건(통지문)

아래와 같이 개최하므로 담당자는 전원 참석해주세요.

1. 일시　헤이세이 20년 10월 12일　13 : 00부터 15 : 00
2. 장소　제1회의실
3. 의제　신제품 연말캠페인에 대해서

　또한 참석할 수 없는 경우는 이유서를 제출할 것.

이상

① 10月 12日午後一時から、月例の営業会議
② 新製品の年末キャンペーンについて
③ 担当者
④ 参加できない
⑤ 理由書を提出する

Unit 15　상담하기

 **상사에게 지시 청하기**

이　　퇴근하시려는데 죄송합니다. 4, 5분 시간 내주실 수 없을까요?

과장　응, 무슨 일인가?

이　　지금 손님으로부터 팩스로 이런 불평이 들어와서 어떻게 해야 되나 하고…….

과장　잠깐. 보여주게.

……　(읽으면서)……

바로 알아보는 게 좋아.

이　　예. 그렇지만, 공교롭게도 담당자인 손○○ 씨가 외출 중이어서 연락이 안됩니다. 어떻게 하면 좋을까요?

과장　일단 손님에게 하루 이틀 중으로 알아본 후에 연락을 드리겠다고 해두세요.

이　　예, 바로 그렇게 하겠습니다.

**상사의 판단 청하기**

계장　과장님, 10분 정도 시간 괜찮으시겠습니까?

과장　괜찮아.

계장　실은 A사로부터 이런 공동프로젝트 제안이 이루어졌

는데 ……. 그래서 과장님 의견을 들려주십사 하고.

과장　좀 보여주게.

……(읽으면서)……

흐음 좋은 이야기잖아.

계장　예, 저도 그렇게 생각했습니다만 그쪽에는 상사와 의논한 후에 다시 연락드리겠다고 말해두었습니다.

**확인문제**

1　1　중대한 상담이 있을 때
　　2　시기를 놓친 상담을 할 때
　　3　그 사람에게밖에 의논할 수 없을 때
　　4　상사에게 조력·조언을 구할 때
　　5　비밀스러운 상담이 있을 때

　　a　달리 의논할 수 있는 분도 없어서
　　b　긴히 드릴 말씀이 있습니다만
　　c　의논드리고 싶은 일이 있는데요
　　d　실은 개인적으로 의논드릴 일이 있는데요
　　e　좀 더 빨리 의논드렸어야 했습니다만

답　1 b　　　2 e　　　3 a
　　4 c　　　5 d

2　(너답지 않다/할 수 없다/실패는 있다/상담에 응해주었으면 한다/개인적인)

이　　：선배님께 (① 의논드리고 싶은)일이 있는데요 …….

선배：응, 무슨 일인데 ?

이　　：(② 개인적인) 일이라서 회사에서는 좀 …….

선배：알았어. 그럼 일 끝나고나서 어디 가자.
　　　　…… (두 사람 술집에서)……

이　　：일전에 그런 커다란 실수를 저질러서, 모두의 얼굴을 볼 면목이 없어요.

선배：끝난 일은 (③ 어쩔 수 없)잖아.

이　　：하지만 완전히 자신을 잃고 말았어요. 회사를 그만둘까 하고.

선배：이봐이봐, 항상 긍정적인 (④ 너답지 않아). 다음에 잘하면 되잖아.

이　　：그건 그렇지만 그래도 …….

선배：누구에게라도 (⑤ 실패는 있는거야). 어쨌든 오늘은 불쾌한 일은 잊어버리고 마시자고.

① 相談に乗っていただきたい
② 個人的な　　　③ 仕方がない
④ 君らしくない　　　⑤ 失敗はある

 **Unit 16    상사에게 진언하기**

### 의문 제시형

부장  이 상품은 채산이 맞지 않을 것 같아서 이번 분기를 끝으로 제조를 중지하는게 어떨까 생각하는데, 어떻겠나?

과장  예, 하지만 그래도 그건 좀 …….

이  부장님, 저도 그것은 좀 그렇다고 생각합니다. 매출도 조금씩 늘기 시작하고 있는 중이니까 조금 더 상황을 지켜보는게 어떻겠습니까?

### 대안 제시형

부장  이번 기획의 책임자로 젊은 사원을 기용하려고 하는데, 이 군은 어떻겠나?

과장  말대꾸를 하는 것 같습니다만 이 군으로서는 아직 짐이 무거울 것 같습니다.

부장  그럼, 누가 적임자라는 거지?

과장  이 부분은 예를 들면 기무라 씨같은 베테랑 여성사원에게 부탁하는 것이 어떨까요?

### 신중론형

부장  ……라는 이유로 시부야 사와의 거래에 대해서는 차제에 중지하려고 생각하고 있는데 어떻게 생각하나?

과장  부장님, 실례라고는 생각합니다만 감히 직언드리겠습니다.

부장  응, 말해보게.

과장  부장님 의견도 알겠습니다만 그러나 시부야 사는 앞으로 저희 회사에 있어서도 중요한 파트너가 될 가능성이 잠재되어 있습니다. 그 장래성을 생각했을 경우 저는 이 문제에 관해서는 좀 더 신중하게 검토하는 편이 좋을 거라고 생각합니다.

### 확인문제

1  1 상대의 의견에 확실히 반대할 때
   2 상대 의견에 조금 의문이 있을 때
   3 상대 의견에 과부족이 있을 때
   4 다른 관점이 있는 것을 나타낼 때

   a 확실히 그런 견해도 있습니다만

b 그렇게 말할 수 없는 것도 아니지만
c 말대꾸를 하는 것 같습니다만
d 하지만 그것은 조금……지나치지 않을까 하고

   **답** 1 c    2 b    3 d    4 a

2  1 확실히 찬성할 때
   2 확실히 반대할 때
   3 재고를 촉구하고 싶을 때
   4 확실히 자신의 의견을 말할 때
   5 제안할 때

   a 승복하기가 어렵습니다.
   b 감히 직언드리겠습니다.
   c 다시 한 번 재고해주실 수 없을까요?
   d ~하는 게 어떨까요?
   e 이의는 없습니다.

   **답** 1 e    2 a    3 c
       4 b    5 d

3  (말대꾸를 하다/승복하기 어렵습니다/재고해주다/알고 있습니다)

   과장: 부장님, A 사와의 거래중지에 관해서 다시 한 번 (① 재고해 주실) 수는 없을까요?
   부장: 자네 의견은 회의에서도 전달했지만, 중역회의결정이라서 나 한사람의 판단으로 바꿀 수 있는 게 아냐.
   과장: 그 점은 충분히 (② 알고 있습니다)만 섣부른 판단은 금물이라고 생각합니다.
   부장: 이미 회사결정이 났어. 이제 와서 변경은 무리야.
   과장: (③ 말대꾸를 하는 것)같지만, 담당자로서 이런 신의에도 반대하는 듯한 결정에는 (④ 승복하기 어렵습니다).
   부장 (남): 이제와서 그렇게 터무니 없는 말 하는 게 아냐.

   ① 考え直していただく
   ② 承知しております
   ③ お言葉を返す
   ④ 承服いたしかねます

**Unit 17    회의에서 발언하기**

 ## 과내 미팅

**과장**　이 기획안으로 갈 것인지 이제 결론을 내리지 않으면 안됩니다.

**이**　이대로라면 토론은 평행선이니 다수결로 정하지 않겠습니까?

**손**　이○○ 씨의 의견에 반대는 아니지만, 저는 아직 토론이 불충분하다고 생각합니다.

**동료**　저도 다수결은 별로라고 생각합니다. 과로서의 의견 일치가 충분하지 않은 상황에서 다수결로 정해도 나중에 잘 되지 않을 우려가 있습니다.

**과장**　그것도 그렇군. 그럼 내일 하루 더 이 건으로 서로 이야기해 보도록 합시다. 이 안에 불충분한 점이 있으면 내일까지 대안을 생각해 와주세요. 이걸로 됐지요?

**전원**　예, 됐습니다.

 ## 영업회의에서 발언하기

**사회**　방금 부장님이 말씀하신 제안에 대해서 의견은 없으십니까?

**과장**　저는 부장님 의견에 이의는 없습니다.

**사회**　다른 의견은 없습니까?

**다케이과장**　부장님의 제안에 대해서는 저도 기본적으로 찬성합니다만, 두 세 가지 검토하는 편이 좋다고 생각하는 점이 있습니다. 그 하나는 판매 목표에 관해서 말인데 조금 지나치게 소극적인 게 아닐까요? 두 번째는 판매촉진책에 관해서 말인데요. 좀더 신규 고객 확보를 위한 방책을 검토해야만 하지 않을까요?

**부장**　…… (손을 들고) ……

　　　　발언해도 괜찮겠습니까?

**사회**　예, 하십시오.

**부장**　다케이 과장, 조금 더 구체적으로 말해줄 수 없겠습니까?

### 확인문제

**1**　1　대화를 원점으로 돌리고 싶을 때
　　2　발언시간을 짧게 해주길 바랄 때
　　3　전체에 의견을 요구할 때
　　4　회의의 흐름을 바꾸고 싶을 때
　　5　지명해서 의견을 요구할 때
　　6　내용을 확인하고 싶을 때

a　누군가 의견은 없습니까?
b　다른 의견은 없습니까?
c　간략하게 부탁드리겠습니다.
d　기무라 씨가 말씀하시는 것은 ……라고 하는 것입니까?
e　기무라 씨는 이것에 대해서 어떻게 생각하십니까?
f　이야기가 옆길로 새 버린 것 같아서

**답**　1 f　　2 c　　3 a
　　　4 b　　5 e　　6 d

**2**　(또한/이어서/바쁘신 중/먼저)

(① 바쁘신 중에) 다수 (참석해 주셔서) (정말로) 감사합니다. (지금부터) '○○업종별 부회장간담회'를 시작하겠습니다. 저는 오늘 사회를 맡은 총무위원장인(엔도입니다). 잘 부탁드립니다. (② 먼저) 오늘 의사진행에 대해서 사회자님으로부터 약간의 설명이 있겠습니다. 제일 먼저 △△상공회의소회장님(과) 내빈인 ㅁㅁ의원님으로부터 (인사가 있겠습니다). (③ 이어서) 제 1부로서 오늘의 메인테마입니다. 세계경제 2008년 하반기 회고와 2009년 상반기 전망에 대해서 각 부 회장님으로부터 발표가 있겠습니다. 시간적으로는 한 사람당 10분 정도를 (예정하고 있습니다)만, 부 회장님 여러분의 얼굴을 (보면) 모두들 달변인 (사람들)뿐이라서 7, 8분을 목표로 하시면 딱 좋지 않을까 생각합니다. (④ 또한) 각 부 회장님의 발표 후 메인테마에 관한 자유 토론을 하겠습니다.

① お忙しい中
② まず
③ 引き続いて
④ なお
(参加してくれて→ご参加くださいまして)
(ほんとうに→誠に)
(今から→ただ今より)
(遠藤です→遠藤でございます)
(と→ならびに)
(挨拶してもらいます→ご挨拶いただきます)
(予定しています→予定しております)
(見ます→拝見します)
(人たち→かたがた)

### 기획제안서 쓰는 법

**당사 홈페이지 개발기획안**
('누구라도 쓸 수 있는 기획서 쓰는 법'으로부터)

## 1. 배경

홈페이지는 소비자가 레저 정보를 수집하기 위한 중요한 매체로 성장해오고 있고 레저시설에는 없어서는 안 되는 선전매체로서 매력있는 홈페이지 개발이 급선무이다.

## 2. 목적

상사의 인지율과 화제성을 향상시키고 방문을 촉진시킨다.

## 3. 개발 기본 컨셉

1) 액세스가 많은 사이트로 한다.

2) 보기 쉽고 필요한 정보를 바로 손에 넣는 사이트로 한다.

3) 즐겁고 화제성이 있는 사이트로 한다.

4) 홈페이지를 통해서 마케팅 정보를 수집한다.

## 4. 개발 전략

1) 액세스가 많은 사이트로 하기 위한 방책

　· 끊임없이 신선한 정보를 제공한다.

　· 관련 정보와 링크를 해서 여러 사이트로부터의 액세스를 도모한다.

　· 여러 검색엔진에 등록한다.

2) 보기 쉽고 필요한 정보가 바로 손에 들어오는 사이트로 하는 방책

　· 기능성을 중시하고 너무 무거운 영상은 사용하지 않는다.

　· 보기 쉬운 문자, 배경, 영상디자인으로 한다.

　· 톱페이지에서 필요한 최저 정보가 손에 들어오도록 구성한다. 또 톱페이지로부터 바로 필요한 정보로 액세스할 수 있는 페이지구성으로 한다.

3) 즐겁고 화제성이 있는 사이트로 한다

　· 이벤트 정보 등에 대해서 자주 정보를 갱신한다.

　· 레저랜드주변정보 등 방문객에게 도움이 되는 정보를 넣는다.

　· 홈페이지상에서의 이벤트를 실시한다.

4) 마케팅정보를 수집하기 위한 방책

　· 현상 앙케이트를 실시하고 정보를 수집한다.

　· 액세스로그의 정기적 해석을 한다.

## 5. 사이트내용의 구성

　첨부도 참조

## 6. 개발스케줄

　발주로부터 약 1달

## 7. 비용 – 50만 엔

### 디베이트

· [N&S런닝] 기업내 연수교육 프로젝트에 의거한다.

회의하는 곳에서는 기회서와 자료가 배포되어 그것에 기초로 해서 토론하기 때문에 논리적으로 상대방을 설득하는 말을 할 필요가 있습니다. 그것을 위해서는 디베이트가 최고로 좋은 연습 방법입니다만, 여기에서는 '[N&S런닝] 기업내 연수교육프로젝트'에 의거해서 포인트만 실어두겠습니다. 디베이트는 일종의 토론의 시뮬레이션 훈련입니다. 그것은 다음과 같이 정의할 수 있습니다.

1 어떤 하나의 테마(논제)에 대해서
2 긍정과 부정 두 가지 입장으로 나누고
3 일정 룰에 따라서
4 근거 있는 토론을 경쟁하게 해서
5 마지막으로 심판에 의한 판정이 있다

국적을 초월한 국제비즈니스 세계에서는 디베이트의 기술은 무척 중요한 커뮤니케이션 스킬이고 모든 비즈니스 장면에 필요한 기술이라고 말할 수 있을 지도 모릅니다. 예를 들면 상담·교섭·절충, 그룹내에서의 미팅·회의, 기획 제안·검토 등 비즈니스 장면에서는 항상 무엇인가의 토론이 이루어지고 있습니다. 그러나 회사에서 이루어지는 토론이란, '합의를 얻기 위한 커뮤니케이션'입니다. 이기고 지는 것이 아닙니다. 그렇기 때문에 냉정하게 상대방을 설득하는 힘을 따지게 되는 것입니다만, 적절한 토론을 하기 위해서는 토론구축능력(논리적 사고력·정보수집·분석력, 등등)과 프리젠테이션 능력, 경청 능력, 논리적 이해력이 필요합니다.

그리고 비즈니스장에서의 토론은 기본적으로는 '정책결정논제'가 됩니다만 회의에서의 토론에 앞서 다음과 같은 시점에서 자타 플랜의 메리트·디메리트를 객관적으로 분석해두면 발언도 논리적으로 되고 설득력도 늘겠지요. 이하 참고까지 정보수집·분석의 시점을 써 둘 테니까 참고하세요.

여기에서 말하는 두 가지 입장이란

◆ 긍정측: 플랜을 지지하고 정책 제안을 하는 측

◆ 부정측: 플랜을 지지하지 않는 긍정의 제안을 검토하는 측입니다. 논하기 위해서는 상대측의 주장도 예상해서 반론을 짜지 않으면 안되니까 자연스럽게 객관적이고 다각적인 시점을 갖게 되기도 합니다.

## 분석 · 정보 수집의 시점

### 플랜(제안)에 긍정측

[1] 현재 상태를 어떻게 보는가?
  1 현재 상태의 구체적인 폐해.
  2 문제 원인이 현재 상태 안에 있다.
  3 플랜이 원인을 제거하고, 문제를 해결한다.

[2] 플랜을 어떻게 보는가?
  1 플랜의 구체적 설명.
  2 플랜으로부터 어떤 메리트가 생기는가?

[3] 목표는 달성할 수 있을까?
  1 지금은 목표에 도달해 있지 않다.
  2 부정측의 방법으로는 목표에 도달하지 못한다.
  3 이 플랜에 의해서만 목표에 도달하는 것이 가능하다.

### 플랜(제안)에 부정측

[1] 현재 상태를 어떻게 보는가?
  1 현재 상태를 바꿀 필요는 없다.
  2 긍정측의 플랜으로는 문제는 해결되지 않는다.
  3 다른 방법이라도 문제는 해결할 수 있다.

[2] 플랜을 어떻게 보는가?
  1 긍정측의 플랜으로는 단점이 크다(메리트를 상회한다).
  2 다른 방법을 쓰면 단점은 발생하지 않는다.
  3 생기는 메리트의 크기

[3] 목표는 달성할 수 있을까?
  1 긍정측의 플랜으로는 목표에 도달하지 못한다.
  2 긍정측의 플랜으로는 단점이 크다(메리트를 상회한다).
  3 다른 방법으로 목표달성은 가능하다.

## Unit 18  사죄하기

 회화 1  지각 사과하기(1)

**계장** 오늘도 또 지각이야? 도대체 어떻게 할 생각이야!

**이** 죄송합니다. 사고가 있어서 JR이 늦어졌기 때문에…….

**계장** 변명은 꼴사나워. 그렇게 자주 JR에서 사고가 날 리가 없잖아?

## 지각 사과하기(2)

**과장** 요즘 지각이 잦은 것 같은데 몸의 컨디션이라도 나쁜 거야?

**이** 죄송합니다. 앞으로는 조심하겠습니다.

**과장** 지각 같은 별 거 아닌 일로 자네 평가를 떨어뜨리는 것은 아까우니까 조심하게.

 회화 2  실수 사과하기

**과장** 저의 감독이 소홀해서 회사에 다대한 손해를 입히게 되어 정말로 죄송합니다.

**부장** 부하의 실수라고 할지라도 자네도 책임을 면할 수는 없을 거야.

**과장** 예, 죄송합니다. 앞으로는 마음을 다잡아서 두 번 다시 이런 일이 없도록 하겠습니다.

**부장** 어쨌든 본인에게는 시말서를 써서 제출하도록 전해주게. 또 그 처분에 대해서는 추후에 연락하지.

**과장** 부장님께도 폐를 끼쳐드려서 죄송합니다.

 **(회사에 손해를 끼친 것을 사과한다)**

시말서

헤이세이 ○년 ○월 ○일

주식회사○○○

대표이사장   ○○○○   님
○○부 ○○과
○○○(인)

이번에는 회사에 다대한 손해를 끼쳐서 대단히 폐를 끼쳐드렸습니다. 대단히 죄송하고 삼가 사죄드립니다.

이번 건은 ……(이유)…… 때문에 일어났습니다. 오로지 저의 부주의가 원인으로 깊이 반성하고 있습니다. 앞으로는 이런 일이 없도록 엄중하게 주의할 것을 맹세함과 동시에 회사에 끼친 손해액에 대해서는 배상책임을 질 것을 아울러 말씀드립니다.

이번에 한해 아무쪼록 용서해주시도록 본서와 함께 부탁드리겠습니다.

기

금   ○○○○ 엔

이상

(음주에 의한 성희롱행위)

시말서

헤이세이 ㅇ년 ㅇ월 ㅇ일

주식회사ㅇㅇㅇ

대표이사장　ㅇㅇㅇㅇ　님

ㅇㅇ부 ㅇㅇ과

ㅇㅇㅇ(인)

저는 헤이세이 ㅇㅇ년 12월 18일 오후 11시경 망년회 자리에서 음주 후 만취해서 같은 과 여자사원인 ㅇㅇ 씨에게 외설스런 말을 퍼붓고 동시에 대단히 불쾌한 기분이 들게 해버렸습니다.

이런 행동을 한 것은 정말로 제 부덕의 소치로 ㅇㅇ 씨에게 깊이 사죄드리겠습니다. 또 이와 같은 불상사가 일어난 것은 회사의 명예를 훼손시킨 배신행위라고 새삼스럽게 생각하고 깊이 반성하고 있습니다. 대단히 죄송합니다.

앞으로는 새로운 마음으로 일에 매진해서 두 번 다시 이런 실수를 저지르지 않도록 가령 음주 중이라도 앞으로는 이성적으로 행동할 것을 맹세합니다.

앞으로도 아무쪼록 잘 지도해주시도록 또 이번 건에 관해서는 부디 관대한 조치를 내려주시도록 간곡히 부탁드리겠습니다.

이상

### 확인문제

1　1　결과가 잘 되지 않았을 때
　　2　비교적 가벼운 실패를 사과할 때
　　3　커다란 실수를 범했을 때
　　4　상대방에게 실수를 지적받았을 때
　　5　능력부족으로 거절할 수밖에 없을 때
　　6　부하의 실수를 사과할 때

　　a　힘이 되고 싶은 마음은 굴뚝 같지만 …….
　　b　이런 감사합니다.
　　c　저의 부덕의 소치로…….
　　d　도움이 되지 못해서, 죄송합니다.
　　e　뭐라 사과말씀을 드려야 좋을지…….
　　f　알아차리지 못해서 죄송합니다.

**답**　1 d　　2 b　　3 e
　　　4 f　　5 a　　6 c

2　(폐를 끼쳐드렸습니다/명심하겠습니다/사과드릴 방법조차 없습니다)

이　：이번 건에 관해서는 (① 사과드릴 방법조차 없습니다).
과장: 두 번 다시 같은 실수를 하지 않도록.
이　：예, (② 명심하겠 습니다 ).
과장: 부장님께서 시말서를 제출하라고 하시니까 서둘러 써서 제출하게.
이　：과장님께도 (③ 폐를 끼쳐드렸습니다). 마음으로부터 사과드리겠습니다.
과장: 이제 됐으니까　빨리 가서 일하게.

①　お詫びのしようがございません
②　肝に銘じます
③　ご迷惑をおかけしました

3　(이런 일이 없다/삼가 따르다/변명의 여지가 없다)

(이번에) 헤이세이 21년 11월 11일(부터) 13일까지 3일간 연락도 하지 않고 (결근한)일은 (① 변명의 여지가 없는) 행위로 (깊이 반성하고 있습니다). 일전에 집안일에 걱정거리가 있어서, 그 때문에 연락도 하지 않고 무단결근하는 사태가 되었습니다만 사회인으로서 정말로 극히 무책임하다고 마음으로부터 반성하고 있습니다. 앞으로는 생활 태도를 바꿔서 두 번 다시 (② 이런 일이 없도록) 또 신뢰회복을 위해서 (노력할) 것을(맹세하겠습니다). 또한 본 건에 관한 처분에는 (③ 삼가 따를) (생각입니다).

①　弁明の余地のない
②　肝に銘じます
③　このようなことがない
　(今回→このたび)
　(から→より)
　(欠勤した→欠勤いたしました)
　(猛省している→猛省いたしております)
　(努力する→努力いたします)
　(誓う→お誓い申しあげます)
　(つもりだ→所存です)

 **거래처와의 트러블**

**부장**　누마즈 사의 오치아이 전무로부터 아까 거래정지 신청이 있었는데 어떻게 된 일인가?

**과장**　저 나름대로 있는 힘껏 노력했다고 생각합니다만, 이런 결과가 되버려서 죄송합니다.

**부장**　변명할 말이 있으면 해보게.

**과장**　예, 그럼 말씀드리겠습니다. 저번에 누마즈 사에 가서 오치아이 전무님과 만나서 납기지연에 관해서 성심성의껏 설명해드렸습니다. 그러나 납기가 늦어진 원인이 천재에 의한 불가항력이었음에도 당사에 대해서 납기지연에 대한 손해배상을 요구하셨습니다. 저는 도저히 받아들이기 어려운 요구라고 생각해서 거부했더니 오치아이 전무님이 격노하셔서 그 자리에서 앞으로의 거래정지를 통보받았습니다.

**부장**　사정은 알겠네만 오치아이 전무로부터 배상요구를 거부하기 전에 왜 내게 의논하지 않았나?

**과장**　죄송합니다. 미처 거기까지는 생각이 미치지 못했습니다.

**손님과의 트러블**

**점장**　손님이 '좀도둑 취급당했다'고 화를 내고 계셨는데 도대체 무슨 말을 한 거야?

**점원**　표현이 부족했을지도 모르겠습니다만 손님이 계산하지 않고 밖으로 나가려고 하셨기 때문에 "계산을 깜빡 잊고 하지 않은 물건이 없으십니까?"라고 여쭤봤을 뿐입니다.

**점장**　그렇군 그 때의 말투가 지나치게 강했을지도 모르겠군. 하지만 말이야. 그런 때는 손님이 가게 밖으로 나가는 것을 기다렸다가 말하는 법이야. 그렇게 하면 상대방도 발뺌을 할 수가 없을테니까.

**점원**　죄송합니다. 앞으로 주의하겠습니다.

**확인문제**

**1**　어디에서 나온 이야기일까요?
　거기까지 생각이 미치지 못했습니다.
　변명할 생각은 없습니다.
　모든 방책을 강구했습니다.
　오해가 있는 것으로 생각합니다.

표현이 부족했을지도 모르겠습니다.

1　부장님이 지적하신 대로입니다. 그 때는 (거기까지는 생각이 미치지 못했습니다).
　**そこまで考えが及びませんでした**

2　(오해가 있는 것 같으)므로 설명하게 해주세요.
　**誤解があるように思います**

3　도대체 (어디에서부터 나온 이야기입니)까? 저는 전혀 모르겠습니다만…….
　**どこから出た話なのでしょう**

4　(표현이 부족했을지도 모르겠습니다)만, 저로서는 성심성의껏 설명드렸습니다.
　**言葉が足りなかったかもしれません**

5　(모든 방책을 강구했습니다)만, 이런 결과가 돼버렸습니다.
　**あらゆる方策を講じました**

6　(변명할 생각은 없습니다)만, 애초부터 계획 자체에 무리가 있던 것은 아닙니까?
　**弁解するつもりはありません**

2　점장: 왜 손님과 말다툼을 한 겁니까?
　점원: 손님이 어제 (구매하신) 고기를 (가지고 오셔서) "이상한 냄새가 나니까 새 물건과 바꿔달라"고 무리한 말을 (하셨기)때문에 제가 (거절했더니) 손님이 감정적으로 (되셔서).
　점장: 손님께는 일일이 반론하지 말고 우선은 손님의 주장을 확실히(듣도록)하라고 평소에 말했지요.
　점원: (죄송합니다). 저도 냉정함이 부족했습니다.
　점장: 이번에는 내가 대신 사과하고 오겠습니다.

　(買い求めた→お買い求めになった)
　(持って来て→持って来られて)
　(言った→おっしゃいました)
　(断ったら→お断りいたしましたら)
　(なって→なられまして)
　(聞く→お伺いする)
　(すみませんでした→申し訳ございませんでした)

 **전화 걸기(기본형)**

**누마즈 사**　예, 누마즈 사입니다.

이       누마즈 사입니까? 저는 기무라 사의 이○○라고 합니다. 바쁘신 중에 죄송합니다만, 영업 1과의 다케다 씨를 부탁드리겠습니다.

누마즈 사   기무라 사 이○○ 님이시군요. 바로, 다케다를 바꿔드릴 테니까 잠시만 기다려 주십시오.

······ (전화를 연결한다) ······

다케다    전화 바꿨습니다. 다케다입니다.

이       기무라 사의 이○○입니다. 항상 신세를 지고 있습니다. 지금 시간 괜찮으십니까?

······ (용건이 끝난다) ······

오늘은 바쁘신 중에 시간을 내주셔서 감사합니다. 그럼, 잘 부탁드리겠습니다.

다케다    예, 알겠습니다.

이       그럼, 실례하겠습니다.

 ## 첫 전화

다케다    안녕하세요. 누마즈 사입니다.

손       처음으로 전화드립니다. 저는 기무라 사의 손○○이라고 합니다. 이번에 이 지구를 담당하게 되어서 인사겸 전화드렸습니다.

다케다    그렇습니까? 저는 영업과의 다케다라고 합니다. 그런데 오늘은 무슨 용건이십니까?

손       실은 저희 회사의 신제품 P3의 건으로 전화드렸습니다만 근일 중 시간을 내주실 수 없을까 해서. 10분정도면 되니까 아무쪼록 부탁드리겠습니다.

### 확인문제

1   (죄송합니다/부탁드리고 싶다/그럴 필요는 없습니다/급한 용건이지요)

손     : 누마즈 사지요? 저는 기무라 사의 손○○라고 합니다. 바쁘신 중에 (① 죄송합니다)만 다케다 영업과장님을 (② 부탁드리고 싶습)니다만······.

거래처 : 공교롭게도 다케다는 회의 중입니다만 뭔가 (③ 급한 업무십니)까?

손     : 급한 용무라고 할 정도는 아닙니다. P3의 건으로 (전화드렸습)니다만, 회의는 몇 시쯤 끝날까요?

거래처 : 3시에는 끝날 예정인데요, (다케다 과장님)께 (손○○ 씨)한테 전화를 걸라고 할까요?

손     : 아니요, (④ 그럴 필요는 없습니다). 3시 지나서

이쪽에서 다시 전화를 걸 테니까 손○○로부터 전화가 왔었다고만 (전해주십시오).

① 恐れ入ります
② お願いしたい
③ お急ぎのご用件でしょう
④ それには及びません
 (電話した→お電話した)
 (武田課長→武田)
 (孫→孫様)
 (伝えてください→お伝えください)

2   (항상 신세를 지고 있습니다/시간 괜찮으십니까?/오래 기다리셨습니다)

······ (생략) ······

누마즈 사: 기무라 사의 이○○ 님(이시군요).(지금)야마다를 바꿔드릴 테니까, 잠시만 기다려 주십시오.

······ (전화를 연결한다) ······

야마다   : (① 오래 기다리셨습니다). 야마다입니다.

이      : 기무라 사의 이○○입니다. (② 항상 신세를 지고 있습니다). (본론부터 말씀드리자면) P3의 건으로 확인하고 싶은 것이 (있어서) (전화드렸습니다). 지금(③ 시간 괜찮으십니)까?

······용건이 끝난다······

바쁘신 중에 (시간을 내주셔서) (정말로)감사했습니다.

야마다   : 아니요. 저야말로 잘 부탁드리겠습니다.

① お待たせしました
② いつもお世話になっています
③ お時間よろしいでしょうか
 (です→でいらっしゃいます)
 (今→ただいま)
 (早速です→早速ではございます)
 (あって→ございまして)
 (電話した→お電話差し上げました)
 (時間をもらって→お時間をいただきまして)
 (ほんとうに→誠に)

## Unit 21　전화받기 (1)

 **아침 전화받기**

이　　안녕하세요. 기무라(회사명)입니다.

다나카　저, 바쁘신 중에 죄송합니다만 사토 영업부장님을 부탁드립니다.

이　　실례합니다만 누구십니까?

다나카　말씀드리는 것이 늦었습니다. 저는 신신 사의 다나카라고 합니다.

이　　신신 사의 다나카 님이시군요. 죄송합니다만 사토는 지금 통화중이므로 잠시 기다려주시겠습니까?

다나카　예.

 **전화를 받는 것이 늦었을 때**

손　　오래 기다리셨습니다. 기무라(회사명)입니다.

야마다　저, 누마즈 사의 야마다라고 합니다. 항상 신세를 지고 있습니다. 바쁘신 중에 죄송합니다만 사토 영업부장님을 부탁드리고 싶습니다만.

손　　누마즈 사의 야마다님이시군요. 지금 본인을 바꿔드릴 테니까 잠시 기다려주십시오.

‥‥‥〈전화를 연결한다〉‥‥‥

사토　　오래 기다리셨습니다. 사토입니다.

야마다　안녕하세요. 누마즈 사의 야마다입니다.

사토　　야, 야마다 씨. 오랜간만이군요.

**확인문제**

1　1　아침 10시에 걸려 온 전화를 받았을 때
　　　(안녕하세요). 주식회사 A입니다.
　　　**おはようございます**

　　2　오후에 걸려 온 전화를 받았을 때
　　　(네). 주식회사 A입니다.
　　　**はい**

　　3　3번 이상 전화벨이 울려서 전화를 받았을 때
　　　(오래 기다리셨습니다). 주식회사 A입니다.
　　　**お待たせしました**

　　4　8번 이상(몇 번이나)전화벨이 울려서 전화를 받았을 때 (대단히 오래 기다리셨습니다). 주식회사 A입니다.
　　　**大変お待たせしました**

　　5　이름을 댄 상대의 이름을 확인할 때
　　　A 사의 이노우에 님(이시군요).
　　　**でいらっしゃいますね**

　　6　이름을 대지 않은 상대의 이름을 확인하고 싶을 때
　　　죄송합니다만(누구십니까).
　　　**どちら様でしょうか**

2　누구십니까?　　　　　　　죄송합니다
　말씀드리는 것이 늦었습니다　　전화드리겠습니다
　오래 기다리셨습니다　　　　용건이십니까?

이　：(① 오래 기다리셨습니다). A 사입니다.

거래처: 저, (② 죄송합니다)만, 영업 제1과의 이○○ 님을 부탁드리고 싶습니다만.

이　：이○○는 전데요. 실례합니다만 (③ 누구십니까)?

거래처: (④ 말씀드리는 것이 늦었습니다). 저는 처음으로 (⑤ 전화드린) B 사의 야마다라고 합니다.

이　：처음뵙겠습니다. 영업 제 1과의 이○○입니다. A 사의 야마다 님이시군요. 그런데 오늘은 무슨 (⑥ 용건이십니)까?

① お待たせしました
② 恐れ入ります
③ どちら様でしょうか
④ 申し遅れまして
⑤ お電話差し上げます
⑥ ご用件でしょう

## Unit 22　전화받기 (2)

 **동성의 지명인이 있을 때**

이　　예, 기무라(회사명)영업부입니다.

와타나베　저는 시부야 사의 와타나베라고 합니다. 바쁘신 중에 죄송합니다만 영업부의 스즈키 씨를 부탁드리고 싶습니다만.

| 이 | 시부야 사의 와타나베 님이시군요. 스즈키는 두 사람이 있는데 스즈키 마코토입니까? 스즈키 이치로입니까? |
|---|---|
| 와타나베 | 스즈키 이치로 씨를 부탁드립니다. |
| 이 | 스즈키 이치로 말씀이시군요. 지금, 본인을 바꿔드릴 테니까 잠시만 기다려주십시오.<br>…… (잠시 후)…… |
| 스즈키 | 오래 기다리셨습니다. 스즈키입니다. |

###  회화 2 · 타부서 앞으로 오는 전화를 받았을 때

| 손 | 예. 기무라(회사명)입니다. |
|---|---|
| 류 | 저, 도요 사의 류라고 합니다. 죄송합니다만 인사과 후지이 님을 부탁드립니다. |
| 손 | 죄송합니다. 이쪽은 영업과라서 인사과 쪽으로 돌려드리겠습니다. 그 상태로 기다려주십시오. |
| 류 | 부탁드리겠습니다.<br>…… (전화를 연결한다)…… |
| 후지이 | 전화바꿨습니다. 인사과의 후지이입니다. |

### 확인문제

**1**

1 상대를 오래 기다리게 할 때
   이 상태로 잠시 (기다려주시겠습니)까?
   **お待ち願えます**

2 통화하려고 하는 사람에게 전화를 연결할 때
   기야마 님이군요. 지금 (바꿔드릴테)니까 잠시 기다려 주십시오.
   **本人に代わります**

3 단골거래처에 전화할 때의 인사
   항상 (신세를 지고 있습니다).
   **お世話になっています**

4 다른 사람이 돌려 준 전화를 받을 때
   (오래 기다리셨습니다). 영업부의 이○○입니다.
   **お電話代わりました**

5 타부서 앞으로 오는 전화를 받았을 때
   과가 다른 것 같은데 다시 총무과 쪽으로 (돌려드리겠습니다).
   **お回しいたします**

**2** (기다려 주십시오/죄송합니다/전화 감사드립니다)

이 : (① 전화주셔서 갑사드립니다). 주식회사 기무라
     고객상담실의 (이○○입니다).

손님A: 저, 일전에 그쪽에서 산 컴퓨터 상태가 아무래도 좋지 않습니다. 그래서 전화했습니다.

이 : 정말로 (② 죄송합니다). 바로 담당자를 바꿔드릴 테니까 잠시만 (③ 기다려주십시오).
     … (전화를 연결한다)……

담당자: (오래 기다리셨습니다). 담당인 야마다라고 합니다. (구매하신) 컴퓨터 상태가 좋지 않다(고 하셨는데) 죄송합니다. 그럼 컴퓨터 상태에 대해서 자세한 사항을 (들려주십시오).

① お電話ありがとうございます
② 申し訳ございません
③ お待ち願います
 (李です→李でございます)
 (待たせた→お待たせいたしました)
 (買い求めた→お買い求めになった)
 (そうだ→とのこと)
 (聞かせてください→お聞かせ願えますか)

## Unit 23 　전화받기(3)

### 회화 1 · 한창 연결 중에 전화를 끊어버려서

| 이 | 예. 기무라(회사명)입니다. |
|---|---|
| 와타나베 | 저는 시부야 사의 와타나베라고 합니다. 바쁘신 중에 죄송합니다. 사토 영업부장님을 부탁드리겠습니다. |
| 이 | 시부야 사의 와타나베님이시군요. 지금 사토를 바꿔드릴 테니 잠시 기다려주십시오.<br>… (깜박 전화를 끊어 버린다)…… |
| 와타나베 | 저, 좀전에 전화드린 와타나베라고 합니다. |
| 이 | 아까는 정말로 죄송했습니다. 지금 사토를 바꿔드릴 테니. |
| 사토 | 전화바꿨습니다. 영업부장 사토입니다. 아까는 부하가 대단히 실례를 범해서 죄송합니다. |
| 와타나베 | 아니요 아니요. 신경 쓰지 마세요. |

##  회화 2 잘못 걸려온 전화를 받고

**시마다** 기쿠가와 사입니까? 저는 루루 사의 시마다라고 합니다.

**손** 이쪽은 기무라 주식회사입니다. 실례합니다만 어느 쪽으로 거셨습니까?

**시마다** 앗！죄송합니다. 전화번호를 착각했습니다.

### 목소리가 잘 안 들릴 때

**손** 예. 기무라(회사명)입니다.

**시마다** 저는 루루 사의 시마다라고 합니다만 ……？？？？？？？…….

**손** 죄송합니다. 조금 전화감이 먼 것 같습니다만.

**시마다** 죄송합니다.

### 확인문제

**1** **1** 이야기가 길어진다고 알고 있을 때
이야기가 (길어질 것 같습니다)만, 괜찮으시겠습니까?
**長くなりそうなのです**

**2** 전화를 끝낼 때
그럼 (실례하겠습니다).
**失礼します**

**3** 장시간 통화 후에
(통화가 길어져)서 죄송합니다.
**長々と話してしまい**

**4** 상대방 목소리가 잘 알아듣기 힘들 때
죄송합니다. 전화 (감이 먼것 같습니다만).
**遠いようなのですが**

**5** 잘못 걸려온 전화를 받았을 때
실례합니다만 (어느쪽으로 거셨습니까)?
**どちらにおかけですか**

**2** 틀림없이 그렇게 하겠습니다(잘 알겠습니다)/다시 걸겠습니다 /죄송합니다/기다려주십시오/오래 기다리셨습니다/어떻게 할까요?

이 ： (① 오래 기다리셨습니다). 기무라(회사명)입니다.
거래처: 바쁘신 중에(② 죄송합니다)만 저는 누마즈사의

야마다라고 합니다. 사토 영업부장님을 부탁드리고 싶습니다만.

이 ：죄송합니다. 사토는 지금 통화 중이라서 이 상태로 잠시(③ 기다려주시겠)습니까?
…… (잠시 후)……

이 ：대단히 죄송합니다. 아무래도 사토의 전화가 길어질 것 같습니다만 (④ 어떻게할)까?

거래처 ：그렇습니까? 그럼 다시 이쪽에서(⑤ 다시 걸테)니까 야마다에게서 전화가 왔었다고 전해 주십시오.

이 ：(⑥ 잘 알겠습니다). 저는 영업부의 이○○라고 합니다.

① **お待たせしました**
② **申し訳ございません**
③ **お待ちいただけます**
④ **いかがいたしましょう**
⑤ **かけ直します**
⑥ **確かに承りました**

##  Unit 24　전화받기(4)

### 회화 1 본인이 부재중일 때

**이** 기무라 (회사명)입니다.

**거래처** 저는 누마즈 사의 오치아이라고 합니다. 영업과의 스즈키 씨를 부탁합니다.

**이** 누마즈 사의 오치아이 님이시군요. 대단히 죄송합니다만 스즈키는 지금 자리에 없습니다. 뭔가 급한 용무이십니까?

**거래처** 예, 좀 의논드리고 싶은 일이 있어서.

**이** 스즈키라면 금방 돌아올 거라고 생각하므로 나중에 전화드리라고 할까요?

**거래처** 아니요. 괜찮습니다. 나중에 제 쪽에서 다시 걸 테니.

**이** 그렇습니까? 그럼, 스즈키에게도 그렇게 전해두겠습니다. 저는 영업과의 이○○라고 합니다

**거래처** 그럼 잘 부탁드리겠습니다.

**이** 알겠습니다. 그럼 실례하겠습니다.

## 급한 용무의 전화를 받고

손    예. 기무라(회사명)입니다.

야마다  누마즈 사의 야마다라고 합니다만 인사과의 후지이 님을 부탁드리고 싶습니다만.

손    누마즈 사의 야마다 님이시군요. 마침 후지이는 출장 중입니다만 뭔가 급한 용건이십니까?

야마다  예. 급히 의논드리고 싶은 일이 있어서.

손    알겠습니다. 이쪽에서 후지이와 연락을 취해 바로 전화를 드리라고 하겠습니다. 야마다 님의 전화번호를 부탁드려도 괜찮으시겠습니까?

야마다  예. 이쪽은 03의 3358의 …….

### 확인문제

1  1 ただ今、席を外しております
    지금 자리에 없습니다

   2 代わりの者でもよろしいでしょうか
    다른 사람이라도 괜찮겠습니까?

   3 わたくしで差し支えなければ、お伺いいたしますが
    저로 괜찮으시면 듣겠습니다만

   4 お伝えしておきます
    말해두겠습니다

   5 ご伝言をお願いします／お言づてをお願いしたいのですが
    전언해주세요

2  (알겠습니다/부탁드립니다/자리에 없습니다/지장이 없으시면)

   이    : 다나카는 마침(① 자리에 없습니다)만 뭔가 (    )급한 (    )용건이십니까?

   거래처: 예, 꼭 오늘 중으로 (    )의논드리고 싶은 일이 있어서.

   이    : 4시쯤 돌아올 예정이니까, 돌아오는 대로 (    ) 전화하도록 전해드릴까요?

   거래처: 그 시간은 회사에 없는데요 …….

   이    : (② 지장이 없으시면), 제가 대신 용건을 여쭤봐도 될까요?

   거래처: 감사합니다. 하지만 역시 직접 (    )이야기 하는 편이 좋다고 생각하므로 (    )돌아오게 되면, 제 휴대전화 쪽으로 (    )연락주시도록 (    )전갈을 (    )부탁드리고 싶습니다만.

---

   이    : (③ 알겠습니다). 그럼 (    )전화번호를 (④ 부탁드립니다).

   거래처: 예. 04─3876─3876입니다.

   ① 席を外しております
   ② お差し支えがなければ
   ③ かしこまりました
   ④ お願いします
   (お)急ぎ              (ご)用
   (ご)相談したい
   (お)電話する           (お)話しした
   (お)戻りに
   (ご)連絡              (お)言づて
   (お)願いしたい
   (お)電話番号

# Unit 25   전언받기

## 전언 받기

손    누마즈 사의 오치아이 님이시군요. 스즈키는 지금 접객 중이라서 좀 자리를 비울 수가 없는데요 …….

오치아이  그렇습니까? 난처하군요.

손    저는 영업과의 손○○ 이라고 합니다. 만약 지장이 없으시면 제가 대신 용건을 여쭤봐도 될까요?

오치아이  감사합니다. 하지만 괜찮습니다. 누마즈 사의 오치아이라고 말하면 스즈키 씨는 아실거라 생각하므로 전화가 왔었다고 전해주십시오.

손    알겠습니다. 다시 한번 연락처를 확인하겠습니다. 누마즈 사의 오치아이님 맞으시죠?

오치아이  예, 맞습니다.

손    그럼 분명히 그 취지를 전해두겠습니다. 저는 영업 1과의 손○○ 이라고 합니다.

거래처  그럼 잘 부탁드립니다.

## 상사 가족으로부터의 전화

손    예, 기무라 (회사명)입니다.

과장부인 요시다 영업과장님 부탁드립니다. 아내인 준코입니다.

손　　　항상 신세를 지고 있습니다. 영업과의 손○○입니다. 마침 요시다 과장님은 지금 회의 중이십니다. 사모님 뭔가 급한 용무십니까?

과장부인　급한 용무라고 할 정도의 일은 아닙니다만, 회의가 끝나는 대로 집으로 전화하라고, 전해주실 수 없을까요?

손　　　알겠습니다. 분명히 전해드리겠습니다.

### 확인문제

확인하겠습니다/틀림없이 그렇게 하겠습니다(잘 알았습니다)/죄송합니다/전갈을 부탁드립니다/길어질 것같습니다/매번 감사합니다/실례하겠습니다/다시 전화 걸까요?

이　　　: ( ①매번 감사합니다). 주식회사 A입니다.

거래처: 저는 B 사의 요시이라고 합니다만 사토 영업부장님을 부탁드립니다.

이　　　: B 사의 요시이 님이시군요. (②죄송합니다). 사토는 지금 통화 중이라서 이 상태로 잠시(기다려 주십시오).

거래처: 예.

　　　……(전화가 길어지고 있는 것을 보고)……

이　　　: 대단히 죄송합니다. 사토의 통화는 아무래도 (③ 길어질 것 같으)므로, 이쪽에서 (④다시걸까)요?

거래처: 그럼 죄송합니다만 회사에 있을 테니까 (전화를 주시도록) 사토 씨에게 (⑤ 전갈 부탁드립니다).

이　　　: (알겠습니다). 그럼 확인을 위해 회사 전화번호를 (가르쳐 주시지 않겠습니까).

거래처: 예, 03-2245-0567입니다.

이　　　: 다시 한 번 (⑥ 확인하겠습니다). 03-2245-0567(맞습니까)?

거래처: 예, 틀림없습니다.

이　　　: 그럼 전화가 끝나는 대로 요시이 님께 (전화드릴테)니까.

거래처: 잘 부탁드리겠습니다.

이　　　: (⑦ 잘 알겠습니다 ). 저는 영업 1과의 이○○라고 합니다. 그럼 (⑧ 실례하겠습니다 ).

① 毎度ありがとうございます
② 申し訳ございません
③ 長くなりそうです
④ おかけ直しいたしましょうか

⑤ おことづてをお願いします
⑥ 確認させていただきます
⑦ 確かに承りました
⑧ 失礼いたします
　（待ってください→お待ちください）
　（電話をくれる→お電話をくださる）
　（わかりました→かしこまりました）
　（教えてください→お教えください）
　（いい→よろしい）
　（電話します→電話させます）

## Unit 26　전언하기

### 회화 1　긴 전언 받기

손　　　시부야 사의 와타나베 님이시군요. 사토는 지금 접객 중이라서 자리를 비울수가 없는데요. 어떻게 하시겠습니까?

와타나베　그럼, 죄송합니다만 전언을 부탁드리겠습니다.

손　　　알겠습니다.

（……메모를 준비하고……）

예. 말씀하세요.

와타나베　그럼, 부탁드리겠습니다. (……생략……) 그렇게 전해 주십시오.

손　　　내용을 다시 한 번 확인하겠습니다. (……생략……) 틀림없으십니까?

와타나베　예, 확실합니다.

손　　　확인을 위해 이름과 연락처를 다시 한 번 부탁드리겠습니다.

와타나베　예, 시부야 사의 와타나베입니다. 전화번호는 0437-22-4422입니다.

손　　　복창하겠습니다. ……의 건에 대해서 시부야 사의 와타나베 님 전화번호는 0437-22-4422 맞습니까?

와타나베　예, 틀림없습니다.

손　　　그럼 틀림없이 그렇게 하겠습니다. 저는 영업 1과의 손○○이라고 합니다.

와타나베　그럼 잘 부탁드리겠습니다.

손　　　전화 감사합니다. 그럼 실례하겠습니다.

## 회화 2 거래처로부터의 전언을 상사에게 전달하기

**이**    부장님, 좀 전에 시부야 사의 와타나베님으로부터 전화가 와서 다음과 같은 전언을 남기셨습니다.
    …… (메모를 읽는다) ……

**부장**    알았어. 그래 이쪽에서 전화해 달라고 하셨나?

**이**    예. 오늘 오후 3시경까지는 회사에 있을 테니까 가능하면 그때까지 전화 달라는 내용이었습니다.

**부장**    전화번호는 알고 있나?

**이**    예. 전화번호는 0437-22-4422입니다. 이쪽에 메모가 있습니다.

**부장** : 고맙네.

### 확인문제

1 　1 　何かお急ぎのご用でしょうか。
　　　뭔가 급한 일이십니까?

　2 　何かご伝言（／おことづて）がございますでしょうか。
　　　전할 말씀은 있으십니까?

　3 　後ほど、お電話差し上げます。
　　　나중에 다시 한 번 전화드리겠습니다.

　4 　どなたにご連絡すればよろしいでしょうか。
　　　누구에게 연락하면 됩니까?

　5 　内容をもう一度確認させていただきます。
　　　내용을 다시 한 번 확인하겠습니다.

　6 　課長。先ほど部長から電話がございまして、至急来てほしいとのことでした。
　　　과장님. 좀 전에 부장님으로부터 전화가 와서, 급히 와 달라고 말씀하셨습니다.

2 　(그럼/가능하면/즉시/분명히/공교롭게도, 마침)

　**이** : B 사의 야마다 님(이시군요). (죄송합니다)만 (① 마침)사토는 외출(했습니다). 3시 쯤에는 돌아올 예정(입니다)만, 돌아오면 (② 즉시) 야마다 님에게 전화를 (드리도록)(할까요)?

　**야마다** : (③ 가능하면) 그렇게 부탁드리겠습니다. 전화번호는 03-5225-2689입니다.

　**이** : (④ 그럼) (확인하겠)습니다. 03-5225-2689(맞습니까)?

　**야마다** : 예, (맞습니다).

　**이** : (⑤ 분명히) (잘 알았습니다). (저는) 영업과의

---

이 ○○라고(합니다). 전화 감사합니다.

① あいにく　　　　② 折り返し
③ できれば　　　　④ では
⑤ 確かに
　（です→でいらっしゃいます）
　（すみません→申し訳ございません）
　（います→おります）
　（です→でございます）
　（上げる→差し上げる）
　（しましょう→いたしましょう）
　（確認する→確認させて）
　（いいでしょう→よろしいでしょう）
　（いいです→けっこうです）
　（受けました→承りました）
　（わたし→わたくし）
　（言います→申します）

## Unit 27 　약속잡기(1)

### 회화 1 전화로 약속 잡기

**이**    언제나 많은 신세를 지고 있습니다. 실은 이번 인사이동으로 귀사의 담당자가 저에서 손○○라는 사람으로 바뀌게 되어서, 일간 손○○과 함께 한 번 인사차 방문하려고 생각하고 있습니다만, 기야마 님의 형편은 어떠십니까?

**기야마**    이런 정중하시게도. 다음 주 화요일이라면 시간을 낼 수 있습니다만.

**이**    다음 주 12일 화요일 말씀이시군요. 몇 시쯤 시간이 되십니까?

**기야마**    3시쯤 어떠십니까?

**이**    저는 괜찮습니다. 그럼 12일 화요일 오후 3시에 귀사로 방문할 테니 아무쪼록 잘 부탁드리겠습니다.

**거래처**    알겠습니다. 기다리고 있겠습니다.

### 회화 2 메일과 전화로 약속 잡기

**기야마**    오래 기다리셨습니다. 기야마입니다.

**이**    안녕하세요. 이○○입니다. 좀 전에 메일을 보냈습니다만, 읽으셨습니까?

기야마  예, 봤습니다.

이    실은 메일에서도 말씀드렸듯이, 저번에 보내 주신 견적서 건으로 몇 가지 의논드리고 싶은 일이 있습니다만, 오늘 만나 뵐 수 있을까요?

기야마  오늘 말씀이십니까? 오후 1시부터 1시간 정도라면, 시간이 비어있습니다만.

이    예, 그 시간이면 괜찮습니다. 그쪽으로 찾아뵐테니 잘 부탁드리겠습니다.

기야마  알겠습니다. 기다리고 있겠습니다.

### 확인문제

1  1  상대방에게 일시를 맡길 때
   2  일시를 결정할 때
   3  급한 부탁일 때
   4  일부러 와 줄 때
   5  그 일시로는 무리일 때
   6  그 일시로 좋을 때

   a  마침 그 날은 사정이 있습니다.
   b  7월 17일은 어떠십니까?
   c  괜찮습니다.
   d  형편이 좋은 날을 지정해주십시오.
   e  갑작스런 부탁으로 죄송합니다만 …….
   f  수고스럽겠지만 …….

   답  1 d    2 b    3 e
       4 f    5 a    6 c

2  (그럼/그런데/대단히/멋대로/지금/실은)

   거래처: 안녕하세요. B 사입니다.
   이    : 저는 A 사의 이○○입니다.
   다카노: 아, 이○○ 씨. 저는 다카노입니다. 항상 신세를 지고 있습니다. (① 그런데 ) 오늘은 무슨 용건으로?
   이    : (② 실은) 저희 회사의 시라이시 영업부장님이 저번의 공동프로젝트 건으로 급히 귀사의 요시다 부장님을 (만나뵙고) (의논드리고 싶은) 일이 있다고 (말씀하셔서) 그래서 요시다 부장님의 이번 주 형편을 (여쭙고 싶어서).
   다카노: 잠시 기다려주십시오. (③지금) 요시다의 형편을 (물어 보고 올 테니까).
         …… (잠시 후)……
         오래 기다리셨습니다. 이번 주 목요일이나 금요일 오후 2시 이후라면 시간을 잡을 수 있다고 합니다만, (어떻게 하시겠니)까?

이    : (④ 그림) 12일 목요일 오후 2시로 부탁드리겠습니다. 시라이시와 저 두 사람이 귀사로 (갈 테니까).
다카노: (알겠습니다). 그렇게 요시다에게 (전달해 두겠습니다).
이    : 오늘은 (⑤ 멋대로) 부탁을 (해서) (⑥ 대단히) 죄송합니다.

① ところで          ② 実は
③ ただ今            ④ それでは
⑤ 勝手な            ⑥ 誠に
  （会って→お目にかかって）
  （相談したい→ご相談したい）
  （言っていまして→申しておりまして）
  （聞きたい→お伺いしたい）
  （聞いてきます→聞いてまいります）
  （どうしましょう→いかがいたしましょう）
  （行きます→お伺いします）
  （わかりました→かしこまりました）
  （伝えておきます→申し伝えておきます）
  （言って→申しまして）

## Unit 28    약속잡기(2)

### 회화 1  초면인 사람과 약속 잡기

우메다  우메다 과장입니다.

손    처음으로 전화를 드립니다. 저는 기무라사 사의 영업을 담당하고 있는 손○○이라고 합니다. 저번에 저희 회사의 신제품 DYPC–S의 참고자료를 송부했습니다만, 보셨습니까?

우메다  예, 봤습니다.

손    실은 그 건으로 찾아뵙고 자세한 설명을 드리고 싶어서 전화를 드렸습니다. 바쁘신 중에 대단히 죄송합니다만, 조금 시간을 내주실 수 없겠습니까?

우메다  이번 주에는 무리입니다만, 다음 주라면 시간을 낼 수 있을 거라고 생각합니다.

손    좋습니다. 그쪽 형편이 좋은 일시를 지정해주십시오.

우메다  그럼, 월요일 오전 10시 괜찮으십니까?

손    15일 월요일, 오전 10시군요. 예, 괜찮습니다. 대단히 감사합니다.

우메다  그럼, 월요일에 기다리고 있겠습니다.

 약속 변경하기

손　　대단히 죄송합니다만, 지난번에 약속한 15일 월요일 협의 건 말인데요, 일정을 변경해주실 수 없을까 해서 연락드렸습니다.

우메다　무슨 이유 때문입니까?

손　　저희 회사의 일방적인 사정으로 대단히 죄송합니다만 실은 그날 급한 출장을가게되서 …….

우메다　그거 참, 또 급한 출장이군요.

손　　예. 이쪽에서 부탁드려서 시간을 내주셨는데 정말 죄송합니다만, 16일 이후로 형편이 괜찮은 날을 지정해주시면 반드시 찾아뵙겠습니다. 다시 시간을 내주실 수 없을까요?

우메다　그런 사정이라면 할 수 없지요. 그럼 19일 오전 10시에 어떠십니까?

손　　감사합니다. 19일 금요일, 오전 10시에 이번이야말로 틀림없이 찾아뵙겠습니다.

### 확인문제

1 (좋습니다/〜할 겸/처음으로/죄송합니다/수고스럽겠지만)

손　　: (① 처음으로) 전화를 드립니다. 저는 A 사의 영업을 담당하고 있는 손○○이라고 합니다. 갑작스런 부탁으로 (② 죄송합니다)만 지난번에 주문 받은 당사제품 P3의 인사(③ 겸해서) 기무라 님을 (만나뵙고), 앞으로의 거래에 대해서 의논드리고 싶다고 생각하고 있습니다만, (어떠십니까)?

기무라: 알겠습니다. 이번 주 목요일이나 금요일 오전이라면 시간이 있습니다만.

손　　: 감사합니다. 그럼 목요일 10시로 부탁드리겠습니다.

기무라: 8일 목요일 오전 10시지요. 그것으로 (④ 좋습니다). 그럼 (⑤ 수고스럽겠지)만 저희 회사까지(와 주실 수 없겠습니까)?

손　　: 예, 그날 10시에(갈 테니까) 잘 부탁드리겠습니다.

기무라: 그럼 목요일에 (기다리고 있겠습니다).

　① はじめて　　　　② 恐縮です
　③ かたがた　　　　④ けっこうです
　⑤ ご足労です
　　（会って→お目にかかって）
　　（どうですか→いかがでしょうか）
　　（来てくれます→お越し願えます／
　　　ご足労願えます）
　　（行く→お伺いいたします）
　　（待っています→お待ちしております）

2　이　: 기무라 님과는 처음 (만나니까) 저를 알아 볼 수 있게 오른손에 당사의 마크가 들어간 봉투를 (들고 있겠습니다). 만약을 위해서 제 휴대전화 번호를(알려 드릴까요)?

기무라: 예, 부탁드립니다.

이　　: 그럼 전화번호를 (말씀드리겠습니다). (002)의 (3377)의 (1737)입니다.

기무라: 그럼 (확인하겠습니다). (002)의 (3377)의 (1737) (맞습니까)?

이　　: 예, (맞습니다).

기무라: 그런데 이○○ 씨는 제 전화번호를(알고 계십니까)?

이　　: 예, (알고 있습니다).

기무라: 예, 그럼 4시에 약속장소로 (갈 테니까).

　　（会います→お会いします／
　　　お目にかかります）
　　（持っています→持っております）
　　（伝えておきましょう
　　　→ お伝えしておきましょう）
　　（言います→申し上げます）
　　（確認します→確認させていただきます）
　　（いいです→よろしいです）
　　（いいです→けっこうです）
　　（知っていました→ご存じでした）
　　（知っています→存じ上げております）
　　（行きます→まいります）

## Unit 29　접수처에서의 응대( 1 )

 약속이 되어 있는 중요한 손님

손　　바쁘신 중에 실례합니다.

접수처　어서 오십시오. 실례합니다만, 누구십니까?

손　　저는 기무라 사의 손○○이라고 합니다. 오카모토 영업부장님과 3시에 약속했습니다. 오카모토 님은 계십니까?

접수처　기무라 사의 손○○ 님이시군요. 기다리고 있었습니다. 응접실로 안내해 드리겠습니다. 이쪽으로 오십시오.

손　감사합니다.

······ (응접실에서)······

접수처　오카모토는 곧 올 테니까 저쪽에 앉으셔서 기다려 주십시오.

······ (잠시 후)······

사원　······ (노크)······실례합니다. 저 변변치 않은 차입니다 만, 드십시오.

손　제 걱정은 마세요.

## 회화 2　약속이 되어 있는 손님

이　실례합니다. 저는 기무라 사의 이〇〇라고 합니다.

접수처　어서 오십시오. 무슨 일로 오셨습니까?

이　11시에 영업 2과 요시다 님과 만나기로 약속을 했습니다. (제가 왔다고)전해주실 수 있습니까?

접수처　실례했습니다.

······(알아보고)······

분명히 그렇게 되어있습니다. 바로 불러올 테니까, 이쪽에 앉아 기다려주십시오.

이　감사합니다.

### 확인문제

1　1　お忙しいところ／ご多忙中
(바쁘신 중에) 실례합니다.

2　おかけになって
이쪽에 (앉아) 기다려주십시오.

3　ご用件
어서 오십시오. 무슨 (일로 오셨습)니까?

4　どちら様
실례합니다만, (누구십)니까?

5　お約束している
영업부의 야마다 씨와 2시에 (만나기로 약속 되어 있습)니다만.

6　お待ち
아까부터 (기다리고 있다고 ) 하셨습니다.

7　こちらへ
응접실로 안내해드리겠습니다. 어서 (이쪽으로 오십시오).

8　粗茶です
<차를 내오고> (변변치 않은 차입니다)만, 드십시오.

2　(어서 오십시오/부디 제 걱정은 마시고/실례합니다/기다리고 있었습니다)

손　：바쁘신 중에 ① 실례합니다).

접수처:(② 어서오십시오). 실례합니다만, 누구십니까?

손　：저는 A 사의 손〇〇라고 합니다. 사토 영업부장 님과 3시에 (만나기로) 약속이 되어 있습니다.

접수처:A 사의 손〇〇 님이시군요. 좀 전부터 (③ 기다리고 있습니다). 부장실로 (안내해 드리겠습니다). 이쪽으로 오십시오.

······ (부장실 앞에서)······

접수처:이쪽입니다. 잠시 기다려주십시오.

······(노크하고 입실)······

실례합니다. 부장님, A 사의 손〇〇 님이(오셨습니다).

부장　：일부러 (오시게 해서) 죄송합니다.

손　：아니요, 이쪽이야말로, 항상 신세를 지고 있습니다.

부장　：이쪽으로 (앉으십시오).

손　：감사합니다.

부장　：야마다 군, 손님께 차를 (내 오도록).

손　：(④ 부디 제 걱정은 하지마세요).

① お邪魔します
② いらっしゃいませ
③ お待ちしておりました
④ どうぞおかまいなく
　(会う→お会いする)
　(案内する→ご案内します)
　(見える→お見えになりました／
　　いらっしゃいました)
　(呼び立てて→お呼び立てして)
　(かけてください→おかけください)
　(出して→お出しして)

## Unit 30　접수처에서의 응대(2)

### 회화 1　약속이 되어 있지 않는 경우

접수처　어서 오십시오. 누구십니까?

이　　갑자기 찾아뵈서 죄송합니다.

…… (명함을 건네고)……

저는 기무라 사의 이ㅇㅇ라고 합니다. 실은 급하게 전근가게 되어서 영업 2과의 기야마 씨에게 인사차 방문했습니다만…….

접수처　기무라 사의 이ㅇㅇ 님이시군요. 전해드릴테니까 잠시만 기다려주시겠습니까?

…… (잠시 후)……

죄송합니다. 기야마는 마침 외출 중이라서.

이　　그렇습니까? 그럼 오늘은 급하니까, 기야마 씨가 돌아오시면, 이ㅇㅇ가 전근 인사하러 방문했다고 전해주십시오.

접수처　알겠습니다. 일부러 오셨는데 죄송합니다.

이　　아니요, 저야말로 갑자기 찾아와서. 그럼 아무쪼록 부탁드립니다.

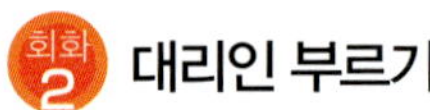

## 회화 2 대리인 부르기

접수처　공교롭게도 기야마는 자리에 없습니다. 다른 사람이라도 괜찮으시다면 같은 과 사람을 불러드리겠습니다만.

이　　그럼 죄송합니다만, 그렇게 해주시겠습니까?

접수처　예, 알겠습니다. 바로 연락을 취할 테니, 잠시 기다려주십시오.

…… (대리인이 온다)……

시라이시　대단히 오래 기다리셨습니다. 같은 과의 시라이시라고 합니다. 듣자니 전근이라고 하던데, 오늘은 정중하게 감사드립니다. 그런데 뭔가 기야마 씨에게 전언이 있으십니까?

이　　수고를 끼쳐드립니다만, 이쪽 명함에 전근가는 곳이 쓰여 있으니, 기야마 씨에게 건네주실 수 없을까요?

시라이시　알겠습니다.

### 확인문제

**1** (약속이지요/알겠습니다/죄송합니다/전해 드리겠습니다)

손　　: 바쁘신 중에 (① 죄송합니다).
접수처: 어서 오십시오. 누구십니까?
손　　: 저는 A 사의 손ㅇㅇ라고 합니다. 영업 2과의 사토 씨를 만나뵙고 싶습니다만.
접수처: (② 약속을 하셨습니)까?

손　　: 아니요, 약속은 하지 않습니다만, 지불 건으로 급히 연락드리고 싶은 일이 있어서 왔습니다.
접수처: (③ 알겠습니다). 그럼 (④ 전화드릴테)니까, 잠시 기다려주시겠습니까?
손　　: 예, 잘 부탁드리겠습니다.
……(잠시 후)……
접수처: 죄송합니다. 연락을 취했더니, 마침 사토는 지금 출장 중이라서. 만약 전언으로 괜찮으시다면 저 다나카가 받겠습니다만…….
뵙고 싶다.
왔습니다.
기다려주실 수 있습니까?
받겠습니다.

① 恐れ入ります
② お約束でしょう
③ かしこまりました
④ お取り次ぎいたします
お目にかかりたい　　　（→会いたい）
まいりました　　　　　（→来ました）
お待ち願えますか　　　（→待ってください）
承ります　　　　　　　（→聞きます）

**2** (마음씀, 배려/괜찮음/～라고 함, ～라는 내용/지금/어떻게/마침/취지)

접수처: 대단히 오래 기다리셨습니다. (① 마침) 사토는 먼저 온 손님이 있어서 지금 잠시 시간이 걸린(② 다고 합니다)만, (③ 어떻게) 할까요?
이　　: 그렇습니까? 그럼, 그때까지 기다려도 괜찮을까요?
접수처: 예, (④ 괜찮습니다). 그 (⑤ 취지를) 사토에게 전해 둘 테니, 부디 이쪽에 앉으셔서 기다려주십시오. (⑥ 지금), 차를 내오겠습니다.
이　　: 너무 (⑦ 신경) 쓰지 마세요.

① あいにく
② とのこと
③ いかが
④ けっこう
⑤ 旨
⑥ ただ今
⑦ お気遣い

## Unit 31　면회 거절하기

###  수상한 사람 면회 거절하기

**접수처**　어서 오십시오. 누구십니까?

**남**　……(명함을 건네고)……
　　　나 이런 사람인데, 야마다 영업과장 불러줘.

**접수처**　약속은 하셨습니까?

**남**　그런 거 없어. 야스다가 왔다고 말하면 알아. 당장 불러와.

**접수처**　대단히 죄송합니다만, 저희 회사에서는 약속이 되어 있지 않은 분의 안내는 할 수 없게 되어 있습니다.

**남**　뭐라고?

**접수처**　죄송합니다. 규칙이라서.

**남**　까불지마, 부르라면 불러.

**접수처**　다른 손님께 폐가 되니까 조용히해주십시오. 이 이상 소란을 피우시면, 영업방해로 경찰을 부르겠습니만, 그래도 괜찮으시겠습니까?

### 2 정중하게 방문객 거절하기

**이**　갑자기 찾아와서 죄송합니다.
　　　…… (명함을 건네고)……
　　　저는 기무라 사의 이○○라고 합니다. 약속은 되어 있지 않습니다만, 야마다 영업과장님이 계시면 만나뵙고 싶습니다만…….

**접수처**야마다 말씀이십니까? 지금 확인해드릴 테니, 잠시 기다려 주십시오.
　　　…… (야마다과장에게 연락한다)……
　　　모처럼 와주셨는데, 지금 야마다는 도저히 빠져나올 수 없는 회의 중이라서 나중에 다시 연락드린다고 합니다. 대단히 죄송합니다만, 오늘은 이만 돌아가 주시겠습니까?

**이**　그렇습니까? 그럼 다음에 찾아뵙겠습니다.

### 확인문제

**1**　1　증답품을 거절할 때
　　　2　차를 내오게 될 때의 사양
　　　3　바빠서 면회에 응할 수 없을 때

4　스케줄이 꽉차 있을 때

5　상대의 제의를 거절할 때

a　꼭 함께 하고 싶습니다만

b　지금 어수선해서

c　만류할 수 없습니다만

d　그런 배려는 곤란합니다

e　너무 신경 쓰지 마세요

**답**　1 d　　2 e　　3 b
　　　4 c　　5 a

**2**
　　　－ 1 －
（다른 날/이쪽에서는/마침/분명히/언제쯤/확인）

**접수처**: 지금 (① 확인)할테니까 잠시 기다려 주십시오.
　　　…… (전하지만, 외출 중)……
　　　죄송합니다. (② 마침) 사토는 외출해서.

**이**　: (③ 언제쯤) (돌아오실)까요?

**접수처**: 죄송합니다만, (④ 저희는) 잘 (모르겠습니다).

**이**　: 그렇습니까? 그럼 후일, (⑤ 다른 날) (올 테니까) A 사의 이○○가 왔다고 (전해)주시겠습니까?

**접수처**: (⑥ 분명히) (〈명을〉 받았습니다).

　　　－ 2 －
（부디, 아무쪼록/대단히/약속/모처럼/손을 뗄 수가 없다/지금/돌연）

**이**　: (⑦ 갑자기) (찾아봬서) 죄송합니다. (⑧ 약속)은 하지 않았습니다만, 영업과의 사토 씨를 (만나고 싶습니다)만.

**접수처**: (⑨ 지금) 회사가 어수선해서 (⑩ 대단히)죄송합니다만, 사토도 (⑪ 손을 뗄 수가 없는) 상태(입니다).

**이**　: 그렇습니까?

**접수처**: (⑫ 모처럼) (오셨는데)죄송합니다.

**이**　: 그럼, 사토 씨에게 (⑬ 잘) 전해주십시오. 그럼, 실례하겠습니다.

① ご確認　　　　② あいにく
③ いつごろ　　　④ こちらでは
⑤ 日を改めて　　⑥ 確かに
⑦ 突然　　　　　⑧ お約束
⑨ ただ今　　　　⑩ 誠に
⑪ 手が離せない　⑫ せっかく
⑬ よろしく
　（戻る→お戻りになる）
　（わからない→わかりかねます）

(来る→まいります)
(伝える→お伝え)
(＜命を＞受ける→承りました)
(来て→お伺いいたしまして)
(会いたい→お目にかかりたい)
(です→でございます)
(来てくれた→おいでくださった)

## Unit 32  응접실에서의 응대(1)

###  중요한 방문객 맞이하기

손      어서 오십시오. 시라이시 님, 기다리고 있었습니다.

시라이시  일부러 마중나와 주셔서, 감사합니다.

손      안내해 드리겠습니다. 이쪽으로 오십시오.
        ……(응접실 앞에서)……
        시라이시님, 이쪽입니다.
        ……(문을 연다)……

시라이시  실례합니다.

손      이쪽에 앉아 주십시오.

시라이시  감사합니다.

손      요시이 사장님은 곧 오실 테니까, 잠시 기다려 주십시오.
        ……(방을 나갈 때)……
        그럼, 실례하겠습니다.
        ……(잠시 후)……

요시이   오래 기다리게 해서 대단히 죄송합니다.

시라이시  아닙니다. 그쪽이야말로 바쁘신 중에 저 때문에 귀중한 시간을 내주셔서, 정말로 감사합니다.

### 방문을 요청한 손님에 대한 응대

손      사장님, 시라이시 님이 오셨습니다.

요시이   고맙네. 제 1응접실로 모시게.
        …… (응접실에서)……

요시이   일부러 불러내서 대단히 죄송합니다.

시라이시  아니요, 제 쪽에서 부탁드린 일이니까.

요시이   아니요, 저야말로, 오시게 해서 죄송합니다.
        ……(손○○ 씨를 향해서)……
        손○○ 씨, 시라이시 님에게 차를 내오게.

손      예, 바로 내오겠습니다.

시라이시  그게 다름이 아니라 저번에 부탁드린 건, 검토해 보셨는지요?

### 확인문제

1  取引先の社長 거래처 사장님(　3　)
   あなた 본인(　4　)
   あなたの会社の社長 당신 회사의 사장님(　5　)

2  取引先の社長 거래처 사장님(　2　)
   あなた 당신(　4　)

3  (용건/왕림/죄송/지급, 급히/다망/의논/안내/불러냄)

   접수  : 부장님, 지금 기무라 님을 (① 안내)해 드렸습니다. 기무라 님, 들어오십시오.
   기무라: 감사합니다.
   부장  : 오늘은 일부러 (② 왕림해)주셔서 대단히 죄송합니다. 자자, 어서 이쪽으로 앉으세요.
   기무라: 그럼, 실례하겠습니다.
   부장  : (③ 바쁘신)중에 (④ 불러) 내서 (⑤ 죄송)합니다.
   기무라: 아니요, 저희쪽이야말로. 그래 전화로는 뭔가 급한 (⑥ 용건)이라고 들었습니다만 …….
   부장  : 예, (⑦ 급히) 기무라 님에게 (⑧ 의논)드리고 싶은 일이 있어서.

   ① 案内   ② 足労   ③ 多忙   ④ 呼び立て
   ⑤ 恐縮   ⑥ 用件   ⑦ 至急   ⑧ 相談

## Unit 33  응접실에서의 응대(2)

###  초면인 방문객과의 응대

요시다   기다리게 해서 대단히 죄송합니다. 영업 2과의 요시다입니다.

이      정말로 바쁘신 중에 갑자기 방문해서 죄송합니다. 저는 기무라 사에서 영업을 담당하고 있는 이ㅇㅇ라고 합니다. 귀사의 영업 1과에 계시는 기노시타 씨에게는 항상 신세를 지고 있습니다.

요시다    아, 기노시타와 아는 사이입니까? 그런데 오늘 일부러 찾아오신 것은 무슨 용건으로?

이      실은 저는 귀사의 담당으로서 새로 배속을 받아서 인사를 드릴 겸해서 찾아왔습니다.

요시다    그렇습니까? 이거 참 정중하시게도.

### 회화 2  세일즈 방문객과의 응대

요시다    오래 기다리셨습니다. 저는 영업 2과의 요시다입니다.

이      처음 뵙겠습니다. 저는 기무라 사에서 영업을 담당하고 있는 이ㅇㅇ라고 합니다. 오늘은 귀중한 시간을 할애해주셔서 죄송합니다.

……(명함교환이 이루어진다)……

요시다    저, 정말로 죄송합니다만 여러 가지 일이 한꺼번에 겹쳐서 그러는데요, 간단하게 용건을 부탁드릴 수 없을까요?

이      예, 실은 이번에 저희 회사가 개발한 DYPC-S에 대해서, 귀사와 거래를 부탁드릴 수 없을까 해서입니다.

### 확인문제

1  1  일이 바쁜 것을 전할 때 → 일이 (한꺼번에) 겹쳐서
   **立て込んでおります**

  2  오늘은 형편이 나쁠 때 → (다음에 다시) 왕림해 주시겠습니까?
   **日を改めて**

  3  방문을 부탁했을 때 → (불러내서) 죄송합니다.
   **お呼び立てして**

  4  용건을 물을 때 → 제가 용건을 (부탁드리겠습니다만)
   ……
   **承ります**

  5  방문객을 기다리게 했을 때 → ( 기다리게 해서) 죄송합니다.
   **お待たせいたしまして**

  6  방문처에 아는 사람이 있을 때 → 총무과의 아마다 씨에게는 (항상 신세를 지고 있습니다).
   **お世話になっています**

2  손      : (① 바쁘신 중에) 갑자기 (② 방문해서) 죄송합니다.

  담당자: 아니요, (명함을 건네고) 저는 총무과의 다나카라고 합니다.

  손      : (③ 잘 부탁드리겠습니다). (명함을 건네고) 저는 A 사의 손ㅇㅇ라고 합니다.

  담당자: (④ 잘 부탁드리겠습니다). 그래 오늘은 무슨 용건으로 오셨습니까?

  손      : 꼭 귀사에 소개해 드리고 싶은 상품이 있어서 방문했습니다. 10분이면 되니까 시간을 (⑤ 괜찮으십니까)?

  담당자: 예, 10분 정도라면 상관없습니다만, 일이 겹쳐 있어서 (⑥ 간단하게 용건을 부탁드릴 수 없을)까요?

  손      : 예, 시간은 (⑦ 괜찮으)므로.
        ……(팜플렛을 건네고)……
        실은 이것은 저희 회사가 개발한 신제품 PS입니다만 …….

① お忙しいところ
② お伺いいたしまして
③・④ちょうだいいたします
⑤ いただけますでしょうか
⑥ 手短にお願いできます
⑦ とらせません

## Unit 34    헤어질 때의 응대

### 회화 1  방문을 부탁한 손님 전송하기

담당자  오늘은 바쁘신 중에 왕림해 주셔서, 대단히 감사합니다.

이      아니요, 저야말로 바쁘신 중에 찾아와서.

담당자  다음 번에는 제 쪽에서 방문하는 것으로 알고 있습니다만, 다음 협의는 언제로 할까요?

이      그쪽 사정이 좋은 날을 지정해주세요.

담당자  그럼, 6월 7일은 어떠십니까?

이      6월 7일 말씀이지요. (…수첩을 본다…) 예, 좋습니다. 2시 이후라면 회사에 있으니까.

담당자  그럼, 6월 7일 2시에 방문하고 싶은데, 괜찮으시겠습니까?

이      예, 좋습니다.

담당자  그럼 6월 7일에 귀사쪽으로 찾아뵙겠습니다.

 **대화를 마치는 방법**

**<방문자 측에서 마친다>**

이  다음 거래처 방문도 남아 있어서 저는 이만 실례하겠습니다. 오늘은 바쁘신 중에 감사합니다.

담당자  그렇습니까? 그럼, 이것을 인연으로 앞으로도 잘 부탁드립니다.

**<접객자 측에서 마친다>**

담당자  좀 더 천천히 이야기하고 싶습니다만, 마침 오늘은 2시부터 회의가 잡혀 있어서…….

이  그렇습니까? 이것을 인연으로 저희 회사를 잘 돌봐주십시오.

담당자  그럼, 이 대화의 다음은 후일 다시 하는 것으로 괜찮으시겠습니까?

이  예, 또 저희 쪽에서 전화드리겠습니다.

**확인문제**

1  タクシー：取引先の社長　거래처 사장님（2）
　あなた　본인 （ 1 ）
　社用車：取引先の社長　거래처 사장님（ 1 ）
　あなた　본인 （ 4 ）

2  담당자: 급한 전화가 온 것 같아서 잠시 ① 실례하겠습니다).

　이　：저, 바쁘신 것같은데 저는 이만 실례하겠습니다. 오늘은 귀중한 ② 시간을 활애해주셔서), 정말로 감사합니다.

　담당자: 그렇습니까? 모처럼 왕림해주셨는데 희망에 부응하지를 못해서 ③ 죄송합니다).

　이　：아니요, 저야말로. 이것을 인연으로 저희 회사를 ④ 잘 돌봐)주십시오.

　담당자: 저희쪽이야말로. 이것에 ⑤ 실망하지 마시고), 앞으로도 잘 부탁드립니다.

　① 失礼します
　② お時間を割いていただきまして
　③ 申し訳ございませんでした
　④ お引き立てください
　⑤ 懲りずまに

---

## Unit 35　자택으로 초대받기

 **부장님 댁에 초대 받고**

이  실례합니다. 이○○입니다.

사모님  잘 오셨습니다.

이  부장님께는 항상 신세를 지고 있습니다. 오늘은 많이 몰려와서 죄송합니다.

사모님  아니요, 누추하지만, 자, 어서 들어오세요.

이  그럼, 실례하겠습니다.

사모님  여러분, 부디 편히 앉으세요.

이  감사합니다. 사모님, 이것은 저희들의 그저 마음뿐인 선물입니다.

사모님  이런 정중하게도. 그럼, 사양 않고 받겠습니다.

부장  야아, 모두 어서들 오게.

이  오늘은 초대해 주셔서 감사합니다.

사모님  오늘은 천천히 놀다가세요.

**접대를 받고**

사모님  별 거 없습니다만, 어서 드십시오.

손  그럼, 말씀이 계셨으니 사양하지 않고 잘 먹겠습니다.

사모님  입에 맞으면 좋겠는데…….

손  아니요, 무척 맛있습니다.

…… (만찬이 어느 정도 진행되고)……

사모님  이○○ 씨, 술 한 병 더 내올까요?

이  아니요, 이제 충분히 먹었습니다.

…… (돌아갈 때에)……

손  그럼 저희들, 슬슬 실례하겠습니다.

사모님  그래요? 오늘은 아무런 대접도 못해드려서.

손  아니요, 저희들이야말로 사모님이 직접 만든 훌륭한 요리, 정말로 감사했습니다. 그럼 이만 실례하겠습니다.

사모님 : 꼭 또 들러주세요. 그럼 조심해서 돌아가세요.

1   1  손님을 맞이할 때 → 잘 (오셨습니다).
       **いらっしゃいました**

    2  초대 손님으로서 초대받았을 때 → (초대해주셔서)
       감사합니다.
       **お招きに預かりまして**

    3  개인 집에 들어가기 전에 → (실례합니다).
       **お邪魔します**

    4  오래 있지 않을 것을 암시할 때 → 부디 (제 걱정은 마세요).
       **おかまいなく**

    5  선물을 건네줄 때 → 그저 (마음뿐인 선물입니다)만
       …….
       **気持ちばかりですが**

    6  자신의 집을 겸손하게 말할 때 → (누추한)곳입니다
       만……
       **むさくるしい**

    7  식사를 권할 때 → (별거 없습니다)만, 드십시오.
       **何もありません**

2   (사양, 삼가/말/인사/격조함/누구/들어오세요/폐, 실례
    /마침)

    손     : 실례합니다.
    사모님: 예, (① 누구)십니까?
    손     : 저는 A 사의 손○○라고 합니다. 부장님은 계
             십니까?
    사모님: 아, 손○○ 씨, 오래간만이예요.
    손     : 저야말로 (② 격조)했습니다.
    사모님: (③ 마침) 남편은 외출 중인데, 오늘은 또 무슨
             일이.
    손     : 아니요, 근처까지 와서 잠깐 (④ 인사)라도 하려
             고 생각해서요.
    사모님: 정말로 고마워요. 모처럼 오셨으니까 (⑤ 들어
             오세요).
    손     : 하지만 그건 좀.
    사모님: (⑥ 사양) 마시고 어서 들어오세요. 그 동안에
             남편도 돌아올 테니까.
    손     : 그럼, (⑦ 말씀을) 받들어.
    사모님: 자, 어서 들어오세요.
    손     : 그럼, (⑧ 실례)하겠습니다.

    ① どちら様              ② ご無沙汰

③ あいにく              ④ ご挨拶
⑤ お上がり              ⑥ 遠慮
⑦ お言葉                ⑧ お邪魔

## Unit 36   거래처 접대하기

### 회화 1  접대장소에서 술 권하기

**손**     지금, 기무라 님이 오셨습니다.

**부장**   그럼, 이쪽으로 모시도록.

**기무라** 오늘은 초대해주셔서 감사합니다.

**부장**   아니요, 저야말로 항상 신세를 져서. 자, 어서 이쪽
          에 앉으세요.

**기무라** 그럼, 사양 않겠습니다.

**부장**   기무라 님은 아마 '일본주당'이셨지요. 벌주 삼배라
          고 합니다. 우선은 한잔.

**기무라** 받겠습니다. 이것은 상당한 맛이군요.

**부장**   예, 환상의 명주라고 하는 유키자쿠라입니다만, 마
          음에 드십니까?

**기무라** 예, 물론이고 말고요. 손 군, 자네도 어떤가?

**손**     죄송합니다. 저는 술에는 소질이 없어서요.

### 회화 2  거래처로부터 접대를 받았을 때

**거래처** 일전에는 정말로 감사했습니다. 이○○ 씨의 도움으
          로 무사히 계약에 이를 수가 있었습니다.

**이**     아니아니, 저 같은 사람이 아무 것도…….

**거래처** 아니요, 이○○ 씨의 덕분입니다. 그래서 인사라고
          하기에는 뭣하지만, 이번 주 금요일, 술자리를 마련
          하고 싶은데 시간 어떠세요?

**이**     마음을 써주셔서 감사합니다. 윗 분과 의논해서 연
          락드리겠습니다.

**거래처** 알겠습니다. 그럼, 연락 기다리고 있겠습니다.

**이**     예. 그럼, 이만 실례하겠습니다.

**1** 1 1 2 1 3 4

**2** 3

1 술에 약해도 건배할 때만큼은 입을 댄다.

2 접대 장소에서는 원칙적으로 일에 관한 이야기는 하지 않는다.

3 접대 골프나 접대 마작에서는 상대방에게 져주는 것이 매너이다.

4 접대 가라오케에서는 제일 먼저 접대하는 측이 노래 부르고 분위기를 고조시킨다.

**3** (교제 · 행동을 같이함/다음 기회/유감/사귀게 된 표시/각자부담/모처럼)

거래처: 어떻습니까? (① 사귀게 된 표시)로 오늘 밤 가볍게 한 잔 (② 함께)하지 않겠습니까?

<승낙하기>

이 : 글쎄요. 저도 오늘은 이것으로 일도 없고 기꺼이 함께 하겠습니다. 단 (③ 각자 부담)하는 것으로.

<거절하기>

이 : (④ 모처럼)의 제의입니다만, 오늘은 이후 다른 거래처 방문이 남아 있어서

거래처: 그래요? (⑤ 유감)이네요.

이 : (⑥ 다음 기회 )에 꼭.

① お近づきの印　　② おつきあい
③ 割り勘　　　　　④ せっかく
⑤ 残念　　　　　　⑥ またの機会

## Unit 37　접대나 선물을 거절하는 방법

**회화 1** 접대를 거절할 때

거래처　어떻습니까? 장소를 바꿔서 이 대화를 이어나가지 않으시겠습니까? 회사에서는 아무래도 본심을 말할 수 없으니까요.

<승낙하기>

이　　예, 하지만 일단 윗 분과 의논하고 나서가 아니면. 전화해볼테니, 잠시 기다려 주십시오.
⋯⋯ (상사에게 전화를 건다)⋯⋯
상사의 허가를 얻었으니까 동행하겠습니다.

거래처　그래요? 그럼 어서가시죠.

<거절하기>

이　　예, 하지만 저는 일개 영업 담당에 불과하고, 마침 오늘은 선약이 있어서요. 죄송합니다. 마음만 받겠습니다.

거래처　그래요? 그럼 무리하게는 권할 수 없군요.

이　　죄송합니다.

**회화 2** 선물을 거절할 때

거래처　이번에는 정말로 손○○ 씨에게는 신세를 졌습니다. 이거, 저희 회사로부터의 변변치 못한 것입니다만…….

손　　이런 배려는 난처합니다.

거래처　그렇게 말씀하시지 말고 부디 받아주십시오.

손　　죄송합니다만, 저희 회사 규칙으로 받을 수 없게 되어 있어서.

거래처　그렇게 딱딱하게 말씀하시지 마시고.

손　　아니요, 역시 입장상 받을 수는 없습니다.

거래처　그래요? 그럼 어쩔 수 없군요. 앞으로도 잘 돌봐 주시도록 부탁드리겠습니다.



**1** 2, 3, 4

1 턴테이블의 요리를 상석의 사람(주빈)으로부터 시계 방향으로 순서대로 덜어주었다.

2 스프 그릇에 직접 입을 대고 마셨다.

3 다 사용한 접시나 글라스를 턴테이블 위에 놓았다.

4 대표적인 간식의 하나인 만두를 손에 들고 직접 덥석 물어뜯어 먹었다.

5 요리가 들어간 그릇이나 접시를 손에 들지 않고 테이블에 놓아 둔 채로 먹었다.

2   2, 3

1  의자 좌측으로부터 들어와서 앉았다.

2  조금 남은 스프에 빵을 적셔 먹었다.

3  나온 고기요리를 먼저 전부 잘라내고 나서 먹었다.

4  와인을 따라 줄 때, 글라스를 놓은 채로 받았다.

3  (하다못해/동반·동반자/사례·인사/말씀/기분·마음
   /조력·협력/대단한 것/입장상)

거래처: 이번에 무사히 계약이 종료된 것도 이○○ 씨의
        (① 협력) 덕분입니다. 이거, 제가 드리는 그저
        (② 마음뿐인 인사)입니다만 받아 주시지 않겠
        습니까?
이      : 아니예요. 그건 곤란합니다.
거래처: (③ 대단한 것)은 아니니까 꼭 가족과 함께 드세
        요.
이      : (④ 마음)은 기쁘지만 역시(⑤ 입장상) 받을 수
        는 없습니다.
거래처: 그래요? 그럼 어쩔 수가 없군요. 그럼 (⑥ 하다
        못해) 제가 한 잔 사게 해주시지 않겠습니까?
        그렇지 않으면 제 마음이 편하지 않아요.
이      : 난처하네요. 하지만 그렇게까지 말씀하신다면
        (⑦ 말씀을) 받아들여서 한 잔 만 (⑧ 함께)하겠습
        니다.

① ご尽力              ② お礼
③ 大した物            ④ お気持ち
⑤ 立場上              ⑥ せめて
⑦ お言葉              ⑧ ご相伴

**Unit 38**   **연회에서의 스피치**

 **망년회에서의 간사의 스피치**

여러분 오늘밤은 바쁘신 중에 참석해 주셔서 감사합니다.
간사의 한 사람으로서 진심으로 감사 말씀드리겠습니다. 자,
이제 조금만 있으면 헤이세이 20년도 끝나려고 하고 있습니
다. 어떤 사람에게는 즐겁고 행복한 1년이었겠고, 또 어떤 사
람에게 있어서는 지겨운 1년이었을지도 모르겠습니다. 하지
만 지나간 것은 지나간 것으로 저희들의 희망은 미래에 있는
것입니다. 행복한 1년을 보내신 분도, 때때로 좋은 해가 아니
었던 분도 미래에 새로운 꿈을 꾸지 않겠습니까? 말씀이 늦

었지만 이토 님으로부터 많은 액수의 찬조를 받았습니다. 여
러분을 대신해서 감사 말씀드리겠습니다. 간사가 소홀해서
미처 충분한 준비는 하지 못했습니다만, 술 만큼은 충분히
준비했습니다. 실컷 마시고, 실컷 즐겨주십시오. 그럼 지금
부터 연회로 들어가겠습니다. 그럼, 건배의 선창을 부장님께
부탁드리겠습니다.

### 건배의 선창

간사의 말에도 나왔습니다만, 저희들의 희망은 미래에 있는
것입니다. 올해는 우리 회사에 있어서도 거래처 도산이라는
큰 사건이 있었습니다만, 여러분의 협력 덕분으로 극복할 수
있었습니다. 내년에도 힘을 합쳐서 분발합시다. 그럼, 주제넘
지만 건배의 선창을 하겠습니다. 준비해주세요. 그럼 건배~ !

 **결혼식에서의 건배 스피치**

소개를 맡은 호시라고 합니다. 선배분들를 제쳐놓고 정말로 외
람되지만, 지명이므로 건배의 선창을 하겠습니다. 고가군, 교코
씨 축하합니다. 양가 여러분, 진심으로 기쁠 따름입니다. 우
리 부서의 열혈남아 고가 군과 우리 부서에 피는 한 송이 꽃, 교
코 씨가 사랑을 키워서, 오늘이라는 날을 맞이할 수 있었던 것
을 진심으로 기쁘게 생각합니다. 문호 세익스피어는 "험한 산을
오르기 위해서는 제일 먼저 천천히 걷는 것이 필요하다." 고 말
했습니다만, 두 사람도 서로 협력해서 행복한 가정을 만들어
주세요. 그럼 신랑 신부의 빛나는 미래와 양가가 더욱 더 번
영하시기를 기원하면서 건배하고 싶습니다. 여러분 창화 부
탁드립니다. "건배!" 창화 감사합니다.

                연회의 매너 편

−이런 때, 당신이라면 어떻게 하겠습니까?−

1. 거래처의 망년회에 초대받았습니다만, 상사는 참석할 수
   없습니다. 상사는 현금을 내라고 말씀하시고 계십니다.
   어떻게 하면 좋을까요?

   대답: '수고비' 로서 돈을 넣어, 간사에게 건네면 되겠지요,
        또 '촌지' 로 하는 것은 아랫사람에게 돈을 내는 경
        우이므로 이 경우는 안됩니다.

2. 중화요리에서 거래처를 접대한 경우, 요리를 덜어 주어
   야만 될까요?

   대답: 아니오, 거래처 앞에 요리가 돌아갔을 때 "어서 드
        십시오" 하고 한 마디 하면 되겠지요. 기본적으로
        상대방의 의지를 존중합니다. 그렇지 않으면 당신
        의 호의는 고마운 폐가 됩니다.

3. 입식 파티에 좌석 순위는 있는 것일까요?

   대답: 특별히 없습니다. 단지 굳이 말하자면 스피치대

근처나, 회장의 안쪽을 상석으로 생각하면 됩니다. 만약 당신이 신입사원이라면, 출입구 근처에 서면 됩니다.

4. 우리 회사의 창립기념파티에서 거래처 담당자와 그 상사에게 자신의 상사를 소개할 때에 주의해야만 할 점은 무엇입니까?

대답: 자신의 상사를 상대방에게, 상대방의 상사·담당자를 상사에게, 이 순서로 소개합니다.

5. 어떤 타이밍에서 술을 따르면 될까요?

대답: 컵이나 잔이 비어있으면 "어떠세요?" 하고 말을 걸고 술을 따릅니다. 그러나 조금이라도 남아 있는 경우 전부 다 마시도록 강요하지 않도록 합니다.

6. 손님이나 윗사람으로부터 술을 받을 때는 어떻게 하면 좋을까요?

대답: 술을 받을 때는 좌식의 경우 정좌를 하고 자세를 바르게 해서 양손으로 컵이나 잔을 들고 받습니다. 입석의 경우에도 컵이나 잔에 한 쪽 손을 곁들여 정중하게 받습니다.

7. 술을 마실 수 없는 사람은 어떻게 하면 될까요?

대답: 술을 마실 수 없는 사람은 물론 술따르기를 거절해도 상관없습니다. "죄송합니다. 저는 술을 못 마셔서." 하고 밝게 거절합시다.

8. 상사로부터 "오늘은 직급을 가리지 않고 마시자!"고 들었습니다만 정말로 상하 구별없이 행동해도 좋을까요?

대답: 결론부터 말하자면 'NO'입니다. 그 말은 연회 분위기를 부드럽게 하기 위한 방편으로, 연회라고는 하지만 일의 연장선이라는 것을 잊지 말아야 합니다. 어디까지나 매너와 절도를 지킨 언동을 유의합시다. 전반적인 주의점으로서 부서나 상사 등에게 하는 반말이나 후배에게 하는 설교는 그만둡시다. 회장의 분위기를 해칠 뿐입니다.

9. 음식이 든 큰 접시에 음식을 덜어먹는 젓가락이 없을 때에는 어떻게 하면 좋을까요?

대답: 큰 접시에 젓가락이 곁들여지지 않을 때는 가게 사람에게 가지고 오도록 합니다. 또 새 나무젓가락을 덜 때 쓰는 젓가락으로 해도 OK입니다.

10. 추가 주문을 하고 싶을 때는 어떻게 하면 좋을까요?

대답: 간사가 있는 연회에서는 반드시 간사에게 의논합니다. 예산 사정이 있으므로 멋대로 추가주문하는 것은 NG입니다.

11. 도중에 돌아가고 싶을 때는 어떻게 하면 좋을까요?

대답: 아무래도 일이 있을 때는 도중에 자리를 뜨는 것은 어쩔 수 없으니까 연회분위기에 찬물을 끼얹는 일이 없도록 조용히 돌아갑니다. 단, 간사에게는 인사를 하고 나서 자리를 뜹시다.

12. 2차에 가자고 하면

대답: 2차는 자유참가가 원칙이므로 반드시 참석해야만 되는 것은 아닙니다. 단, 돌아갈 때도 "먼저 실례하겠습니다." 라고 인사를 잊지 않도록 합시다.

## Unit 39  세일즈토크

### 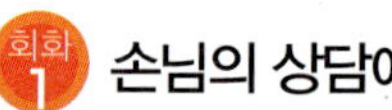 손님의 상담에 응하기

**점원**  어서 오십시오.

**손님**  딸의 고교진학 축하선물로 컴퓨터를 사주고 싶은데, 적당한 것은 없습니까?

**점원**  따님이 올해 고등학생이 되셨습니까? 축하드립니다. 저 그래서 예산은 어느정도로 생각하고 계십니까?

**손님**  가능하면 20만엔 정도로 하고 싶습니다만…….

**점원**  뭔가 희망하시는 기종이 있습니까?

**손님**  애들방이 좁아서 큰 컴퓨터를 둘 공간이 없습니다.

**점원**  그렇다면 노트북 컴퓨터가 좋겠군요. 가지고 다니기에도 편리하니까요.

**손님**  그럼, 그 컴퓨터를 보여주세요.

**점원**  예, 그럼 이쪽으로 오십시오.

### 상품 소개하기

**점원**  예산에서 말씀드리자면 이 2종류의 기종을 권해드리고 싶은데, 어떠세요?

**손님**  가격은 별로 차이가 없는 것 같은데 어떻게 다르죠?

**점원**  가장 큰 차이는 처리속도입니다. 이쪽이 기계의 성능으로서는 위입니다.

**손님**  그럼, 왜 가격이 거의 같죠?

**점원**  예. 이쪽은 성능면에서는 약간 떨어지지만, 워드프로세서나 인터넷, 메일 등 평상시 자주 사용하는 소프트가 세트로 들어가 있어 사가지고 간 그 날부터 바로 사용할 수 있습니다.

**손님**  그렇군요.

**1**

**1** 에프터서비스: 사후 관리

アフターサービス：(after service) 製造業者や販売業者が、商品を売った後も、その商品の品質を保証したり、点検や修理の相談に応じたりして客に奉仕すること。

제조업자나 판매업자가 상품을 판 후에도 그 상품의 품질을 보증하거나 점검이나 수리상담에 응하거나 해서 손님에게 봉사하는 일.

**2** 크로징: 판매완결

クロージング：営業マンがお客様から注文をいただく、契約をいただくことですが、お客さんに買う気を起こさせすことも含めて、クロージングと言うことがあります。

영업하는 사람이 손님으로부터 주문을 받아 계약을 받는 일을 의미하는데 손님께 구매 의욕을 불러일으키게 하는 것도 크로징이라고 한다.

**3** 마케팅: 시장조사, 상품화 계획, 판매촉진 활동 등

マーケティング：企業が行う活動のうち「顧客が真に求める商品・サービスを作って届ける活動」全体を表す概念で、顧客の調査・分析、商品開発・設計、宣伝・広報、営業、流通、販促などが、マーケティング活動の範囲に入る。

기업이 하는 활동 중 "고객이 요구하는 상품・서비스를 만들어서 보내는 활동" 전체를 나타내는 개념으로 고객의 조사・분석, 상품개발・설계, 선전・영업, 유통, 판촉 등이 마케팅활동 의 범위에 들어간다.

**4** 니즈/시즈: 필요성, 요구

ニーズ／シーズ：「ニーズ／シーズ 」がセットで良く使われる。ニーズ発想法は、顧客や市場の要求から商品やサービスを開発・提供するアプローチで、シーズ（種・根源）発想法は技術開発などで生まれた技術を用いて商品を開発・提供するアプローチを指している。

"니즈/시즈"가 세트로 자주 사용된다. 니즈발상법은 고객이나 시장의 요구로부터 상품이나 서비스를 개발・제공하는 어프로치이고, 시즈(종・근원)발상법

은 기술개발 등으로 생긴 기술을 이용해서 상품을 개발・제공하는 어프로치를 가리키고 있다.

**5** 고객 만족도

顧客満足度（CS）：Customer satisfactionの訳語。人は物品を購入するとき、その物品に何らかの満足を感じたときに購入するとの考え方で、企業においては、その度合いを定期的に評価し、次期商品開発に結びつけたりする時に使うことがある。その度合いの評価にあたっては顧客満足度を算出することが多い。

Customer satisfaction의 약자. 사람은 물건을 구입할 때 그 물건에 무엇인가의 만족을 느꼈을 때 구입하는 사고방식을 가지고 있는데 기업에서는 그 정도를 정기적으로 평가해서 차기상품개발에 연결하거나 할 때에 사용하는 경우가 있다. 그 정도의 평가를 할 때는 고객만족도를 산출하는 경우가 많다.

**2**

점원: 실례지만, 따님은 지금까지 컴퓨터를 (사용하신) 적이 (있습니)까?

손님: 아니요, 처음이예요.

점원: 그러시다면 저는 소프트가 세트된 쪽이 (좋을 거라고 생각합니다). 게다가 별도로 소프트를 사게 되면 결국 (비싸게 치이고 마니)까요.

손님: 분명히 그렇군요. 하지만 성능의 차이가 걱정이 되는군요.

점원: 저, 최근의 컴퓨터는 성능이 높아지고 있기 때문에 실제로 사용해 보고 그다지 차이를 느끼는 경우는 (없습니다). 잠깐 (구경해보세요).
…… (실제로 메일소프트를 작동해 보인다)……
이와 같이 거의 체감속도에 차이는 느낄 수 없습니다.

손님: 분명히 그렇군요.

점원: 점원인 제가 (말씀드리는)것도 뭐하지만, 최근에는 매년 신기종이 나와서 성능이 좋아지고 있을 뿐만 아니라 가격도 싸지고 있습니다. 그러니까 입문기로서 별로 비싼 기종을 (사시는) 것은 (권해드릴 수 없습니다).

손님: 이거 호의에 감사드립니다. 그럼 이쪽의 소프트가 들어간 기종으로 하겠습니다.

점원: 정말로 감사합니다. 여기 제 명함인데요, 사용하시고 계시다가 뭔가 문제가 (있으시면) 이쪽으로 (전화를 주십시오).

（使った→お使いになった）
（あります→おありです）

（よいかと思う→よろしいかと存じます）
（高くついてしまう→お高くついてしまい
　ます）
（ありません→ございません）
（見てください→ご覧ください）
（言う→申し上げる）
（買う→お買いになる／お求めになる）
（勧められない→お勧めできません）
（あったら→ございましたら）
（電話してください→お電話ください）

## Unit 40　방문판매

###  1　가정 방문판매

**영업원**　실례합니다.

**주부**　누구십니까?

**영업원**　바쁘신 중에 죄송합니다. 저는 모터사 사원으로 이 지역판매를 담당하고있는 아리마라고 합니다.

**주부**　무슨 일이십니까?

**영업원**　실은 댁에서는 차를 바꾸실 예정은 없으신가 해서……．

**주부**　남편에게 물어보지 않으면 저로서는 좀……．

**영업원**　그러시다면 팜플렛만이라도 보시지 않겠습니까? 지금 바꾸시는 손님께는 중고차 매입서비스를 해 드리고 있어서 큰 이득이 됩니다.
　　　　…… (문이 열린다)……
이쪽이 그 팜플렛입니다. 저, 단 2, 3분이면 됩니다만, 시간 좀 내 주실 수 없을까요?

### 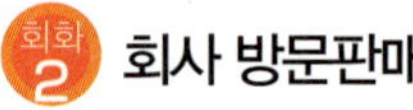 2　회사 방문판매

**기야마**　기다리게 해서 정말로 죄송합니다. 영업2과의 기야마입니다. 실례지만, 무슨일로?

**후쿠다**　바쁘신 중에 갑자기 찾아뵈서 죄송합니다. 저는 한스 사 사원으로 영업을 담당하고 있는 후쿠다라고 합니다. 실례입니다만, 귀사에서는 지금 …… 등의 일로 힘들지 않으십니까? 저희 회사에서는 그런 고민을 해결할 수 있는 SPT라는 상품을 판매하고 있습니다. 만약 괜찮으시다면 10분 정도 시간을 내 주실 수 없을까요?

**기야마**　예. 간략하게 부탁드리겠습니다.

**후쿠다**　예, 이쪽은 그 팜플렛입니다만 ……．

## 확인문제

**1**　1 판매가하락

コストわれ：売り値が原価を下回って、利益が上がらないこと。

파는 값이 원가를 밑돌고 이익이 올라가지 않는 것.

2 점유율

シェア：ある企業の商品が一定の範囲（地域や期間など）内において、どれくらいの割合を占めているかの比率のこと。

어느 기업의 상품이 일정범위(지역이나 기간 등) 안에서 어느 정도의 비율을 차지하고 있는가의 비율.

3 여론지도자

オピニオン・リーダ：オピニオンリーダーとは社会や組織等の集団の中で影響力が大きく、コミュニケーションの中心となりうる人物のことですが、マーケティング活動でもオピニオンリーダーが中心となって「口コミ」のネットワークが形成されることで、商品普及の道が大きく開けます。

오피니언리더란 사회나 조직 등의 집단 안에서 영향력이 크고 커뮤니케이션의 중심이 될 수 있는 인물을 의미하는데, 마케팅활동에서 오피니언리더가 중심이 되어서 "입소문"의 네트워크가 형성되어 상품보급의 길을 크게 열 수 있다.

4 고객, 단골손님

クライアント：依頼者・顧客の意味。コンピュータネットワークにおいては、サーバコンピュータの提供する機能やデータを利用するコンピュータのこと。

의뢰인 고객을 의미한다. 컴퓨터네트워크에서는 서버컴퓨터가 제공하는 기능이나 데이터를 이용하는 컴퓨터를 의미한다.

5 클레임, 불평, 불만

クレーム：クレームとは、自身の被った損

害を説明して、その損害に対して責任のある相手に、損害の補償を要求すること。例としては機能上で不備のある商品を購入してしまった際に、その製品を製造・販売しているメーカーに不良品を正常な製品と交換してもらうために交渉する行為などが挙げられます。企業間では、契約に違反した際の損害賠償請求を含みます。

크레임이란 자신이 입은 손해를 설명하고 그 손해에 대해서 책임있는 상대에게 손해보상을 요구하는 일이다. 예로서는 기능면에서 잘 갖추어지지 않는 상품을 구입했을 때 그 제품을 제조·판매하고 있는 메이커에게 불량품을 정상제품으로 교환해주도록 하기 위해서 교섭하는 행위들을 들 수 있다. 기업 간에서는 계약을 위반했을 때의 손해배상요구를 포함한다.

2            <1>

영업원: 그런데 부군께서는 어디에 (근무하십니)까?
주부   : 남편은 일본은행에 근무하고 있어요.
영업원: 아, 일본은행 말씀이십니까? 우연이네요. 일본은행은 (저희 회사)거래 은행입니다.
주부   : 예? 그래요?
영업원: 이것도 뭔가의 인연이군요.

           <2>

영업원: 갑자기 (말씀드려 죄송합니다)만, 댁에는 아드님이 (계십니)까?
주인   : 예, 어떻게 (아셨습니)까?
영업원: 예, 현관 앞에 남자용 산악자전거가 놓여 (있어)서.
남편   : 예, 고등학교 3학년이 되는 아들이 있습니다.
영업원: 그래요? 실은 저도 지금 대학교 1학년이 되는 아들이 (있는)데, 수험으로 몹시 애를 먹었죠.
주인   : 예, 우리집 애도 전혀 공부를 하지 않아서 애를 먹고 있습니다.
영업원: 피차 자식 일로 고생을 하지 않으면 안되는 군요. 그런데 부군의 차에 대해서 말인데…….

（勤めています→お勤めです）
（我が社→当社）
（聞きます→お伺いします）
（います→いらっしゃいます）
（わかります→おわかりです）
（ありました→ございました）
（います→おります）

# Unit 41    상담을 시작하는 방법

## 회화 1   신규 거래 제의하기

**이**   본론으로 들어가서 저번에 보내드린 편지의 신규거래 건에 대해서 검토해보셨습니까?

**거래처**   예, 사내회의에서 검토했습니다. 기꺼이 거래를 하고 싶습니다.

**이**   받아들여 주셔서 진심으로 감사 말씀드립니다.

**거래처**   아니요, 저희야말로 귀사가 업계에 있어서 신용이 높다는 것은 알고 있고 이번 제의는 저희 회사에 있어서도 바라마지 않는 일입니다.

**이**   그런데 거래조건에 관해서 말인데요 …….

**거래처**   어음결제 건 말씀이시군요. 저희 회사는 이의없습니다. 그리고 이쪽에 저희 회사제품의 가격표를 가지고 왔습니다.

**이**   살펴보겠습니다. 다시 상사와 의논한 후에 방문할 테니까 잘 부탁드립니다.

## 회화 2   가격 교섭에 들어가기

**거래처**   지난 번의 견적서 건 말인데요, 어떻게 되셨습니까?

**이**   예. 결론부터 먼저 말씀드리겠습니다. 실은 귀사가 제시하신 견적서를 검토해봤습니다만, 한 두 가지 재고해주십사 하는 점이 있어서…….

**거래처**   그렇게 말씀하시면.

**이**   먼저, 귀사 상품 LP-2의 구입 가격 말인데요, 저희 회사로서는 현행 가격으로는 도저히 채산이 맞지 않습니다.

**거래처**   그럼 솔직하게 말씀해주시겠습니까?

**이**   저희 회사로서는 결산 가격을 현행 가격의 5% 할인으로 부탁드리고 싶습니다만·…….

**확인문제**

1   (부탁/봄/아심/혼자만의 생각, 판단/교제, 친분/이번/검토/시간/귀사)

    **이**     : 이미 (① 아시리라)고 생각합니다만, (② 이번에)저희 회사가 개발한 LP-2(상품명)에 대해서 꼭 그 판매를 (③ 귀사)에게 부탁드릴 수 없을까 해서…….

거래처: 저희야말로 A 사와는 오랫동안 (④ 함께 했으)
니까 꼭 그렇게 해주셨으면 하는 바램 있었습
니다.

이     : 감사합니다. 실은 저희 회사의 기본적인 제안
을 문서로 해서 가져 왔으니까 (⑤ 검토해)주실
수 없을까요?

거래처: (⑥ 보도록)하겠습니다. 단, 저 (⑦ 혼자만의 생
각)으로는 결정하기 어려우니까 2, 3일 (⑧ 시
간)을 주실 수 없을까요?

이     : 예, 좋습니다. 잘 (⑨ 부탁)드리겠습니다.

① ご存じ　　　　② この度
③ 貴社　　　　　④ おつきあい
⑤ ご検討　　　　⑥ 拝見
⑦ 一存　　　　　⑧ お時間
⑨ お願い

2  이     : (① 서둘러), 본제로 들어가겠습니다.
거래처: 예.
이     : 저번에 제안한 공동프로젝트 건, 어떻게 (② 되
셨)습니까?
거래처: 예, 중요한 제안이었기 때문에 저희 회사내에
서도 검토했는데, 임원 모두가 대단히 마음에
들어해서 꼭 함께 하자는 결론에 도달했습니다.
출자 조건도 5대 5의 조건에 저희 회사로서도
이의는 (③ 없습니다).
이     : 감사합니다. 그럼 다음부터는 쌍방이 서로 안
을 가지고 모여서 구체적인 기획안의 조율을 하
는 것으로 (④ 어떻)습니까?
거래처: 예, 그것으로 (⑤ 좋습니다). 상사에게도 그렇게
보고드리겠습니다.

① 早速ですが　　② 相成りました
③ ございません　④ よろしい
⑤ けっこうです

## Unit 42　조회와 설명

### 회화1 거래 조건 묻기

거래처  지난 번에는 귀사의 상품 카탈로그를 보내주셔서 감
사했습니다. 그래서 검토해 봤는데, 꼭 귀사 상품을
취급하고 싶습니다.

이　　　감사합니다.

거래처  그런데 여쭤보고 싶은 점이 있습니다.

이　　　그렇게 말씀하시면.

거래처  예, 두 가지 점이 있는데 첫 번째는 대금 지불 방법에 관
해서인데요, 어음 결제로 해주시는 것은 가능하신지요?
두 번째는 귀사 카탈로그 중에 신제품 DYPC-S에 관
해서는 다량의 수요가 예상되는데요, 수량에 따라서
는 실제 가격의 할인을 부탁할 수 있을지 어떨지, 여
쭤보고 싶습니다만.

이　　　첫 번째의 대금지불방법에 관해서 말씀입니다만, 현
금결제는 저희 회사의 창업 당초부터의 방침이라서,
부디 이해해주십시오. 두번째의 가격 할인에 관해서
는 취급수량에 맞춰서 할인해드렸으면 합니다.

### 회화2 제안서 설명하기

손　　　이 제안서에 대해서 만약 확실하지 않은 점이 있으
시면 사양 마시고 질문해 주십시오.

거래처  아직 대충 봤을 뿐이니까 뭐라고 말할 수 없습니다
만, 두 세군데 설명을 해주셨으면 하는 점이 있습니
다.

손　　　어떤 점입니까?

거래처  예를 들면 여기가 잘 이해가 안되는데요…….

손　　　예, 분명 그 점에 관해서는 조금 이해하기 어려우실
거라고 생각하기 때문에 그래프로 설명해드리겠습
니다.
…… (자료를 제시해서 설명한다)……
이해가 되셨는지요?

### 확인문제

1  1  서론 없이 용건으로 들어갈 때
　 2  질문은 없는가 물을 때
　 3  제안에 대해서 회답을 요구할 때
　 4  납품과 입금 지연 사정을 물을 때
　 5  요점을 말할 때
　 6  상대의 양해를 구할 때
　 7  자사측의 실수를 사과할 때
　 8  상대에게 부담을 주는 용건일 때

　 a  간추려서 말씀드리면
　 b  어떻게 되셨습니까?
　 c  수고(폐)를 끼칩니다만
　 d  뭔가 확실하지 않은 점이 있으시다면

e 이것으로 괜찮으시겠습니까?
f 부디 사정을 참작해주십시오.
g 본론으로 들어가서
h 뭔가 차질이라도 생기셨습니까?

**답** 1 g　　2 d　　3 b　　4 h
　　　5 a　　6 e　　7 f　　8 c

## 2 (지난번/납기/즉시/폐/앞으로/차질/실은/용서/연락/사과)

이　　: 안녕하세요? A 사입니다.

요시다: 항상 신세를 지고 있습니다. B 사의 요시다입니다.

이　　: 저는 A 사의 이○○입니다. 항상 신세를 지고 있습니다.

요시다: (① 본론으로 들어가서 ), (② 지난번에) 주문한 상품 LP–2가 아직도 도착하지 않았습니다. (③ 납기)는 어제였을텐데요, 뭔가 (④ 차질)이라도 생긴 것은 아닌가 걱정하고 있습니다.

이　　: (⑤ 연락)이 늦어져서 정말로 죄송합니다. (⑥ 실은) 제조원에서 공작기계 고장이 있어서 제조가 늦어져버렸습니다.

요시다: 그래서 납품은 언제 됩니까? 이달 10일부터 시작되는 봄 특별 세일에 늦어지면 상품은 필요 없게 되버리니까……

이　　: (⑦ 폐)를 끼쳐드려서 정말로 (⑧ 사과)드릴 방법도 없습니다. 하루 이틀 중에는 틀림없이 납품해드릴 테니까 부디 (⑨ 용서)해주십시오.

요시다: 알겠습니다. 이번에 관해서는 어쩔 수 없습니다만, ( ⑩ 앞으로)는 이런 일이 없도록 부탁드리겠습니다.

① 早速　　　② 先日　　　③ 納期
④ 手違い　　⑤ ご連絡　　⑥ 実は
⑦ ご迷惑　　⑧ お詫び　　⑨ ご容赦
⑩ 今後

---

## Unit 43　의뢰와 승낙

### 외상 판매 대금의 기일전 지불 의뢰

이　　　 뻔뻔한 부탁을 드려 대단히 죄송합니다만, 지난번에 편지로 부탁드린 건으로 방문했습니다.

거래처　 예, 귀사의 사정은 알고 있습니다.

이　　　 예. 저희 회사의 거래처인 모터 사의 도산이라는 생각지도 못한 사태가 되서 저희 회사의 외상 판매 대금회수 전망이 없어졌을 뿐만 아니라 자금 계획도 뿌리채 무너져버렸습니다. 거래 금융 기관에도 긴급 융자를 부탁하고 있습니다만, 최대 거래처인 귀사에 의지해서 일단 긴급 사태를 피하고자 방문한 것입니다. 따라서 이달 말에 지불해주실 외상 판매 대금 중 1000만 엔을 10일 정도 당겨서 지불해주실 수는 없을까요?

거래처　 안심하십시오. 임원들과 의논한 결과 저희 회사에 있어서도 중요한 거래처인 귀사의 재난에 대해서 가능한 한 협력해야만 한다고 의견일치를 보았습니다.

이　　　 감사합니다. 감사드릴 인사말도 없습니다. 은혜는 결코 잊지 않겠습니다.

### 선금 송부를 의뢰하는 전화

손　　　 지난 번에는 저희 회사의 상품을 구매해주셔서 정말로 감사했습니다.

거래처　 아니요, 저희야말로 잘 돌봐주시도록 부탁 드리겠습니다.

손　　　 따라서 주문한 물건의 배송준비는 되어 있습니다만, 저희 회사에서는 신규 거래인 경우에는 반액을 선금으로 부탁하는 시스템으로 되어 있어서,멋대로 부탁을 드려 대단히 죄송합니다만, 아무쪼록 배려해주시도록 부탁드리겠습니다.

거래처　 예, 알고 있습니다. 오늘 송금할테니.

손　　　 감사합니다. 그럼, 송금을 확인하는 대로 즉시 보내드리겠습니다.

### 확인문제

1　1 상대의 번영 등을 축하하는 말　　　　　　a 내림, 왕림
　　2 배려나 마음을 쓰는 것　　　　　　　　　b 편달
　　3 사람이 어떤 장소에 오는 것　　　　　　c 후의, 후정
　　4 의뢰 · 요구 등을 받는 것　　　　　　　d 번영, 번창
　　5 게으름 피우지 않도록 강하게 격려하는 것　e 승낙

**답** 1 d　　2 c　　3 a　　4 e　　5 b

## 2 (무리/번영/배려/생각/축하/승낙/죄송/특별히 돌봐줌/헤아림)

배계

따뜻한 봄에 귀사의 (① 번영)을 (② 축하)드립니다. 평소에는 각별히 (③ 돌봐)주셔서 깊은 감사 말씀드립니다. 다름이 아니오라 저희 회사 거래처인 C 사가 이번에 도산해서 저희 회사의 외상 판매 대금 회수 전망이 없어졌

습니다. 평소에 여러모로 신세를 지고 있는 귀사에게 이런 부탁을 드리는 것은 심히 괴로운 일입니다만, 오랜 불황으로부터의 탈출을 노리고 영업확대에 막 착수하려고 한 때, 저희 회사 창업이래 긴급 사태에 빠졌습니다. 이 때문에 뻔뻔한 부탁을 드려 대단히 (④ 죄송)하지만, 귀사에 대한 저희 회사의 외상 판매 대금에 대해서 각별한 (⑤ 배려)로서 이달 말에 지불해주실 외상 판매 대금 중에서 1000만 엔을 10일 정도 당겨서 지불해주실 수는 없을까요? 거래 금융 기관에도 긴급 융자를 부탁하고 있습니다만, 저희 회사에게 있어서 이런 (⑥ 무리한) 부탁을 드릴 수 있는 것은 귀사를 제외하고는 달리 없습니다. 귀사와의 오랜 거래관계에 기대는 것 같습니다만, 아무쪼록 사정을 (⑦ 헤아려) 특별한 배려로서 (⑧ 승낙해)주시도록 부탁드리겠습니다. 후일 부탁드리러 방문할 (⑨ 생각)입니다만, 일단 서면으로 부탁 드립니다.

경구

① ご清栄　　　② お慶び
③ お引き立て　④ 恐縮
⑤ ご高配　　　⑥ ご無理な
⑦ ご賢察　　　⑧ ご承諾
⑨ 所存

### Unit 44　의뢰와 거절

 **융자 의뢰 거절하기**

**부장**　9월 24일부의 서면, 분명히 받아보았습니다.

**거래처**　일방적인 부탁을 드려서 대단히 죄송합니다. 이번에 저희 회사에서는 신제품 개발에 즈음해서 다대한 설비 투자를 했습니다만, 아시는 바와 같이 때마침 불황에 말려들어 완전히 판매 부진이 되어서 커다란 타격을 입기에 이르렀습니다. 기계 등의 설비 투자에 많은 액수의 은행 투자를 한도까지 받고 있으므로 이제 금융기관으로부터의 차입은 무리라고 생각합니다. 그래서 귀사와의 오랜 거래 관계에 기대는 것 같습니다만, 무리라는 것은 알지만 융자를 부탁하고자 방문한 것입니다.

**부장**　고충을 헤아려 말씀드립니다. 저희 회사로서도 평소의 후의에 보답하는 의미에서라도 어떻게든지 희망에 부응하고 싶어서 임원회에서도 검토했습니다만, 마침 저희 회사도 근래에 없는 자금 마련난으로 몹시 고생을 하고 있는 상태입니다. 융자해 드리고 싶은

마음은 간절하지만 현재 상태로서는 힘이 되지 못해 죄송합니다.

 **강연 의뢰 거절하기**

**손**　처음 뵙겠습니다. 저는 지난번에 편지를 드린 기무라 사의 손○○이라고 합니다.

**거래처**　예, 분명 편지는 읽어보았습니다.

**손**　다름이 아니오라 부탁드린 강연의 부탁 건 받아들여주실 수 없을까요?

**거래처**　오늘에라도 회답을 드리려고 생각하고 있었는데, 마침 오늘은 학회 총회와 겹쳐서, 보고자의 한 사람인 제가 참석하지 않을 수 없어요. 그런 이유로 정말로 죄송합니다만 이번에는 사퇴시켜주세요.

**손**　그렇습니까? 그런 사정이라면 유감입니다만, 어쩔 수가 없네요. 저희야말로 바쁜 선생님께 무리한 부탁을 드려서.

**거래처**　아니요, 저야말로 자택까지 와주셔서 죄송하게 생각하고 있습니다. 부디 언짢게 생각하지 마시고 양해 바랍니다.

**확인문제**

**1**　**(그래서, 따라서/언짢게 생각마시고/마침)**

**이**　　: 저희 회사에서는 영업사원연수의 일환으로서 평소에 판매에 (즈음해서) 귀사 제품의 생산 과정을 견학하고 상품지식을 몸에 익혀두고 싶다고 생각하고 있습니다. (① 그래서) 이달 귀사의 상황이 좋은 날에 공장 견학을 부탁드릴 수 없을까요?

**거래처**: 평소라면 기꺼이 (받아들이겠습)니다만 (② 마침)현재 공장의 보수 공사를 하고 있어서 이달은 좀……. 보수 공사는 이달 말까지 계속되므로 그 이후로 (괜찮으시면) (대환영입)니다만…….

**이**　　: 그렇습니까? 다음 달 이후 말씀이십니까?

**거래처**: 예, 이달이라고 하시면 죄송합니다만, 요망에는(따를 수가 없습니다). (③ 언짢게 생각마시고), 양해바랍니다.

① つきましては
② あいにく
③ あしからず
(受ける→お受けする)
(よければ→よろしければ)
(大歓迎する→大歓迎いたします)
(添えません→添いかねます)

2 (배찰, 헤아려 살핌/용서/서면/굴뚝같음/때/융통/헤아림/후의, 후정/저희 회사/의뢰)

배복

4월 14일부의 (① 서면) 잘 살펴보았습니다. 여러 가지 불황 (② )으로부터 여러모로 곤궁하다는 것을 (③ 짐작하여)말씀드립니다. 다름이 아니오라 (④ 융자) 건 말입니다만, 평소 (⑤ 후의 )에 대해서도 융자해드리고 싶은 기분은 (⑥ 굴뚝같)습니다. 그렇지만 (⑦ 저희 회사)도 또 운용자금에 고생하고 있어서(⑧ 융통)할 수 있는 여유가 전혀 없는 상태입니다. 모처럼 내부사정을 털어놓고 의논해주셨는데 여러모로 원조해드릴 수 없어서 정말로 마음이 괴로울 따름입니다만, 부디 사정을 (⑨ 헤아려) (⑩ 용서)하도록 부탁드리겠습니다. 먼저 급한대로 답장드립니다.

경구

① ご書面　　② 折　　③ 拝察
④ ご依頼　　⑤ ご厚情　　⑥ 山々
⑦ 弊社　　⑧ ご融通　　⑨ ご賢察
⑩ ご容赦

## Unit 45　교섭하기(1)

 ### 도매값 인하 요청

거래처　오늘은 긴히 의논드리고 싶은 일이 있어서 방문했습니다.

손　그렇게 말씀하시면.

거래처　요즘 대형점이나 양판점 진출도 있어서 저희들 중소 소매점으로서는 날마다 대형점, 양판점의 가격 인하 공세에 처해져 고전을 강요당하고 있는 상황입니다. 저희들로서는 지금까지의 고객을 붙잡기 위해서는 대형점과의 대항상, 소매가를 인하할 수밖에 없는 상황입니다. 오랜 거래 관계에 있는 귀사에게 도매값 인하를 부탁드리는 것은 견디기 힘든 일입니다만, 아무쪼록 곤경에 허덕이는 저희들의 사정을 이해해주셔서 어떻게 도매가격의 재검토를 부탁드릴 수는 없을까요?

손　사정은 충분히 알고 있습니다. 단지 저 혼자만의 생각으로는 결정하기가 어려운 일이라서.

거래처　그쪽의 입장은 충분히 알고 있습니다. 부디 상사 분께 한 마디 해주시기를 부탁드립니다. 이쪽도 이대로는 경영을 꾸려나갈 수 없으므로 그저 부탁드릴 수밖에 없습니다.

 ### 납기 변경 요청

거래처　지난번에 주문하신 귀사상품 DYPC-S의 건 말인데요…….

이　예, 무슨 일이십니까?

거래처　당초 예상으로는 10월 9일에 맞춰서 3000개 납품해주실 예정으로 되어 있었습니다만, 저희 회사 예정이 갑작스럽게 변경이 되어서 최초 납기를 1주일 당겨서 10월 2일에 해주실 수는 없을까요?

이　갑작스런 제의네요.

거래처　무리하게 부탁을 드려 정말로 죄송하게 생각하고 있습니다만, 어떻게 각 공정을 단축해서 납기 변경을 받아들여 주시도록 부탁드리겠습니다.

이　말씀은 잘 알겠습니다. 공장 담당자와도 의논한 후에 나중에 연락드릴 테니까 한 두 시간 기다려주십시오.

거래처　감사합니다. 그럼, 회신기다리고 있겠습니다.

### 확인문제

1 (시간/알고 있음, 승낙함/변명/고려/검토/자기혼자만의 생각, 판단/살펴헤아림, 짐작)

거래처: 도매가 인하에 대한 건, 어떻게 부탁드릴 수 없을까요?
이　: 사정은 (① 짐작하겠습)니다만, 저 (② 혼자만의 생각)으로는 결정하기 어려우므로.
거래처: 무리라고는 (③ 알고 있)지만, 그 점을 어떻게 부탁드리겠습니다.
이　: 그렇게 말씀하셔도 제 입장도 (④ 고려)해주시고.
거래처: 그렇습니까?
이　: (⑤ 죄송)합니다. 이 건에 대해서는 조금 더 (⑥ 시간)을 주십시오. 본사에 가지고 돌아가서 (⑦ 검토)할 테니까.

① お察し　　② 一存
③ 承知　　④ ご考慮
⑤ 申し訳　　⑥ お時間
⑦ 検討

2 (실은/나중에/그 때문에/그러므로, 그것에 대해서/다름이 아니오라/또)

무겐 사 사토 님
항상 신세를 지고 있습니다. B 사의 야마다입니다. (① 다름이 아니오라) 오늘 (메일드린) 것은 지난번에 (보내주신) 귀사제품 LP-2의 견적서 (건입니다). (② 실은) 귀사 제품과 같은 상품이 C사로부터 발매되어 대형점에서는 귀사상품보다도

50엔 이상이나 싸게 판매되고 있습니다. (③ 그 때문에) 당사로서도 최대한의 영업노력을 (해왔습니다)만, 귀사 제품 LP-2의 매상은 뚝 떨어져 있습니다. 그러나 저희 회사로서는 귀사 제품의 견적서 가격을 50엔 정도 (가격인하해주시면) 판매가격을 내릴 수가 있어서 C사 상품에도 충분히 대항할 수 있는 경쟁력을 갖는다고 (생각하고 있습니다). (④ 또) 그 일로 매상이 오르면 서로에게 있어서 메리트가 (있습니다). (⑤ 그래서) 견적 가격의 인하 건으로 꼭 귀사와 (의논하고 싶다)고 (희망하고 있습니다). (⑥ 나중에) 저희 회사 담당자가 전화를 (드릴 거라)고 (생각합니다)만 배려해주시도록 (부탁드리겠습니다).

B사 영업부장 야마다

① さて　　　　　　② 実は
③ そのため　　　　④ また
⑤ つきましては　　⑥ 後ほど
　（メールした→メールいたしました）
　（送ってもらった→お送りいただいた）
　（件です→件でございます）
　（してきた→いたしてまいりました）
　（値下げしてもらえれば→値下げしていた
　　だければ）
　（考えています→考えております）
　（あります→ございます）
　（相談したい→ご相談したい）
　（希望しています→希望しております）
　（あげる→差し上げる）
　（思います→存じます）
　（お願いする→お願い申し上げます）

## Unit 46　교섭하기(2)

 **가격 교섭이 순조롭지 못할 때**

거래처　이 정도면 어떠십니까?

이　　　이 금액으로는 좀……. 저희 쪽 사정도 헤아려주십시오.

거래처　그렇게 말씀하셔도 저희 회사도 간신히 싸게 해드렸으니까 이 이하로는 채산이 맞지 않게 돼버립니다.

이　　　그 점을 어떻게 재고해주실 수 없을까요?

거래처　죄송합니다만, 이 선은 저희 회사로서도 양보할 수 없습니다.

이　　　그렇습니까? 정말로 유감입니다만, 이 조건으로는 저희 회사로서는 받아들일 수 없으므로 이번 거래는 보류하는 것으로 하게 해주십시오.

거래처　유감입니다만, 이번에는 인연이 없는 것으로.

이　　　그렇군요. 이번 일은 어쨌든 간에 다음 기회에는 꼭 잘 부탁드립니다.

 **도매값 인하 요청 거절하기**

이　　　귀사로부터의 도매값인하 제의건 말인데요…….

거래처　어떻게 되셨습니까?

이　　　정말로 말씀드리기 죄송합니다만, 임원회의 결정으로 거절하기로 되었습니다. 귀사의 지금까지의 협력에는 다대한 점이 있고 사정도 정말 지당하다고 생각합니다. 그렇지만 가격면에서의 대처는 쓸데 없이 가격 인하 경쟁을 초래할 뿐인 결과밖에 나오지 않는 것은 불을 보듯이 확실하고, 저희 회사로서는 제품은 품질의 차이로 승부하고 싶다고 생각하고 있습니다. 이런 결과가 된 것은 담당자인 저로서도 정말로 안타깝지만, 아무쪼록 이해해주시도록 부탁드리겠습니다.

거래처　어쩔 수가 없군요. 앞으로도 후의를 잘 부탁드립니다.

### 확인문제

1　1 금액을 제시할 때
　2 입장상 어쩔 수 없이 거절할 때
　3 확실히 상대의 요청을 거절할 때
　4 결론을 보류하고 싶을 때
　5 자기측의 일방적인 이유로 거절할 때
　6 이 사안에 한해서 거절할 때

　a 이번에 관해서는 보류하게 해주세요.
　b 검토하게 해주십시오.
　c 일방적으로 말해서 죄송합니다.
　d 이 정도면 어떠십니까?
　e 희망에는 따르기가 어렵습니다.
　f 제 입장도 고려해주셔서

답　1 d　　2 f　　3 e
　　4 b　　5 c　　6 a

2　(반드시/이번/～후에/아무쪼록/분명히/～할수록/지당함, 사리에 맞음/어떻게)

거래처: 오늘은 질책을 각오 (① 하고) 납기유예를 부탁하러 방문했습니다.

이　　 : 서면으로 (② 분명히) 살펴보았습니다만, 결론부터 말씀드려서 승낙하기가 어렵습니다.

거래처: 질책은 (③ 지당하다)고 생각합니다만, 저희 회사는 원재료 전부를 수입에 의존하고 있기 때문에 상대편에서 출하가 늦어져 어떻게 해볼 수 없는 상황입니다.

이 : 그렇게 말씀하셔도 저희들도 납기에 늦으면 거래처 배송 계획에 중대한 지장을 초래하고 저희 회사의 신용 문제가 되기 때문에.

거래처: 귀사에 폐를 끼치게 되어서 대단히 죄송하게 생각하고 있습니다. 저희들도 제조는 주야겸행으로 재촉해서 8월 9일에는 (④ 반드시) 납입할 테니까 (⑤ 부디) 사정을 헤아려주셔서 2주일의 유예 (⑥ 를 주시도록) 부탁드리겠습니다.

이 : 난처하군요. 그럼, 납기를 조금 더 당길 수 있겠습니까?

거래처: 알겠습니다. (⑦ 어떻게) 1주일로 맞춰보도록 하겠습니다.

이 : 그럼, (⑧ 이번)에 한해서 1주일이라는 것으로 받아들이겠습니다만, 앞으로 이런 일이 없도록 부탁드리겠습니다.

거래처: 감사합니다. 두 번 다시 이런 일이 없도록 하겠습니다.

| | |
|---|---|
| ① 上で | ② 確かに |
| ③ ごもっとも | ④ 必ず |
| ⑤ なにとぞ | ⑥ ほど |
| ⑦ なんとか | ⑧ 今回 |

---

## Unit 47  재촉하기

 지불 독촉하기

손 : 10월 15일부로서 주문하신 상품 LP에 관해서는 어제가 입금해 주신다는 약속 날이었습니다만, 뭔가 차질이라도 생기셨습니까?

거래처 : 죄송합니다. 근일 중에는 어떻게든 할 테니까 지금 조금 유예해주십시오.

손 : 대단히 말씀드리기 어렵습니다만, 이 이상 지불이 지연되게 되면 귀사와의 거래 관계에도 지장을 초래하게 되므로 고려해주시도록 부탁드리겠습니다.

거래처 : 사과드릴 말도 없습니다. 하루 이틀 중에 반드시 귀사의 구좌에 입금할 테니.

손 : 말씀 확실히 들었습니다. 그럼, 입금 건은 잘 부탁드리겠습니다.

 지불의 세 번째 독촉

이 : 지난번에 하루 이틀 중에는 입금하신다고 말씀하셨는데, 그 때부터 1주일 가까이 되는 현재에 이르러서도 아직 지불이 없습니다. 도대체 어떻게 된 겁니까?

거래처 : 죄송합니다. 저희 회사도 거액의 거래처가 도산해서 많은 액수의 외상 판매 대금이 회수불능이 되어 있어서 어려움을 겪고 있습니다. 그러나 이달에 들어와서 어떻게 자금회전의 전망도 서게 됐기 때문에 이달 말일까지는 지불할 수 있을 것 같습니다. 아무쪼록 잠시만 더 유예를 부탁드립니다.

이 : 이달 말이지요. 알겠습니다. 그러나 그 이상의 유예는 하기 어렵습니다. 만약 이달 말일까지 송금하실 수 없는 경우는 유감이지만 최종적 수단을 취하지 않을 수 없으므로 미리 알아두시도록 부탁드리고 싶습니다.

### 확인문제

1 (사내, 회사 안/결론/회신/죄송, 황송/검토/전화/재촉)

이 : 저, (① 재촉)하는 것 같아서 정말로 (② 죄송)합니다만, 융자 건에 대해서 분명 이번 주 중에 (③ 회신)을 주실 수 있다고 하셨던 것같습니다만……

거래처 : 앗, 연락이 늦어서 죄송합니다.

이 : 아니오, 그래 어떤 (④ 결론)이 되셨습니까?

거래처 : 그것이 아직 (⑤ 사내)에서 검토 중이라서……

이 : 그렇습니까? 그래서 목표로서는 언제쯤이 될까요?

거래처 : 2, 3일 더 기다려주실 수 없을까요?

이 : 그럼, 그 때 다시 한 번 (⑥ 전화)드릴 테니까 잘 (⑦ 검토하시길) 부탁드리겠습니다.

| | |
|---|---|
| ① 催促 | ② 恐縮 |
| ③ お返事 | ④ 結論 |
| ⑤ 社内 | ⑥ お電話 |
| ⑦ ご検討 | |

2 (자, 그리고, 그렇지만/그것에 대해서는, 따라서/언짢게 생각지 마시기를, 양해해주시기를/어쩌면, 혹시/매번/아직/또한)

배계
(① 매번) 특별히 돌봐주셔서 깊이 감사드립니다.
(② 그런데), 12월 9일 부 번호 B4호 편지로 주문 받고 12월 12일 결제의 약정을 받고 있는 납입대금 102만 엔에 대해서 지불 약

속 기한을 넘기고 한달 가까이 되었습니다만, 현재에 이르러서도 (③ 아직) 지불이 (없습니다). (④ 어쩌면) 뭔가 차질인가 하고 (짐작합니다)만, 저희 회사로서는 이달이 결산달이 되므로 이달 말까지는 지불을 받아 장부정리를 하고 싶어서 다시 한 번 (청구할) 따름입니다. (⑤ 그것에 대해서) 급히 (알아보셔서), (지불해주시도록) 부탁드리겠습니다. (⑥ 그리고) 만일 이 글과 엇갈려 이미 지불하신 경우에는 (⑦ 언잖게 생각마시고) (용서해주시도록) 부탁드리겠습니다.

경구

① **毎度**　　　② さて
③ いまだに　　④ あるいは
⑤ つきましては　⑥ なお
⑦ あしからず

　　(ない→ございません)
　　(察する→拝察いたします)
　　(請求した→ご請求申し上げた)
　　(調べてもらい→お調べいただき)
　　(支払ってくれる→お支払い賜ります)
　　(許してくださる→ご容赦くださいます)

## Unit 48　항의하기

### 회화 1　납품지연 항의하기

손　10월 12일이 귀사 상품 ZP-S의 납입 약속 날이었을 텐데, 납기를 1주일 넘겼는데도 아직 납입해주시지 않을 뿐만 아니라 아무런 연락도 받을 수 없습니다. 이것은 대체 어떻게 된 일입니까?

거래처　죄송합니다. ZP-S는 신발매 되고나서 예상이상의 매상호조로 저희 회사 공장에서도 풀생산에 힘쓰고 있습니다만, 수요를 다 따를 수가 없는 상태입니다. 그런 이유로 조금 더 기다려 주실 수는 없을까요?

손　그건 너무나도 일방적입니다. 저희는 예약 손님으로부터 "어떻게 된 것인가?"라며 강한 재촉을 받고 몹시 난처해하고 있습니다. 이대로는 저희 회사의 신용문제와 관계됩니다. 하루 이틀 중에 납입해 주실 수 없는 경우에는, 본의가 아니지만 법적 조치도 생각하지 않을 수 없으니까 미리 알아두십시오.

거래처　죄송합니다. 담당자하고도 의논한 후에 조속히 납품할 수 있도록 하겠습니다.

### 회화 2　불량품의 혼입 항의하기

이　10월 14일부로 주문한 귀사 제품 ZP-S, 250대에 대해서 오늘 짐이 도착했습니다만, 검품해봤더니 그 중의 3대에 파손 및 도장부분에 손상이 있었습니다.

거래처　정말로 죄송합니다. 조속히 교환해 드릴 테니.

이　물론 그렇게 해주셔야겠지만, 파손이나 도장손상의 원인은 포장의 불비에 의한 것이라고 생각되므로 앞으로는 포장하실 때에 주의해주시도록 외람되지만 충고해드리겠습니다.

거래처　죄송합니다. 이후로는 이런 일이 없도록 엄격하게 지도할 테니 아무쪼록 너그러이 용서해주시도록 부탁드리겠습니다.

### 확인문제

1　거래처: 저, 지불 건말인데요, 조금 더 (유예해주실) 수는 없을까요?

이　　: 무리한 말씀은(하지 말아주세요). 저희는 이달 중에 (지불해주신다)는 약속이었기 때문에 한 달을 (기다렸던) 겁니다. 상사에게 이 이야기를 가지고 가는 제 입장도 좀 생각해주십시오.

거래처: 무리한 부탁이라는 것은 충분히 알고 있습니다만, 그 점을 어떻게 (부탁)드릴 수는 없을까요?

이　　: 죄송합니다만, 이 이상은 더 제 힘으로는 어떻게 해볼 수가 없습니다. 만약 (지불)해주지 않으시면 법적 조치도 생각하지 않을 수 없으므로 미리 (알아두십시오).

　　(猶予してもらう→ご猶予いただく)
　　(言わないでください→おっしゃらないでください)
　　(支払ってもらえる→お支払いいただける)
　　(待った→お待ちした)
　　(願う→お願い)
　　(支払う→お支払い)
　　(知っておいてください→ご承知おきください)

2　(아무쪼록/이미/서둘러, 먼저 급한대로/그것에 대해서는, 그러므로, 따라서는/그렇지만/또)

전략

(① 서둘러) 용건만 말씀드리겠습니다.
지난 6월 1일부 귀사로부터 (주문을 받은) 표기상품 'ㅇㅇ' 50대에 대해 귀사로부터 주문을 취소하고 싶다는 연락을 받았습니다. (② 그렇지만) 6월 15일의 납기를 이틀 후로 앞둔 오늘에 이르러 갑작스런 해약 통지를 받아도 저희 회사로서는 몹시 곤혹스럽기만 합니다. 귀사의 거래처 (사정이라고 합니다)만, (③ 이미) 주문 상품은 포장도 완료되고 제품 발송 준비를 갖추고 있는 현재, 주문취소에는 (납득할 수 없습니다). (④ 또) 이런 일방적인 해약제의는 상거래의 예의에도 반하는 일이 아닐까요? 저희 회사로서는 귀사에 성의가 보이지 않을 시에는 본의는 아니지만 손해 배상 소송도 불사할 (생각입니다). (⑤ 그러니) 당해품은 귀사에서 인수하시는 것이 도리가 아닐까 (생각하므로) (⑥ 아무쪼록) 마땅한 선처법을 부탁드리겠습니다.

총총

① 取り急ぎ　　　　② しかしながら
③ すでに　　　　　④ また
⑤ つきましては　　⑥ なにとぞ
　（注文してもらいました→ご注文いただきました）
　（事情だそうです→事情とのことです）
　（納得できません→納得いたしかねます）
　（つもりです→所存でございます）
　（思います→存じます）

##  Unit 49　사과하기

### 회화 1　납품 지연 사과하기

**손**　어제가 약속이었을 텐데 상품이 도착하지 않았습니다. 어떻게 된 겁니까?

**거래처**　정말로 죄송합니다. 바로 확인했더니, 발송계의 착오로 발송이 지연되었다는 것이 판명되었습니다. 저희 회사의 책임이라는 것은 틀림없고, 진심으로 사과드리겠습니다.

**손**　이런 납기 지연은 한 두번이 아닙니다. 조심해주시지 않으면 곤란합니다.

**거래처**　제 감독소홀로 폐를 끼치게 되어서 죄송합니다. 담당자에게도 엄하게 말해둘 테니까 부디 너그러이 용서하시도록 부탁드리겠습니다. 주문하신 물건에 대해서는 좀 전에 발송했으니까 잘 살펴서 받으시도록 부탁드립니다.

**손**　알겠습니다. 이후로는 조심해주세요.

**거래처**　예. 앞으로는 이런 일이 없도록 엄중히 주의할 테니, 변함없이 잘 돌봐주시도록 부탁드리겠습니다

### 회화 2 　손님에게 실례를 사과하기

**손님**　……(화내고 있다)……

**점장**　손님, 담당자인 스즈키가 실례되는 말을 해서 정말로 죄송합니다.

**손님**　여기에서는 사원교육을 어떻게 시키고 있는 겁니까? 마치 내가 잘못한 것처럼 말하니까 …….

**부장**　손님을 불쾌하게 해드려서 사과드릴 말 조차도 없습니다. 본인을 대신해서 진심으로 사과드리겠습니다. 스즈키에게도 엄중하게 주의를 줬으니까 이 번은 제발 용서해주십시오.

**손님**　실례에도 정도가 있습니다. 본인을 불러서 제대로 제 앞에서 사죄하도록 하세요.

**점장**　알겠습니다. 당장 불러올 테니…….

### 확인문제

**1**　1　재고가 없는 것을 사과할 때
　　2　결례되는 발언을 사과할 때
　　3　응접실에서 차를 흘렸을 때
　　4　부하의 실수를 사과할 때
　　5　상사로서의 책임을 사과할 때
　　6　손님을 화나게 했을 때

　　a　조금 전에는 실례되는 말을 해서…….
　　b　불쾌하게 해드려서…….
　　c　지금 현재 품절이 되어서…….
　　d　실수를 해서…….
　　e　야마다가 어처구니없는 착오를 저질러서…….
　　f　제 지도가 미치지 못해서…….

　　**답**　1 c　　2 a　　3 d
　　　　　4 e　　5 f　　6 b

**2**　(때/~뿐, 만/~라는 것/~로서/~하도록/~라도/~에 관해서/생각, 작정/정도)

거래처: 저희 회사가 납입한 상품에 많은 불량품이 있었다(① 고 했는데 ) 그저 죄송할(② 뿐)입니다.

이　：귀사를 전통있는 제조사(③ 로서) 신뢰해온 저희 회사로서는 몹시 유감스럽게 생각합니다.

거래처: 정말로 죄송합니다. 이번 건(④ 에 관하여)는 저희 회사의 창고로부터 출하 (⑤ 시기)에 일어난 것으로 생각됩니다. 때마침 이 시기가 번망기로 임시로 아르바이트를 쓰고 있었기 때문에 익숙하지 않은 작업으로부터 파손을 낸 것 같고, 앞으로는 이런 사고를 절대 일으키지 않도록 창고 책임자에게 엄히 명령했

습니다. 평소부터 검품에는 충분히 주의를 기울려 왔다고 (⑥ 생각했)습니다만, 어느 쪽이든지 저희 회사의 관리 체제가 아직 불충분한 점이 원인으로 깊이 반성하고 있습니다.

이　：설령 1개(⑦ 라도) 불량품이 있으면 저희 회사의 신용에 관계되므로 주의를 부탁드립니다. 이런 일이 반복되면 귀사와의 거래는 앞으로 할 수 없게 되므로.

거래처: 예, 명심하겠습니다. 앞으로 다시는 이런 일이 없(⑧ 도록) 엄중히 감독할 테니 제발 관용 (⑨ 베풀어 주시길 ) 진심으로 부탁드리겠습니다.

| | |
|---|---|
| ① とのこと | ② ばかり |
| ③ として | ④ に関しまして |
| ⑤ 際 | ⑥ つもり |
| ⑦ であれ | ⑧ よう |
| ⑨ ほど | |

## Unit 50　축하와 애도

 승진 축하 파티에서

손　　부장님 승진 축하드립니다.

오카모토　감사합니다. 그저 저 같은 사람이 이런 대임을 감당할 수 있을지 어떨지 걱정하고 있습니다.

손　　아니요, 오가모토 부장님의 지금까지의 풍부한 경험과 탁월한 수완에 따른 것으로 겸손하실 필요 없습니다. 회사 발전에 수많은 공헌을 하신 오카모토 부장님의 공적에 대해서 저희들도 항상 탄복하고 오늘 있을 일을 예기하고 있었습니다.

오카모토　분에 넘치는 말씀 황송합니다. 미력하지만 앞으로도 여러분의 기대에 따르도록 직무에 부지런히 힘쓸 생각이니 잘 돌봐주시도록 아무쪼록 부탁드립니다.

손　　한층 활약하시기를 기대하고 있겠습니다.

 문상 자리에서

이　　영업부의 이〇〇입니다. 부장님께는 생전에 많은 신세를 지고 있었습니다. 진심으로 문상드리겠습니다.

유족　이번에는 다망하신 중에 조문을 와주셔서 감사합니다.

이　　앞으로도 활약하셔야 될 분이었는데 이렇게 되어서 정말로 유감스럽게 생각합니다. 최소한의 보은으로

제가 도움이 될 수 있는 일이 있으시다면 뭐든지 말씀해주십시오.

유족　감사합니다.

### 확인문제

**1** **(시의적절함/활약/취임/기대/축하/수완/포부/유의)**

이번에는 사장 (① 취임) 정말로 축하드립니다. 평소에 귀하의 인격이나 식견에 접해있어서 언젠가는 사장님으로서 (② 수완)을 발휘할 수 있는 날이 올 것을 기원하고 있었습니다. 업계는 지금 정말로 다사다난으로 이런 시기만큼 사장으로서의 견식이 요구되는 때는 없습니다. 이 일을 생각할 때 귀하의 대표이사 취임은 (③ 시의적절한) 것이라고 생각합니다. 앞으로 평소의 (④ 포부)를 실현하시고 귀사가 점점 발전하시는 것을 크게 (⑤ 기대)하겠습니다. 또한 사장직은 격무이기 때문에 아무쪼록 건강에 (⑥ 유의)하셔서 점점 (⑦ 활약)하실 것을 기원해드리고 (⑧ 축하) 인사드리겠습니다.

| | |
|---|---|
| ① ご就任 | ② ご手腕 |
| ③ 時宜 | ④ ご抱負 |
| ⑤ ご期待 | ⑥ ご留意 |
| ⑦ ご活躍 | ⑧ お祝い |

**2** **(편달/생각, 소견/말씀/전력/후의/신세/참석/한층/덕분)**

이번에 뜻밖에도 A 사의 이사로 선임되어 (① 신세 )를 지고 있는 여러분으로부터 정중한 축하나 격려의 (② 말씀)을 받게 되어 진심으로 감사드립니다. 불초한 제가 이런 대임을 맡기에 이른 것도 오랫동안 부족한 저를 지원하고 지도해주신 여러분의 (③ 덕분)입니다. 그 여러분의 (④ 후의)에 보답하기 위해서라도 사업에 (⑤ 전력)을 다할 각오입니다. 그렇지만 저희 업계는 여러모로 앞으로 어려운 시기를 맞이하고 있습니다. 책무의 중대함은 절실하게 느끼고 있습니다만, 이 난국에 즈음해서 저 혼자만으로 능숙하게 지휘를 할 수 있을 거라고는 생각하고 있지 않습니다. 그를 위해서 제 행동이 독단에 빠져서 제자리에 맴돌고 여러분의 지지를 잃게 되는 일이 없도록 여러분의 변함없는 지도 (⑥ 편달)을 받으면서 노력해 갈 (⑦ 생각)입니다. 아무쪼록 앞으로도 (⑧ 한층) 협력해주시도록 거듭 부탁드리겠습니다. 오늘은 (⑨ 참석해)주셔서 정말 감사드립니다.

| | |
|---|---|
| ① お世話 | ② お言葉 |
| ③ おかげ | ④ ご芳志 |
| ⑤ 全力 | ⑥ ご鞭撻 |
| ⑦ 所存 | ⑧ 一層 |
| ⑨ ご臨席 | |

# 동양북스 채널에서 더 많은 도서
# 더 많은 이야기를  만나보세요!

외국어 출판 45년의 신뢰
외국어 전문 출판 그룹
동양북스가 만드는 책은 다릅니다.

45년의 쉼 없는 노력과 도전으로 책 만들기에 최선을 다해온
동양북스는 오늘도 미래의 가치에 투자하고 있습니다.
대한민국의 내일을 생각하는 도전 정신과 믿음으로 최선을 다하겠습니다.

동양북스